Finanzielle Vorsorge für Dummies

Finanzielle Vorsorge für Dummies – Schummelseite

Worauf Sie bei der finanziellen Vorsorge unbedingt achten sollten

Wohl jedem von uns ist klar, dass er weder auf einen Lottogewinn noch auf eine unverhoffte Erbschaft setzen sollte, wenn er sich mit der eigenen finanziellen Vorsorge beschäftigt. Trotzdem machen wir bei der privaten Finanzplanung fast immer dieselben Fehler. Damit Ihnen das nicht passiert, hier die fünf wichtigsten Dinge, auf die Sie achten sollten:

- ✓ **Rechtzeitig anfangen:** Vorsorgen kann nur derjenige, der heute auf Konsum verzichtet. Aber wer will das schon? Und da Sie Ihr sauer verdientes Geld lieber ausgeben, sind Sie unter Umständen nicht bereit, schon heute zu beginnen. Doch das rächt sich. Wer 40 Jahre monatlich etwas beiseite legt, um 100.000 Euro zusammen zu bekommen, kann mit 50 Euro anfangen. Wer zehn Jahre später anfängt, muss für die gleiche Summe schon 100 Euro pro Monat zurücklegen. Ein Spätstarter hat wenig vom Zinseszinseffekt.

- ✓ **Die richtigen Vorsorgeprodukte auswählen:** Unters Kopfkissen wird wohl niemand von Ihnen sein erste erspartes Geld legen, aber vielleicht doch auf das weiterhin beliebte Sparbuch. Wer sich mit zwei Prozent Zinsen oder weniger pro Jahr zufrieden gibt, verschenkt allerdings im Laufe der Jahre und Jahrzehnte, in denen er finanziell vorsorgen kann, bares Geld. Zwar schwanken zum Beispiel die Kurse von Aktien ganz erheblich, aber nach einigen Jahrzehnten ist ihre Wertsteigerung erheblich größer als bei allen anderen Vorsorgevarianten.

- ✓ **Die Inflation berücksichtigen:** Wenn Sie heute voller Stolz ausrechnen, was Sie sich für die gesparten 100 Euro kaufen können, sollten Sie nicht vergessen, dass Sie sich später, zum Beispiel als Ruheständler, mit der gleichen Summe viel weniger leisten können. Einer Faustregel nach halbiert sich in 30 Jahren die Kaufkraft. Wer also anno 2039 über 1.500 Euro Rente verfügen will, muss schon heute mit 3.000 Euro kalkulieren.

- ✓ **Steuern nicht überbewerten:** Vor dem Start der neuen Abgeltungssteuer wurden Finanzberater in Banken und Sparkassen, aber auch freie Vermittler wieder einmal nicht müde, mit Steuervorteilen für ihre Finanzprodukte zu werben. In vielen Fällen können aber die mageren Steuervorteile, die Sie sich bei manchen Produkten sichern, die niedrigen Renditen nicht aufwiegen. Zwar sind Steuern bei der finanziellen Vorsorge störend und lästig, sie sollten aber bei Ihren Überlegungen nicht im Mittelpunkt stehen.

- ✓ **Lebensalter nicht unterschätzen:** Wenn Sie in jungen Jahren mit der finanziellen Vorsorge für spätere Lebensabschnitte beginnen, sollten Sie Ihre eigene Langlebigkeit nicht unterschätzen. Schon heute kann jedes zweite neugeborene Mädchen damit rechnen, einmal den 100. Geburtstag zu feiern. Selbst wenn das Renteneintrittsalter weiter erhöht wird, bleiben einige Jahrzehnte, für die Sie finanziell vorsorgen müssen.

Welche Varianten der Altersvorsorge es gibt

Wohl keiner von Ihnen möchte sich ausschließlich darauf verlassen, im Alter von seiner eigenen Familie ernährt und gepflegt zu werden. Und auf das staatliche System der sozialen Fürsorge, früher sagte man Armenhaus dazu, will im Rentenalter sicherlich auch niemand angewiesen sein. Aber zum Glück bleiben noch drei andere Möglichkeiten für die eigene Altersvorsorge:

- ✓ **Gesetzliche Rente:** Dem staatlichen Sicherungssystem werden Sie in Deutschland kaum entgehen können. Aber die gesetzliche Rente wird auch bei Ihnen nicht ausreichen, um den gewohnten Lebensstandard zu sichern.

- ✓ **Betriebliche Rente:** Schon die ersten Industriekapitäne in Deutschland fühlten sich für ihre Arbeiter und Angestellten verantwortlich. Inzwischen stellt die betriebliche Altersvorsorge, auch mit staatlicher Unterstützung durch Zuschüsse und Steuervorteile, einen wichtigen Baustein der eigenen Vorsorgeplanung dar.

- ✓ **Private Altersvorsorge:** Weil die gesetzliche Rente immer weniger wird und die betriebliche Altersvorsorge nicht reicht, kommen Sie ohne private Zusatzversorgung kaum aus. Zwar gibt auch Vater Staat, so zum Beispiel bei der Riester-Rente, seinen kleinen Zuschuss, aber ohne Ihre eigene, ganz private Zusatzversorgung werden Sie im Ruhestand mit finanziellen Problemen rechnen müssen.

10 Irrtümer bei der gesetzlichen Rente

Einige alte und neue Gerüchte über die gesetzliche Rentenversicherung halten sich bei vielen Versicherten schon lange – und es kommen immer wieder neue dazu. Aber es sind eben nur Gerüchte, die jeder Grundlage entbehren, und bei der finanziellen Vorsorge unter Umständen richtig Geld kosten. Diesen Missverständnissen sollten Sie künftig keinen Glauben mehr schenken:

- ✓ **Wichtige letzte Arbeitsjahre**: Wenn Sie meinen, dass die letzten Arbeitsjahre mit hohen Einkommen besonders viel für die Rente bringen, liegen Sie leider falsch. Die Höhe Ihrer Rente errechnet sich aus allen Rentenbeiträgen, die Sie im Laufe Ihres Arbeitslebens gezahlt haben, egal, wann diese Beiträge angefallen sind.

- ✓ **Automatische Rente**: Die erste Rente wird nicht automatisch überwiesen, wenn Sie die Altersgrenze erreicht haben. Jede Rente muss vorher beantragt werden, am besten ein halbes Jahr vor dem geplanten Rentenbeginn.

- ✓ **Arbeiten bis 67**: Bis zum 67. Geburtstag müssen nur die Versicherten arbeiten, die 1964 oder später geboren wurden. Alle, die zwischen 1947 und 1963 geboren sind, können zwischen 65 und 67 in Rente gehen.

- ✓ **Volle Steuern auf die Rente**: Voll versteuert werden muss die gesetzliche Rente erst von den Rentnern, die 2040 oder später in Rente gehen. Für alle, die vorher in Rente gehen oder gegangen sind, beträgt der steuerpflichtige Anteil zwischen 50 und 100 Prozent. Berechnet wird dabei ein fester Euro-Betrag, der ein Leben lang gleich bleibt.

- ✓ **Für jedes Kind mehr Rente**: Kindererziehungszeiten werden nur für Frauen bei der Rente berechnet, die 1921 oder später geboren wurden. Für Kinder, die bis zum 31. Dezember 1991 geboren wurden, erhält man ein Jahr Kindererziehungszeit angerechnet. Für Kinder, die ab dem 1. Januar 1992 geboren sind, werden sogar drei Jahre auf dem Rentenkonto gutgeschrieben.

- ✓ **Rente ab 60 für Frauen**: Mit dem 60. Geburtstag können nur die Frauen in Rente gehen, die vor dem 1. Januar 1952 geboren sind. Sie müssen dabei 15 Jahre Wartezeit erfüllen und ab dem 40. Geburtstag mehr als zehn Jahre Pflichtbeiträge in die Rentenversicherung eingezahlt haben.

- ✓ **Rente nach 45 Arbeitsjahren**: Wer 45 Jahre Beiträge für die gesetzliche Rente eingezahlt hat, kann ohne Abschläge in den Ruhestand gehen. Aber das geht nur, wenn Sie mindestens 65 Jahre alt sind.

- ✓ **Ewiger Versorgungsausgleich**: Der Versorgungsausgleich nach einer Scheidung muss bei der gesetzlichen Rente nicht endgültig sein, sondern kann überprüft werden. So kann der Versorgungsausgleich neu berechnet werden, wenn der begünstigte Ex-Ehegatte kurz nach Rentenbeginn gestorben ist.

- ✓ **Keine Witwer- bzw. Witwenrente**: Zumindest in den ersten drei Monaten nach dem Tod des Ehepartners besteht immer ein Anspruch auf eine Hinterbliebenen-Rente, wenn der Ehegatte bereits in Rente war oder fünf Jahre Beiträge gezahlt hat. Ab dem vierten Monat hängt die Zahlung der Hinterbliebenen-Rente von den Einkommensverhältnissen ab.

- ✓ **Beitragsrückerstattung**: Die Auszahlung der Rentenbeiträge ist in der Regel nicht möglich. Nur die Versicherten, die eine eigene Altersvorsorge haben, zum Beispiel Ärzte oder Rechtsanwälte, können die eingezahlten Beiträge im Alter von 65 Jahren wieder zurückbekommen.

Christine Bortenländer und Horst Peter Wickel

Finanzielle Vorsorge für Dummies

WILEY-VCH Verlag GmbH & Co. KGaA

**Bibliografische Information
der Deutschen Nationalbibliothek**

Die Deutsche Nationalbibliothek verzeichnet diese
Publikation in der Deutschen Nationalbibliografie;
detaillierte bibliografische Daten sind im Internet über
http://dnb.d-nb.de abrufbar.

1. Auflage 2009

© 2009 WILEY-VCH Verlag GmbH & Co. KGaA, Weinheim

Wiley, the Wiley logo, Für Dummies, the Dummies Man logo, and related trademarks and trade dress are trademarks or registered trademarks of John Wiley & Sons, Inc. and/or its affiliates, in the United States and other countries. Used by permission.

Wiley, die Bezeichnung »Für Dummies«, das Dummies-Mann-Logo und darauf bezogene Gestaltungen sind Marken oder eingetragene Marken von John Wiley & Sons, Inc., USA, Deutschland und in anderen Ländern.
Das vorliegende Werk wurde sorgfältig erarbeitet. Dennoch übernehmen Autoren und Verlag für die Richtigkeit von Angaben, Hinweisen und Ratschlägen sowie eventuelle Druckfehler keine Haftung.

Printed in Germany

Gedruckt auf säurefreiem Papier

Projektmanagement: Evelyn Boos, Schondorf am Ammersee

Satz: Druckhaus »Thomas Müntzer«, Bad Langensalza
Druck und Bindung: ■■■

ISBN 978-3-527-70519-1

Über die Autoren

Dr. Christine Bortenlänger, verheiratet, ein Kind: Christine Bortenlänger, geboren in München, zog es nach dem Abitur am schönen Tegernsee zurück in die bayerische Metropole und mit Macht dahin, wo sie den größten Sachverstand im Umgang mit Geld erwarten konnte: zur Bank! Nach einer Banklehre bei der Bayerischen Vereinsbank studierte sie an der Ludwig-Maximilians-Universität in München Betriebswirtschaftslehre mit den Schwerpunkten Bankbetriebswirtschaftslehre und Systemforschung. Schon ihre Diplomarbeit erhielt eine Auszeichnung der Stadtsparkasse München und mit ihrer Doktorarbeit wandte sie sich endlich ihrem Steckenpferd zu, der Börse. Das Thema klang damals – 1996 – noch reichlich abstrakt, heute wird es längst praktiziert: »Börsenautomatisierung – Effizienzpotenziale und Durchsetzbarkeit«. Noch eine Zeit lang betrachtete die Autorin das Börsengeschehen aus dem Blickwinkel der Wissenschaft und leitete zum Beispiel ein Forschungsprojekt zum Themenkreis der »Elektronischen Märkte«. 1998 war es dann so weit und sie stieg bei der Bayerischen Börse als stellvertretende Geschäftsführerin, zuständig für Marketing und Öffentlichkeitsarbeit, ein. Und auf, denn seit 2000 leitet sie als Geschäftsführerin die Geschicke der öffentlich-rechtlichen Börse München und als Vorstand die Bayerische Börse AG – und leistete damit einen großen Beitrag in Sachen Frauenquote auf der Führungsebene deutscher Börsen. Auch als Autorin und Coautorin zahlreicher Fachbücher ging und geht es ihr vor allem um die Verbesserung einer breiten, finanziellen Allgemeinbildung in Sachen Börse und Finanzanlage. Mit Leidenschaft setzt sie sich für den Fortbestand der Regionalbörsen mit ihrem sehr viel direkteren Bezug zu den Anlegern, vor allem auch den Privatanlegern, ein. Damit könnte dieser Lebenslauf beendet werden, wenn denn ein Leben ausschließlich aus dem Beruf bestünde. Tut es aber auch nicht bei einer viel beschäftigten Börsen-Chefin. Vielleicht motiviert vom steten Auf und Ab der Kurse liebt sie das Bergwandern mit Familie und Hund und stellt ihr scharfes Auge samt ruhiger Hand beim Golfen unter Beweis.

Horst Peter Wickel, verheiratet, zwei Kinder: Horst Peter Wickel, geboren in Hamburg, fiel nach Abitur und Wehrdienst nichts Besseres ein, als eine Lehre zum Bankkaufmann. Nach der Ausbildung bei der Deutschen Bank und einigen Jahren beruflichem Alltag an Schalter und Schreibtisch entschloss er sich doch noch, an die Universität zu wechseln und dort Politische Wissenschaften und Journalistik zu studieren. Vor allem am Nebenfach fand er schnell Gefallen und probierte bereits während des Studiums bei Tageszeitungen, Hörfunk- und Fernsehsendern seine journalistischen Fähigkeiten aus. Damit nicht genug – er schrieb in dieser Zeit auch sein erstes Sachbuch. Nach dem Diplomabschluss hatte er zwei kleine Kinder aus erster Ehe zu versorgen und musste an die finanzielle Vorsorge denken. Das meiste Geld war in der Bankenwelt zu holen; deshalb trat er wieder in die Dienste eines Kreditinstituts. Als Pressesprecher einer Bank wechselte er von Hamburg nach Nürnberg, aber glücklich wurde er in dieser Funktion nicht. Auf dem Weg in die persönliche Freiheit (und zu seiner zweiten Frau) wechselte er die Schreibtischseite, wurde Redakteur bei Stiftung Warentest in Berlin, danach Chefredakteur eines Geldanlagemagazins in München und anschließend freier Wirtschaftsjournalist in Mittelfranken. Über finanzielle Vorsorge, auch für das Alter, macht er sich natürlich auch heute wieder Gedanken, aber von der journalistischen Arbeit im Finanzsektor möchte er sich eigentlich nie ganz in den Ruhestand verabschieden.

Cartoons im Überblick
von Rich Tennant

Seite 25

Seite 73

Seite 113

Seite 163

Seite 219

Fax: 001-978-546-7747
Internet: www.the5thwave.com
E-Mail: richtennant@the5thwave.com

Inhaltsverzeichnis

Einführung 19

Über dieses Buch 19
Konventionen in diesem Buch 21
Was Sie nicht lesen müssen 21
Törichte Annahmen über den Leser 21
Wie dieses Buch aufgebaut ist 22
    Teil I: An der Versorgungslücke vorbei – Individuelle Wege gesucht 22
    Teil II: Eckrentner und Altersarmut – Warum die gesetzliche Rente nicht reicht 22
    Teil III: Zusatzrente von (Ex-) Chef 22
    Teil IV: Finanzielle Vorsorge? Auch eine Privatsache 23
    Teil V: Der Top-Ten-Teil 23
Symbole, die in diesem Buch verwendet werden 23
Wie es weitergeht 24

Teil I
An der Versorgungslück vorbei – individuelle Wege gesucht 25

Kapitel 1
Finanzielle Vorsorge – eine Lebensaufgabe 27

Glauben an die Rente verloren 28
Wohlstand nur für wenige 28
Start nicht ohne Kassensturz 29
    Eigenes Vermögen vorhanden? 30
    Was im Monat übrig bleibt 30
    In der Krise mehr sparen 32
    Zwischen Geiz und Verschwendung 32
Berechnung des Bedarfs im Alter 35
Reizwort Versorgungslücke 37

Kapitel 2
Von der Wiege bis zur Bahre oder Modelle im Überblick 41

Frühstart ins späte Glück 41
    Finanzielle Vorsorge als Geburtsgeschenk 42
    Kinderversicherungen von Oma und Opa 43
Mit der Ausbildung geht es los 43
Für den Berufseinsteiger 44
    Vermögenswirksame Leistungen 44
    Haftpflicht – ein Muss 45
    Finanzielle Vorsorge – nicht nur für die Rente 46

Mitte 20 bis Mitte 30: Nicht mehr allein	47
Für die Altersvorsorge nie zu früh	47
Versicherungen: Absicherung des Erreichten	49
Anfang 30 bis Mitte 50: Mein Kind, mein Auto, mein Haus	52
Angespannte Finanzlage bei jungen Familien	53
Finanzierungsbausteine beim Hausbau müssen passen	53
Finanzielle Vorsorge auch für die eigenen vier Wände	55
Was für das Alter übrig bleibt	55
Ab Mitte 50	56
Alt werden in den eigenen vier Wänden	56
Ungeliebtes Thema: Sterbegeldversicherungen	58
Planung für die Nachkommen	58
Ab 60: Vorsorgeschätze plündern	59
»Bankrenten«: Weitgehend unflexibel	59
Sofortrente: Auf Nummer Sicher	60
Fondsauszahlpläne: Mit Risiko weiter wachsen	61

Kapitel 3
Fiskus immer dabei   63

Auch »nachgelagert« kostet Geld – als Rentner nicht frei	64
Auch bei der Geldanlage verdient der Fiskus mit	65
Abgeltungssteuer: Von Zinsen und Erträgen ein Viertel ans Finanzamt	65
Steuerfreiheit als Gewinn	67
Auf die nächste Erbschaft warten	68
Hohe Freibeträge	69
Deutlich höhere Steuern	70
Politischer Streit um Betriebsvermögen	70
Keine Alternative: Steuerflucht	71
Ganz legitime Steueroptimierung	71

Teil II
Eckrentner und Altersarmut –
Warum die gesetzliche Rente nicht reicht   73

Kapitel 4
Standardvorsorge im Rückzug   75

Alles oder nichts	75
Arbeitnehmer lebenslang	76
Rente auch für Minijobber	77
Begünstigte Beamte und unabhängige Freiberufler	77
Gefragter Rat von Experten	77
Wichtige Aufgabe für die Rente: Punkte sammeln	78
Wie Rentenansprüche entstehen	79
Was für Zeiten	80
Ausbildung ohne Wert	80

Rentenpunkte statt Mutterkreuz	81
Wertvolle Zusatzpunkte	82
Scheiden tut weh	82
Mysterium Renteninformation	83
Abschied in den Ruhestand	84
Rentenalter in weiter Ferne	85
Schon vorher kaputt	85
Altersteilzeit – ein Auslaufmodell	86
Bis dass der Tod euch scheidet: Witwen- und Waisenrente	86

Kapitel 5
Was am Ende rauskommt — 89

Beitragszeiten: Punkt für Punkt	89
Schwierige Rentenformel	90
Verschiedene Leben – verschiedene Renten	90
Sicherheit zuerst	92
Ärger über letzte Erhöhung	92
Stabile Rendite erreicht	93
Im Renten-Wirrwarr	94
In der Regel immer länger	94
Auslaufmodelle – und etwas Neues	95
Wenn die Rente nicht reicht	95
Altersarmut und ihre Folgen	96
Rentner ohne Ruhe(stand)	98
Nebenverdienst und seine Auswirkungen	99
Weniger ist manchmal mehr	99
Auf der Flucht vor den Kosten	100

Kapitel 6
Rentenversicherung – ein historischer Überblick — 101

Ein kurzer Blick in die Rentengeschichte	101
Bismarck und die lästigen Sozis	102
Rente bei Kaiser und Führer	104
Griffe in die Rentenkasse	105
Systemumstellung 1957	105
Alt gegen Jung?	105
Arbeiter und Angestellte als Gewinner	106
Rehabilitation statt Rente	107
Immer neue Renten-Geschenke	107
Frauen, Künstler und die Wiedervereinigung	108
Renten aus West und Ost	109
Und immer mehr Gesetze	110
Andere Völker, andere Renten	110
Knappen, Bauern und Matrosen	111

Teil III
Zusatzrente vom (Ex-) Chef   113

Kapitel 7
Viele Wege zur Betriebsrente   115

    Ganz sicher zum Rentenziel   116
    Fünf Durchführungswege   117
        Direktzusage: Der Chef entscheidet   117
        Unterstützungskasse: Nicht mehr allein   118
        Direktversicherung: Versorgung außerhalb des Unternehmens   120
        Pensionskasse: Versicherer für Betriebsrenten   120
        Pensionsfonds: Mehr Risiko inklusive   122
        Sicher vor Hartz IV und Insolvenz   122
        Arbeitgeberwechsel ohne Probleme   123
        Auch Betriebsrenten steigen   124
        Statt Rentengeld Überstunden sammeln   125
    Finanzielle Vorsorge – ein Stück Firma   126

Kapitel 8
Arbeitgeber und Staat in der Pflicht   127

    Vater Staat an Ihrer Seite?   127
        Wachsende Ungleichheit   128
        Ungerechter Gesetzgeber   129
    Steuern sparen fürs Alter   129
        Unternehmen auch dabei   130
        Klauseln im Tarifvertrag   131
    Ohne Arbeitgeber in die Rente   132
        Auch Nachteile für Freiberufler   133
        Rentenschutz zum halben Preis   134
        Finanzielle Vorsorge zum Start   134

Kapitel 9
Erfolgsmodell Riester   137

    Staatliche Förderung gleich doppelt   138
        Viele Kinder – viele Zulagen   138
        Riester-Zulagen ohne eigene Beiträge   139
        Zusätzliches Papier für das Finanzamt   140
        Airbag bei Riester-Verträgen   140
        Knebelung bei Riester-Verträgen verboten   141
        Ungeliebte Informationspflicht   142
        Riestern im Betrieb bringt wenig   142
        Goodbye Zillmer   143
        Wenn die Riester-Rente rollt   143
        Rente zum Vererben   144
        Riester-Probleme im Ausland   145

Rentenversicherung à la Riester	146
Viele Modelle eher schlapp	147
Rentenversicherung in grün	148
Starke Unterschiede bei garantierten Renten	148
Besser den Fondssparplan	150
Fondssparpläne mit unterschiedlichen Konzepten	150
Bei Fondssparplänen: Riestern mit Rabatt	150
Fondsvermittler mit Rabatt	151
Nur wenige Riester-Fondssparpläne im Angebot	152
Sichere Banksparpläne	152
Zinsertrag ist ungewiss	153
Überregionale Angebote	153
Eigenes Heim mit Riester-Hilfe	155
Mehr Eigenkapital dank Riester	155
Riester-Zulagen für die Tilgung des Baudarlehens	155
Mobil trotz Riester-Immobilie	156
Wie wird gesparte Miete versteuert?	156

Kapitel 10
Rüruppen – nicht nur für Selbstständige attraktiv — 157

Speziell für Selbstständige	157
Fast nur Versicherungen	158
Rürup-Fondssparplan-Anbieter	160
Rürup-Nachteile	160
Besteuerung im Alter	161
Flexibilität Fehlanzeige	161
Zwang zum langen Leben	161

Teil IV
Finanzielle Vorsorge? Auch eine Privatsache — 163

Kapitel 11
Wie wird man Millionär? — 165

Mit System zu mehr Geld	166
Durchdachte Strategien erforderlich	166
Lebensträume und das eigene Vermögen	167
Rückenwind Zinseszins	168
Regelmäßige Überprüfung notwendig	169
Wenn Bauchgefühle entscheiden	170
Renditefavorit Aktie	171
Kuponschneider im Glück	172
Sichere Häfen – mit Untiefen	173
Lieber ganz sicher	174
Wertpapiere vom Alten Fritz	175
Für ganz Mutige – Zinseinnahmen ganz privat	176

Investmentfonds – Favoriten mit Ausdauer 177
Garantiefonds für Angsthasen 178
Fonds fürs gute Gewissen 179
Wege aus der Fonds-Kostenfalle 180
Fonds an der Börse 181
Kosten sparen beim Fondskauf 182
Gefährliche Zertifikate? 182
Teure Ängste 184
Ferien vom Depot 185
Ganz ohne Stolpern ins Ziel 186
Erleben angestrebt 186
Bei Lebensversicherungen meist magere Renditen 187
Ausstieg wird teuer 188
Versicherung mit Fonds 188
Rentenversicherungen – ganz privat 189
Private Rente mit viel Risiko 189

Kapitel 12
Eigener Herd ist Goldes wert 191

Schon in jungen Jahren eine Schutzburg 191
Muskelhypothek mit Schmerzen 192
Leben in Ruinen 193
Lieber gleich eine fertige Immobilie kaufen 194
Drum prüfe, wer sich lange bindet 195
Wenn Sie ein Haus geerbt haben 195
Rechtzeitig schuldenfrei 197
Kulanz der Banken Fehlanzeige 198
Eigene vier Wände gesichert 199
Wohnen im Alter 199
Wieder rein die Stadt 200
Sonne satt 201
Der Staat hilft, wo er kann 202
Warum nicht mal Vermieter werden? 203
Zukunftsmodell Leibrente 204
Im fremden eigenen Bett 205

Kapitel 13
Angst vor dem Ende 207

Ungeliebte Pflege 207
Staatliche Pflegeversicherung für alle 208
Zuhause ist es am schönsten 209
Unterkunft und Verpflegung auf eigene Rechnung 210
Zu wenig für die letzten Jahre 210
Pflegekräfte aus dem Ausland 211
Zusatzversicherungen – aber nicht für jeden 211
Auszeit für die Pflege 212

Abgang in Würde	213
Schöner Sarg	214
Vorsorge für die Zeit danach	215
Stiften gehen – und selber profitieren	215
Nicht nur für Millionäre	215
Immer beliebter: Zustiftungen	216
Vater Staat unterstützt beim Stiften	217
Stiftungsmodelle im Überblick	217

Teil V
Der Top-Ten-Teil   219

Kapitel 14
Die zehn besten Vorsorgetipps – (fast) ohne Risiko   221

Krankenkasse	221
Versicherungen	221
Gesetzliche Rente	222
Betriebliche Altersvorsorge (bAV)	222
Riester-Rente	223
Familie	223
Eigene Immobilie	224
Landwirtschaft	224
Wertpapiere des Bundes	225
Gold	226

Kapitel 15
Die zehn besten Vorsorgetipps – mit vollem Risiko   227

Aktien	227
Briefmarken	228
Diamanten	228
Gelddruckmaschinen	229
Inselkauf	230
Kunstwerke	231
Private Kredite an Freunde	232
Privater Geldverleih	233
Spielkasino	233
Wein	234

Kapitel 16
Zehn Psychofallen bei der finanziellen Vorsorge   235

Schock gegen die Zuversicht	235
Urmenschliche Trägheit	235
Mangelnder Weitblick	236
Unbändige Kauflust	236
Märchen von starken Männern	236

Keine glatten Lebensläufe mehr	236
Schlappes Durchhaltevermögen	237
Vater Staat und seine Launen	237
Unberechenbarer Markt	237
Galoppierende Zeit	238

Stichwortverzeichnis 239

Einführung

Ein aufregendes Jahr 2008 liegt hinter uns – und am Thema Finanzmarktkrise ist vermutlich niemand von Ihnen vorbei gekommen. Einige Banken diesseits und jenseits des Atlantik hat die Krise so böse erwischt, dass sie Konkurs anmelden oder sich von Mitbewerbern bzw. dem Staat übernehmen und retten lassen mussten.

Da Banken, Versicherungen und andere Finanzdienstleister vom Vertrauen und dem Geld ihrer Kunden und ihrer Inhaber leben, (be-)traf die weltweite Krise eigentlich alle Sparer und Geldanleger. Ob Tagesgelder bei isländischen Banken, Zertifikate einer US-amerikanischen Investmentbank, Aktien und Fonds, Sparverträge, Lebensversicherungen oder Immobilienkredite – Banker wie Verbraucherschützer wurden von den besorgten Anfragen verunsicherter Anleger überschwemmt und bei den Info-Hotlines der Medien standen die Telefone nicht mehr still. Die Politiker in fast allen Ländern sahen sich aufgefordert, zur Dämpfung der Krise und zur Beruhigung der Massen immer neue Rettungsschirme aufzuspannen.

Beobachtern der anhaltenden Krise wurde langsam bewusst, dass nicht nur wagemutige Immobilienkredite in den USA (Stichwort: Subprime-Krise) für die weltweiten Verwerfungen verantwortlich waren. Da die riskanten Finanzgeschäfte weltweit ohne funktionierende Aufsicht stattfinden konnten, tobten sich immer mehr hoch bezahlte, aber zum Teil fachlich überforderte Banker und Finanzmanager auf diesem »Spielplatz« aus. »Es wird schon gut gehen«, war ihre verzweifelte Hoffnung, aber es ging nicht gut. Und Boulevard-Medien hatten natürlich schnell die »Dumm-Banker« dieser Welt als Verantwortliche identifiziert.

Dabei wurde leicht übersehen und ignoriert, dass bei der Jagd nach hohen Renditen auch zahlreiche andere Teilnehmer am Finanzmarkt an risikoreichen Geschäften beteiligt waren. Anfällig für die tollsten Versprechungen sind viele institutionelle wie private Geldanleger, der Traum vom leicht verdienten Geld, das sich ganz wundersam wie von selbst vermehrt, bleibt verlockend.

Da Sie (spätestens jetzt) wissen, wie anspruchsvoll, schwierig und zum Teil gefährlich finanzielle Vorsorge sein kann, halten wir die Zeit für gekommen, Ihnen einen Überblick darüber zu geben, welche guten und weniger guten Möglichkeiten Sie haben, die eigene finanzielle Zukunft zu planen und zu gestalten.

Über dieses Buch

»Ohne Moos ist nix los« – dieser Spruch aus dem Volksmund gilt nach wie vor. Von verträumten Selbstversorgern auf eigenen Feldern einmal abgesehen, brauchen alle Menschen ausreichende finanzielle Mittel, um sich ein angenehmes und sorgenfreies Leben zu sichern. Und da sie dabei eben nicht von der Hand in den Mund leben können wie die oben genannten alternativen Lebenskünstler, sind mittel- und langfristige Planungen erforderlich.

Finanzielle Vorsorge ist also notwendig und ohne das entsprechende Wissen zu diesem Thema wird niemand auskommen. Nur durch die entsprechenden Kenntnisse kann Sicherheit entstehen und nur durch das richtige Wissen werden Sie die richtigen Entscheidungen treffen, wenn es um die persönliche Vorsorge geht. Vor allem die Altersversorgung macht mehr und mehr Menschen große Sorgen. Längst ist so gut wie jedem bekannt, dass in diesem Bereich besondere Herausforderungen auf uns zukommen: Weniger Rente bei längerem Leben, längere Lebensarbeitszeit bei schrumpfendem Wohlstand, wachsende Gefahren der Altersarmut.

Zugegeben, das Thema »Finanzielle Vorsorge« ist nicht besonders sexy. Ganz im Gegenteil: Nach einer Umfrage des Wiesbadener Unternehmens Mc4ms halten 62 Prozent der Kunden von freien Finanzberatern Geldangelegenheiten für ein Tabuthema, über das man im Bekanntenkreis nicht redet. Und nach einer Allensbach-Studie sprechen 54 Prozent dann auch nie oder nur selten mit Freunden oder Bekannten über ihre finanzielle Vorsorge. Gleichzeitig befürchtet jeder sechste Befragte, den eigenen Lebensstandard im Alter nicht mehr bestreiten zu können, in Ostdeutschland hat sogar jeder Vierte Angst vor Altersarmut.

Dabei wissen viele junge Menschen heutzutage gar nicht, was auf sie zukommen wird. Mehr als ein Drittel der 16- bis 29-Jährigen hat noch nichts davon gehört, dass ihnen ein Arbeitsleben bis zum 67. Lebensjahr bevorsteht. Gleichzeitig machen sich, so eine Studie im Auftrag eines Investmentunternehmens, 86 Prozent der deutschen Bevölkerung Sorgen, dass sie nicht genug für das Alter getan haben.

Glücklich machen diese düsteren Erwartungen nicht, und die meisten Bundesbürger fühlen sich bei Fragen ihrer eigenen finanziellen Vorsorge offenbar überfordert. Die Vielfalt des Angebots, der mangelnde Durchblick bei den staatlichen Fördermöglichkeiten und die Furcht vor einer falschen Entscheidung schrecken viele Menschen ab. Insbesondere Akademiker, so eine Studie im Auftrag des Deutschen Instituts für Altersvorsorge, schieben Entscheidungen zur finanziellen Vorsorge vor sich her, sie sind von der selbst wahrgenommenen Orientierungslosigkeit regelrecht frustriert. Und weil sie Banken und Versicherungen generell misstrauen, setzen Akademiker oft lieber auf Erbschaften und Finanzspritzen der Eltern als auf die eigene finanzielle Vorsorge.

Beim Thema »Finanzielle Vorsorge« können Sie allerdings nicht darauf hoffen, dass Ihnen andere Menschen, öffentliche Einrichtungen, staatliche Behörden oder gewinnorientierte Unternehmen die fälligen Entscheidungen aus der Hand nehmen. Darum haben wir uns entschlossen, Sie mit diesem Buch zielgerichtet, kritisch und einfach besser über dieses Thema zu informieren. Um Ihre Abneigung und Ihre Ängste abzubauen und Sie künftig daran zu hindern, bei dieser Aufgabe die Flucht zu ergreifen oder bei dem Verkaufsgeschwätz von Finanzberatern jeder Couleur schwach zu werden.

Natürlich kommen auch wir als Autoren nicht umhin, Ihnen zu gestehen, dass wir die grundsätzlichen Kenntnisse des Finanzgeschäfts bei deutschen Banken gelernt, an deutschen Hochschulen vertieft und in der hiesigen Finanzwelt verfeinert haben. Aber die Münchner Börsenchefin, die bereits in zahlreichen Publikationen versucht hat, die finanzielle Allgemeinbildung zu befördern, und der erfahrene Wirtschaftsjournalist, der sich seit Jahren um die kritische Aufklärung in Finanzfragen bemüht, sind der Überzeugung, dass Sie als Leser genügend Grundkenntnisse sammeln können, um in der Lage zu sein, sich selbst(bestimmt) um dieses wichtige Thema zu kümmern.

Konventionen in diesem Buch

Wie jedes Buch aus der *Für-Dummies*-Reihe hat natürlich auch dieser Band etwas von einem Ratgeber. Aber detailliert auf einzelne Bedürfnisse konnten wir gar nicht eingehen, denn dafür sind die Ansprüche und Erwartungen der Leser einfach zu unterschiedlich. Die finanziellen Umstände und Möglichkeiten gehören ebenso dazu wie die verschiedenen Lebensmodelle und Zukunftsplanungen. Wenn bei einer der bereits erwähnten Umfragen 19 Prozent der 16- bis 29-Jährigen angeben, dass sie sich bei finanziellen Notlagen im Alter lieber aus dem Staub machen und in ein Land auswandern wollen, in dem die Lebenshaltungskosten niedriger sind als in Deutschland, wird deutlich, dass auch noch ganz andere Vorsorge-Möglichkeiten bestehen, die nicht in dieses Buch passen.

Weil es für das Thema keine wissenschaftlichen Wundermittel und keine allgemein gültigen Rezepte gibt, werden Sie nicht umhin kommen, sich selbst ein ganz privates Vorsorgekonzept zu erarbeiten. Und da Sie sicherlich nicht zuvor Finanzwirtschaft, Bankbetriebslehre oder andere Spezialfächer an der Hochschule studieren wollen, haben wir versucht, verständliche Erklärungen zu geben.

Intensive Gespräche mit Vermögensberatern, Finanzvermittlern und Verbraucherschützern werden auch künftig sicherlich notwendig sein, aber zumindest können Sie dann auf Augenhöhe in derartige Gespräche gehen, unbequeme Fragen stellen und weise, für Sie passende Entscheidungen treffen.

Auf die üblichen Konventionen der *Für-Dummies*-Bücher können Sie erneut vertrauen:

- ✔ So sind Webadressen durch die `besondere Schrift` erkennbar.
- ✔ Neu eingeführte Begriffe werden *kursiv* dargestellt.

Was Sie nicht lesen müssen

Vor vielen Details können wir Sie zwar nicht gänzlich verschonen, aber einzelne Teile des Buches werden für den einen oder anderen Leser sicherlich völlig überflüssig sein. Vielleicht, weil sie nicht Ihrer persönlichen Lebenssituation entsprechen, weil Sie Teile Ihrer private finanziellen Vorsorge ohnehin schon geregelt haben oder weil Sie sich mit einzelnen Produkten oder Verträgen bereits bestens auskennen.

Manche Details und historische Hintergründe sind zudem nicht unbedingt wichtig, aber unter Umständen doch ganz interessant oder amüsant.

Törichte Annahmen über den Leser

»Töricht« ist eine harte Kennzeichnung, aber wir können selbstverständlich kaum verhindern, dass sich bei so manchem Kapitel dieser Eindruck bei Ihnen einschleicht. Beim Schreiben des Buches haben wir über Sie angenommen:

- ✔ Sie leben beim Thema Finanzen nicht nur in den Tag hinein. Deshalb lassen Sie sich von Bankern, Versicherungsvertretern, Beratern der Rentenversicherung, Arbeitgebern, Finanzamt, Gerichten u.a. nicht gern überraschen.

✓ Sie machen sich, selbst wenn Sie noch jung sind, Gedanken über Ihre Zukunft und die notwendige und rechtzeitige finanzielle Vorsorge.

✓ Sie haben wenig Vertrauen in Berater von Banken und Sparkassen, die nur Geld an Ihnen verdienen wollen.

✓ Sie haben keine Lust, sich Tag für Tag immer wieder mit der finanziellen Vorsorge zu beschäftigen, sondern sind auf der Suche nach einer großen Lösung, einem Gesamtkonzept, dem Sie jahrelang vertrauen können.

Wie dieses Buch aufgebaut ist

Finanzielle Vorsorge begleitet Sie als Dauer-Thema während Ihres gesamten Lebens. Immer wieder müssen Sie sich überlegen, wie Sie heute und morgen mit Ihrem Geld auskommen werden, wann und wie größere Investitionen möglich sind und mit welcher Hilfe Sie im Notfall rechnen können. Und da Sie voraussichtlich im letzten Drittel Ihres Lebens voraussichtlich ohne die Einnahmen einer regelmäßigen Arbeit auskommen müssen, steht die rechtzeitige Altersvorsorge an vorderer Stelle bei Ihrer finanziellen Vorsorge. Auch im vorliegenden *Für Dummies*-Buch begleitet Sie dieses Thema deshalb die ganze Zeit.

Teil I: An der Versorgungslücke vorbei – Individuelle Wege gesucht

Zu Beginn wird erst einmal Kassensturz gemacht: Was kann ich überhaupt für die Altersvorsorge beiseite legen und wie viel werde ich im Alter voraussichtlich brauchen? Außerdem erfahren Sie, wie Sie sich in welcher Lebenssituation und in welcher persönlichen Lage am besten und effektivsten um Ihre finanzielle Vorsorge kümmern können. Und ganz nebenbei erfahren Sie, dass Sie bei all Ihren Planungen und Vorsorgemaßnahmen den Staat, also vor allem das Finanzamt, nie ganz vergessen sollten.

Teil II: Eckrentner und Altersarmut – Warum die gesetzliche Rente nicht reicht

Um die finanzielle Vorsorge im Alter, also während des Ruhestands, machen sich immer mehr Menschen Gedanken. Zwar ist jeder Arbeitnehmer in der gesetzlichen Rentenversicherung registriert, aber die guten alten Zeiten, in denen aus der jahrzehntelangen Mitgliedschaft eine ausreichende Rente erwuchs, sind schon lange vorbei. Der zweite Teil zeigt Ihnen, wie dieser Grundpfeiler der finanziellen Vorsorge grundsätzlich funktioniert. Aber wir machen auch kein Geheimnis daraus, dass die gesetzliche Rente, auch wenn wir Sie Ihnen detailliert erklären, in der bisherigen Form nicht mehr ausreicht.

Teil III: Zusatzrente von (Ex-) Chef

Neben der gesetzlichen Rente hat sich in Deutschland die betriebliche Altersversorgung inzwischen zum zweiten Standbein der finanziellen Vorsorge entwickelt. In diesem Teil erfahren Sie nicht nur einiges über die vielfältigen Möglichkeiten der Betriebsrente, sondern auch über andere Vorsorgemaßnahmen, bei denen Ihnen Staat und Arbeitgeber tatkräftig unter die Arme (und zur Abwechslung mal nicht in die Tasche) greifen. Die Entscheidung für eine staatlich oder betrieblich geförderte Variante der Vorsorge muss natürlich von Ihnen kommen. Und Riester- oder Rürup-Rente können nur dann erfreuliche Erträge bringen, wenn Sie wissen, wie diese Förderprogramme funktionieren.

Teil IV: Finanzielle Vorsorge? Auch eine Privatsache

Um Ihren gewohnten Lebensstandard auch im Ruhestand zu halten, reichen gesetzliche Rente und betriebliche Altersversorgung nicht aus. Zusätzliche Rücklagen und Vorsorgemodelle sind, besonders für das Alter, aber auch für andere Lebenssituationen, notwendig. Zu den in diesem Teil besprochenen Möglichkeiten gehören diverse Versicherungen ebenso dazu wie die eigenen vier Wände. Das eigene Haus oder die Eigentumswohnung sind nicht nur wertvoll für die finanzielle Vorsorge, sondern vor allem auch eine sehr beliebte Form des unbeschwerten Wohnens. Und natürlich können private finanzielle Vorsorgemaßnahmen in jedem Alter und in jeder Lebenssituation zusätzlich Spaß bringen.

Teil V: Der Top-Ten-Teil

Dieser Teil enthält eine Sammlung von bombensicheren Vorsorgetipps, aber auch Anregungen für wagemutige Anleger, die darauf vertrauen, dass sie in risikoreichen Situationen vom Glück nicht verlassen werden. Und schließlich enthält das Buch auch noch Hinweise zu den zehn Psychofallen, deren Opfer Sie bei der finanziellen Vorsorge immer wieder werden können.

Symbole, die in diesem Buch verwendet werden

Auch in diesem *Für Dummies*-Buch sind Symbole enthalten, die Ihnen auf einen Blick signalisieren, dass es an dieser Stelle etwas Wichtiges, Hilfreiches oder Hintergründiges zu lesen gibt.

Mit den richtigen Tipps können Sie Geld, Zeit und Aufwand sparen. Oft ganz schnell und unkompliziert, in manchen Fällen ist aber auch längeres Nachdenken gefragt.

Bei diesem Icon können Sie zusätzliche Informationen zum Thema erwarten. Damit können Sie so manchen Vorgang und einige Fakte besser verstehen und einordnen. Wer es ganz eilig beim Lesen hat, kann aber auch gleich zum nächsten Abschnitt springen.

Wenn es um Geld geht, ist die nächste Gefahr meist nicht weit. Und dann ist Vorsicht angebracht, ehe Sie kräftige Verluste hinnehmen müssen.

Damit es schön anschaulich wird, finden Sie bei diesem Icon Beispiele.

Wie es weitergeht

»Finanzielle Vorsorge« ist ein schwieriges, vielschichtiges Thema, bei dem Sie viele teure Fehler machen können. Da es inzwischen so viele unterschiedliche Möglichkeiten gibt, sein sauer verdientes Geld mehr oder weniger sicher oder risikofreudig anzulegen, ist auch das Buch zum Thema etwas dicker geworden.

Alle, die keine Lust oder Zeit haben, alle Seiten und Aspekte durchzuarbeiten, können selbstverständlich beim Lesen direkt dort einsteigen, wo es ihnen gefällt oder wo sie am meisten neue Informationen vermuten. Weil finanzielle Vorsorge ein wichtiges Thema für jeden ist, kann es Ihnen dann natürlich dann doch passieren, dass Sie das gesamte Buch in aller Ruhe durcharbeiten, um herauszubekommen, wo Sie mit Ihrer eigenen Finanzplanung aktuell stehen.

Teil I
An der Versorgungslücke vorbei – Individuelle Wege gesucht

In diesem Teil ...

So richtig unbeschwert und unbekümmert in den Tag hinein leben nur die wenigsten. Entweder wurden sie mit dem goldenen Löffel im Mund geboren, haben gerade einen größeren Lottogewinn hinter sich oder machen sich eben prinzipiell keine Gedanken um das Morgen. Aber da die meisten Menschen ihren gewohnten Lebensstandard erhalten und zudem ihre mehr oder minder ehrgeizigen Ziele verwirklichen wollen, sorgen sie vor. Machen ja sogar Eichhörnchen, wenn sie rechtzeitig ein paar Nüsse verstecken.

Jeder wählt allerdings eine andere Strategie, um für die Zukunft finanziell vorzusorgen, abhängig von seiner eigenen Situation, seinem Lebensalter, seiner Einstellung zu Geld und Finanzen, und natürlich auch von seinen eigenen Zielen. Wir schlagen Ihnen deshalb einige Modelle vor, an denen Sie sich bei Ihren Planungen orientieren können. Dass sich Ihr Leben und Ihre Erwartungen im Laufe der Zeit verändern werden, kommt ebenfalls zur Sprache. Und wir wollen Ihnen auch nicht verschweigen, dass Sie bei aller Vorsorge auch den Fiskus berücksichtigen. Ein paar der gehorteten Nüsse werden also in jedem Fall im Laufe der Zeit verschwinden.

Finanzielle Vorsorge – eine Lebensaufgabe

In diesem Kapitel

- Warum finanzielle Vorsorge eine echte Lebensaufgabe ist
- Wie man sich zu jedem Zeitpunkt Klarheit über die eigene finanzielle Lage verschafft
- Wie man die Rentenlücke berechnet

Mit der richtigen Vorbereitung und der passenden finanziellen Vorsorge kann ein Leben in Saus und Braus auf Sie warten. Aber wer kennt den richtigen Weg dahin, wer klärt auf über die richtigen Strategien, wer schützt vor falschen Anlageentscheidungen und unnötigen Geldausgaben? Als Leser dieses Buches haben Sie natürlich bereits einen wichtigen Schritt vollzogen und demonstriert, wie wichtig Ihnen das Thema »Finanzielle Vorsorge« ist.

Unwissenheit und Tabu

Die meisten Bundesbürger verstehen von Wirtschafts- und Finanzfragen so gut wie nichts. Entsprechende wissenschaftliche Untersuchungen und Umfragen, die den »Finanzanalphabetismus« ans Tageslicht brachten, gibt es schon seit Jahren, aber geändert hat sich seitdem wenig. Erst im August 2008 sorgte eine Studie zum Thema »Verständlichkeit von Wirtschaftsthemen in Fernsehnachrichten« für Aufregung. Die befragten Haupt- und Kollegschüler zwischen 16 und 29 Jahren verstanden von Wirtschaftsnachrichten im Fernsehen kaum etwas. Nur die Hälfte der Jugendlichen konnte selbst mit so einfachen Begriffen wie »Schwellenländer« oder »Arbeitslosengeld I« etwas anfangen. Die Analyse zeigt: Je niedriger der Bildungsstand und je geringer das Vorwissen ist, desto größer ist das Desaster.

Auch in Versicherungsfragen, so eine aktuelle Studie des Kölner Marktforschungsunternehmens Psychonomics, sieht es nicht viel besser aus. Danach sind nur vier Prozent aller Deutschen davon überzeugt, Versicherungsangelegenheiten gut zu überblicken. Über das größte Selbstbewusstsein in Versicherungsfragen verfügt noch die Altersgruppe zwischen 40 und 49. Gleichzeitig jedoch wünschen sich drei Fünftel der Befragten den optimalen Rundum-Sorglos-Versicherungsschutz. Ratschläge von Freunden und Bekannten nehmen sie allerdings nicht gern an, und ihrem eigenen Versicherungsvertreter trauen sie ebenso wenig. Jeder sechste Befragte gab an, schon einmal von einem Vertreter zum Abschluss einer Versicherung gedrängt worden zu sein, obwohl er den Vertrag eigentlich nicht unterschreiben wollte.

Glauben an die Rente verloren

Für das inzwischen geflügelte Wort von der sicheren Rente haben die meisten Bürger nur noch ein mildes Lächeln übrig, sie wissen also, dass sie ihre finanzielle Vorsorge in die eigenen Hände nehmen müssten. Aber, so eine repräsentative Allensbach-Umfrage aus dem Jahre 2007, es gibt ein Problem dabei: lediglich ein Drittel der Deutschen plant, dieses Wissen umzusetzen und seine Sparbemühungen zu verstärken. Selbst bei jungen Leuten sind die meisten in Rentenfragen reichlich unbedarft. Bei der Allensbach-Umfrage gaben 37 Prozent der 16- bis 29-Jährigen an, von der »Rente mit 67« noch nie gehört zu haben. Gefragt nach konkreten Schritten zur Verbesserung ihrer künftigen Situation erklärten sich 46 Prozent bereit, über das Rentenalter hinaus weiter arbeiten zu gehen. Knapp ein Fünftel gab dagegen an, sich im Alter lieber aus dem Staub machen zu wollen – und in ein Land auszuwandern, in dem die Lebenshaltungskosten niedriger sind als in Deutschland.

Den Glauben an die gesetzliche Rente haben inzwischen fast 90 Prozent der Deutschen verloren, und die Hälfte der Bundesbürger geht nach einer Allensbach-Umfrage ernsthaft davon aus, dass das Geld später nicht reichen wird. Bei den jungen Menschen sagen das sogar schon zwei von drei Befragten. Das Deutsche Institut für Altersvorsorge hat jüngst vor allem Akademiker als Gruppe der tendenziell Unterversorgten ausgemacht.

Von einem Luxusleben im Alter können also nur diejenigen träumen, die sich rechtzeitig selbst um ihre finanzielle Vorsorge kümmern. Aber deshalb haben Sie sich vermutlich ja auch dieses Buch angeschafft.

Wer es nicht mehr schafft, genügend Geld für das Leben im Alter zurückzulegen, kann sich an einer Studie des Max-Planck-Instituts für Demographische Forschung in Rostock erfreuen. Danach leben Menschen mit einer niedrigeren Rente weniger lang als die mit einer hohen. Oder, in Anlehnung an einen bekannten Filmtitel: »Wer früher stirbt, ist kürzer arm.«.

Wohlstand nur für wenige

Im Gegensatz zu anderen Völkern haben wir uns längst daran gewöhnt, im täglichen Leben genügend Geld zur Verfügung zu haben. Deutschland gilt im internationalen Vergleich zweifellos als reiches Land, aber nicht alle Bundesbürger können als wohlhabend bezeichnet werden. Nach dem jüngsten Armuts- und Reichtumsbericht für Deutschland, der 2008 veröffentlicht wurde, driftet die Gesellschaft sogar weiter auseinander.

Aktuelle Zahlenangaben zu Armut und Reichtum sind nur schwer zu ermitteln. Vor ihrer Veröffentlichung werden entsprechende Daten in der Regel auch noch politisch bewertet und zwischen Forschern, Statistikern und Behörden hin und her geschoben. So sind auch beim aktuellen »Armut- und Reichtumsbericht« der Bundesregierung aus dem Jahre 2008 einige Daten schon einige Jahre alt.

Nach Angaben der Bundesregierung nahm die Ungleichverteilung der Einkommen in den letzten Jahren deutlich zu. So sank die Lohnquote, also der Anteil der Löhne und Gehälter am Volkseinkommen, zwischen 2002 und 2005 von 71,6 auf 67,0 Prozent. Im Gegenzug stiegen dagegen die Einkommen aus Unternehmertätigkeit und Vermögen. Während die obersten zehn Prozent zwischen 2003 und 2006 als einzige Gruppe einen Einkommenszuwachs von 4,2 Prozent verzeichnen konnten, haben alle anderen Einkommensgruppen real Einkommen eingebüßt.

 Nach Angaben des Armuts- und Reichtumsberichts ist das Armutsrisiko in Deutschland seit dem Jahr 2000 dramatisch gestiegen. Im Jahr 2006 lebten rund 14,9 Millionen Menschen unterhalb der umstrittenen, so genannten »Armutsrisikoschwelle«. Den meisten Bürgern, die in Armut leben müssen, gelingt, so ein Gutachten von Armutsforschern, der Sprung aus der Armut nicht.

Die unterschiedlichen Einkommen blieben nicht ohne Folgen: Seit 2002 sind die Reichen in Deutschland reicher geworden, die weniger Wohlhabenden und Armen hingegen wurden ärmer. Nach einer Studie des Deutschen Instituts für Wirtschaftsforschung (DIW) aus dem Jahre 2009 verfügte das wohlhabende Zehntel der erwachsenen Bevölkerung 2007 über 61,1 Prozent des privaten Vermögens. Allein das reichste Hundertstel der Bevölkerung hielt 2007 knapp 23 Prozent des Nettovermögens. Dagegen besaßen die weniger wohlhabenden 70 Prozent der Erwachsenen nur knapp neun Prozent des gesamten Nettovermögens.

In Deutschland muss jedoch kein Mensch daran sterben, wenn sein Einkommen oder sein Vermögen zum täglichen Überleben nicht ausreicht. Zahlreiche Behörden und Ämter, öffentliche Einrichtungen, aber auch private Initiativen versuchen, die schlimmsten Erscheinungen und Folgen aufzufangen, in der Regel mit Erfolg. Aber selbstverständlich möchten Menschen selbst für sich aufkommen und in der Lage sein, ihr eigenes Geschick in die Hände zu nehmen. Planung und finanzielle Vorsorge gehören dazu.

Start nicht ohne Kassensturz

Erst wenn Sie sich einen stimmigen Überblick über Ihre Einnahmen und Ausgaben verschafft haben, können Sie daran denken, eine finanzielle Strategie zu entwickeln, wie Sie die Ziele Ihres Lebens absichern und erreichen können. Zusätzlich sollten Sie sich in dieser Phase darüber klar werden, wie Sie sich selbst in punkto finanzielle Vorsorge einschätzen, d.h. wie Sie gefühlsmäßig mit Guthaben und Schulden, mit Anlagerisiken und Sicherheitsversprechen umgehen.

Keinesfalls übersehen dürfen Sie an dieser Stelle, dass in dem großen »Spiel des finanziellen Lebens« auch Mitspieler dabei sind, die gern selbst von Ihrer finanziellen Vorsorge profitieren möchten. Dazu gehören nicht nur Verwandte, Freunde und Bekannte, sondern beispielsweise auch Finanzdienstleister aller Art. Denn letztendlich leben Banken, Sparkassen, Versicherungen und Bausparkassen, Finanzvermittler und Börsianer von Gebühren und Provisionen, die jeder Kunden an sie zahlen muss.

Zusätzlich müssen Sie bei Ihren Planungen berücksichtigen, dass gespartes Geld und erworbene Vermögenswerte mit den Jahren nicht besser oder wertvoller werden. Häuser verfallen im Laufe der Jahre, gehortetes Geld unter dem Kopfkissen wird aufgrund regelmäßiger Preissteigerungen immer weniger wert. Und selbst Wertgegenstände, die Ihnen bei der Anschaffung besonders lieb und teuer waren, müssen nicht unbedingt als Grundstein für ein wachsendes Vermögen taugen. Dazu gehören Edelmetalle, Antiquitäten und Kunstwerke, aber auch andere Sammelobjekte wie Briefmarken oder Münzen. Da man sich bei diesen Gegenständen und ihren fachspezifischen Markt- und Preisbewegungen nur als absoluter Liebhaber und Experte auskennen kann, haben wir sie bei unseren weiteren Überlegungen nicht berücksichtigt.

Eigenes Vermögen vorhanden?

Ohne eine detaillierte Gesamtübersicht über die eigene Vermögenssituation geht es nicht. Ein bisschen Zeit kostet es schon, eine solche Aufstellung anzufertigen. Dabei sollten Sie folgende Punkte berücksichtigen:

✔ Guthaben (in bar und auf dem Girokonto)

✔ Tages- und Festgeldkonten

✔ Sparbuch und Sparbriefe

✔ Guthaben auf dem Bausparvertrag

✔ Wertpapiere im Depot, beispielsweise Anleihen, Schatzbriefe, Aktien, Fondsanteile

✔ Lebensversicherungen (aktuelle Rückkaufwerte)

✔ Immobilie (Wert des/r selbst genutzten Hauses/Wohnung)

✔ Weitere Immobilien (Wert vermieteter Immobilien, Grundstücke)

✔ Sonstige Wertgegenstände wie zum Beispiel Patentrechte

✔ Privat vergebene Kredite/verliehenes Geld

Den Vermögenswerten stehen die Verbindlichkeiten gegenüber. Dazu gehören Kredite aller Art (privat, Dispositionskredit, Ratenkredit, Immobilienfinanzierung, aber auch BAföG-Darlehen oder Ähnliches) und sonstige Verbindlichkeiten

Aus der Summe von Vermögen und Verbindlichkeiten ergibt sich dann das Nettovermögen, auf dem Sie bei Ihrer Finanzplanung aufbauen können. Eine solche Auflistung kann dann Jahr für Jahr aktualisiert werden und eine neue Berechnungsgrundlage bilden.

Gerade bei langfristigen Planungen spielen natürlich weitere Komponenten bei der Vermögensübersicht eine wichtige Rolle. So können die aktuellen Rückkaufwerte bei Kapitallebens- und Rentenversicherungen durch den Betrag ersetzt werden, der Ihnen voraussichtlich im vertraglich vereinbarten Alter zufließen soll. Auch größere Erbschaften, die Sie in den kommenden Jahrzehnten erwarten, können in langfristigen Vermögensübersichten berücksichtigt werden.

Was im Monat übrig bleibt

Bei der Beurteilung der eigenen finanziellen Situation spielen die aktuellen Vermögenswerte nur eine untergeordnete Rolle, denn viele Teile Ihres Vermögen wollen Sie ja sicherlich

1 ➤ Finanzielle Vorsorge – eine Lebensaufgabe

nicht sofort verwerten und zu Geld machen. Wichtiger ist in jedem Fall die persönliche Einnahmen-/Ausgaben-Übersicht, die Ihnen darüber Aufschluss gibt, was mit Ihren regelmäßigen Einnahmen passiert und wie sich die Ausgaben zusammensetzen.

In einen persönlichen Finanzplan gehören auf der Einnahmen-Seite folgende Komponenten:

- ✔ Monatliches Arbeitseinkommen (nach Abzug von Steuer und Sozialversicherung)
- ✔ Haben-Zinsen
- ✔ Dividenden-Einnahmen
- ✔ Renten
- ✔ Mieteinnahmen
- ✔ Zusätzliche Einkommen wie Provisionen

Alle Arbeitnehmer sind gleich? Schön wär's!

Mit ihrem monatlichen Arbeitseinkommen sind längst nicht alle Beschäftigten in Deutschland zufrieden. Selbst bei Menschen, die Arbeitstag für Arbeitstag ihre beruflichen Pflichten erfüllen, wird die Kluft zwischen hohen und niedrigen Löhnen immer größer. So stellten Forscher des Instituts Arbeit und Qualifikation der Universität Duisburg-Essen im Jahre 2008 fest, dass die Bestverdienenden zwischen 1995 und 2006 ein Lohnplus von 3,5 Prozent verbuchen konnten, während das Realeinkommen der Geringverdiener in der gleichen Zeit um fast 14 Prozent sank. Betroffen von dieser Entwicklung waren laut der Studie ein Viertel aller Arbeitnehmer, unter ihnen vor allem Minijobber und Teilzeitkräfte, aber auch Vollzeitbeschäftigte in Branchen wie dem Einzelhandel, Kfz-Werkstätten oder im Gastgewerbe.

Auffällig ist bei den monatlichen Einkommen in Deutschland, dass die Frauen weiterhin deutlich schlechter bezahlt werden als die Männer. Frauen verdienen nach Angaben des Statistischen Bundesamtes selbst in denselben Berufen weniger als ihre männlichen Kollegen. Im Jahr 2006 habe, so das Bundesamt, der durchschnittliche Bruttostundenverdienst von Frauen mit 14,05 Euro knapp ein Viertel unter dem ihrer Kollegen gelegen. Die größten Unterschiede gab es danach bei unternehmensnahen Dienstleistungen, im Kredit- und Versicherungsgewerbe sowie im Verarbeitenden Gewerbe mit jeweils rund 30 Prozent. Dagegen bestand nur ein geringer Lohnabstand in den Branchen Verkehr und Nachrichtenübermittlung sowie im Gastgewerbe. Je älter die Beschäftigten sind, um so größer ist der Unterschied bei den Löhnen.

Den Einnahmen stehen in der persönlichen Haushaltsrechnung die regelmäßigen Ausgaben gegenüber:

- ✔ Mieten/Hypothekenzinsen für eine selbst genutzt Immobilie
- ✔ Lebenshaltungskosten für Ernährung, Bekleidung, Hobby und Freizeit, Verkehr, Kommunikation und Bildung

✔ Schuldzinsen und Tilgung für Kredite aller Art

✔ Beiträge für Versicherungen

✔ Unterstützungszahlungen für Angehörige

Und wenn Sie nun die Ausgaben von den Einkünften abziehen, sehen Sie, wie viel Sie theoretisch im Rahmen der finanziellen Vorsorge anlegen können.

In der Krise mehr sparen

Am Ende dieser persönlichen Gewinn- und Verlust-Rechnung pro Monat steht zumeist ein positiver Saldo, der sich im Laufe des Lebens immer wieder ändert. So können in vielen Fällen die monatlichen Arbeitseinkommen durch Jobwechsel, beruflichen Aufstieg, zusätzliche Nebenverdienste oder finanzielle Unterstützung durch Verwandte erhöht werden. Die Ausgaben können, zumindest zeitweise, durch eine größere Konsumzurückhaltung minimiert werden. So verzichten Verbraucher eben einmal auf die nächste Urlaubsreise oder kaufen ihre Lebensmittel nur noch beim Discounter ein.

Im Durchschnitt jedenfalls bleiben in der Einnahmen-/Ausgabenrechnung pro Monat einige Euro übrig, bei vielen gar nicht so wenig. So legten die Bundesbürger in den vergangenen Jahren im Durchschnitt 10,5 Prozent ihres Einkommens auf die hohe Kante, um die finanzielle Vorsorge für Notsituationen, aber auch die eigene Altersvorsorge zu sichern.

Aktuell legen die Bundesbürger aufgrund der Finanzmarktkrise und der unsichern weiteren Konjunkturentwicklung sogar noch mehr Geld auf die Hohe Kante. So steigerten sie nach Angaben des Statistischen Bundesamtes bereits im ersten Quartal 2008 die Sparquote auf 14,8 Prozent, den höchsten Wert seit 15 Jahren. Nach Einschätzung des Instituts für Makroökonomie und Konjunkturforschung kommt damit nicht nur die Sorge vor einem Ende des Aufschwungs zum Ausdruck, sondern auch der Wunsch, die eigene finanzielle Vorsorge, beispielsweise fürs Alter, zu verbessern.

Zwischen Geiz und Verschwendung

Verschiedene Persönlichkeitstypen haben in unterschiedlichen Lebenssituationen auch unterschiedliche Strategien im Umgang mit Geld entwickelt. Ganz klassisch schwankt die Bandbreite dabei zwischen »Spare in der Zeit, dann hast du in der Not« und »Spare in der Not, dann hast du Zeit dazu«. Selbstverständlich ist diese persönliche Einstellung in der Regel von der eigenen, aktuellen Finanzsituation abhängig und geprägt. So kann aus dem locker sein Geld zum Fenster hinauswerfenden Jugendlichen ein eher sparsamer Familienvater werden, und eine finanziell zurückhaltende Frau, die alle Mittel in den Nachwuchs investiert, hat vielleicht eine Zukunft als prassende alte Dame vor sich.

Grundzüge des Umgangs mit den eigenen Finanzen zeigen sich auch in der unterschiedlichen Einstellung zum Geld, die von Soziologen und Psychologen regelmäßig untersucht wird. Zumindest bei der Geldanlage gelten die Bundesbürger als risikoscheu und zurückhaltend – und so investierten sie ihr Erspartes bereits vor der weltweiten Finanzmarktkrise am liebsten in Lebensversicherungen, Bausparverträge und Sparbücher. Im Umkehrschluss bedeutet das natürlich, dass sie aus Sicherheitsgründen lieber auf verlockende höhere Renditen verzichten und damit hohen Risiken aus dem Weg gehen.

1 ➤ Finanzielle Vorsorge – eine Lebensaufgabe

In Studien und Untersuchungen werden Anleger zumeist in die drei Kategorien konservativ und sicherheitsorientiert, risikobewusst sowie spekulativ eingeteilt.

Test: Welcher Anlegertyp sind Sie?

Unser selbst entwickelter Test zeigt Ihnen, welcher Anlegertyp Sie sind und auf welche Faktoren Sie bei Ihren Anlageentscheidungen achten sollten.

Ich will wichtige Entscheidungen in meinem Leben immer selbst treffen.
- ❏ Ja (0 Punkte)
- ❏ nein (5 Punkte)
- ❏ Kommt darauf an, mit meiner Frau/Partnerin/meinem Mann/Partner bespreche ich alles vorher (10 Punkte)

Wer nicht wagt, der nicht gewinnt.
- ❏ Ja, stimmt (0 Punkte)
- ❏ Nein, stimmt nicht (10 Punkte)
- ❏ Ein bisschen Wagemut ist nicht schlecht, aber vorher überprüfe ich genau, wie meine Chancen stehen (5 Punkte)

Wenn ich ins Restaurant zum Essen gehe, weiß ich schon vorher, welches Gericht ich mir bestelle.
- ❏ Ja, dann kann ich sicher sein, dass mir das Essen schmeckt (10 Punkte)
- ❏ Nein, ich suche mir ganz spontan Speisen aus, die ich noch nicht kenne (0 Punkte)
- ❏ Ich lasse mich vor der Bestellung ausführlich vom Ober beraten (5 Punkte)

Bei der Planung von Urlaubsreisen bin ich immer auf der Suche nach neuen Orten und Regionen, die spannende Angebote versprechen.
- ❏ Ja, im Urlaub brauche ich neue Anregungen für den tristen Alltag (0 Punkte)
- ❏ Nein, ich fahre lieber dahin, wo ich mich auskenne und mich in Ruhe erholen kann (10 Punkte)
- ❏ Kommt ganz darauf an, wie ich mich gesundheitlich fühle und ob der Preis angemessen ist (5 Punkte)

Lieber den Spatz in der Hand als die Taube auf dem Dach.
- ❏ Ja, ich habe im Leben gelernt, mich lieber zufrieden zu geben (10 Punkte)
- ❏ Nein, ich möchte einfach mehr haben als die anderen (0 Punkte)
- ❏ Das ist mal so und mal so. Die Chancen sollte man schon vorher genau abwägen (5 Punkte)

Wenn ich am nächsten Wochenende viel Geld im Lotto gewinne, muss ich mir genau überlegen, was ich damit tue.
- ❏ Ja, einige Wünsche kann ich mir sicherlich gleich erfüllen, den Rest werde ich nach fachkundiger Beratung gut anlegen (5 Punkte)
- ❏ Nein, wie gewonnen, so zerronnen. Ich werde das meiste Geld sofort ausgeben und den Rest an meine Kinder oder Freunde verschenken (0 Punkte)
- ❏ Das habe ich schon genau überlegt. Das Geld wird erst einmal zur Seite gelegt und dann planmäßig eingesetzt (5 Punkte)

Ein riesiges Vermögen möchte ich gar nicht haben.
- ❏ Ja, stimmt, viel Geld macht nicht glücklich, sondern nur nervös und krank (10 Punkte)
- ❏ Nein, ich hätte gern ein großes Vermögen, das ich sinnvoll einsetzen kann (5 Punkte)
- ❏ Ich fühle mich schon sehr vermögend und habe keine Probleme damit (0 Punkte)

Wenn ich nicht genau weiß, wie es im Leben weitergehen soll, werde ich unruhig.
- ❏ Ja, stimmt, Unsicherheit ist mir ein Gräuel (5 Punkte)
- ❏ Nein, solche Situationen finde ich spannend (0 Punkte)
- ❏ So etwas kommt bei mir nicht vor. Ich habe alles im Griff und weiß genau, was passiert (10 Punkte)

Wenn es neue technische Geräte gibt, kaufe ich sie mir sofort.
- ❏ Ja, die aktuellen Angebote sind immer die besten (0 Punkte)
- ❏ Nein, ich warte erst einmal ab, wie die Geräte getestet und bewertet werden (5 Punkte)
- ❏ Alle technischen Geräte, die ich brauche, habe ich schon. Neuigkeiten interessieren mich kaum (10 Punkte)

Zu einer Geburtstagsfeier bei Freunden bringe ich immer große, teure Geschenke mit.
- ❏ Ja, die sollen doch sehen, was ich mir alles leisten kann (0 Punkte)
- ❏ Nein, ich frage vorher lieber nach, was sich das Geburtstagskind wünscht (10 Punkte)
- ❏ Das ist mir eigentlich egal, ich nehme irgend etwas mit, was mir zufällig einfällt (5 Punkte)

Auswertung

0 bis 25 Punkte
Impulsives, eigen bestimmtes Handeln ist Ihnen sehr wichtig. Ob dabei etwas Positives heraus kommt, spielt dabei keine große Rolle. Hauptsache, Sie fühlen sich in ihrer Spontaneität nicht eingeschränkt. Bei der Geldanlage werden Sie so in der Regel nicht viel Erfolg haben. Die Gefahr, dass Sie auf spekulative Anlagen hereinfallen, ist groß. Um Fehlentscheidungen und -investitionen zu vermeiden, sollten Sie sich eingehend informieren und ihrem Finanzberater getrost einige Arbeiten überlassen. Mit dem Rest Ihres Vermögens oder Einkommens können Sie ja weiter Ihre Spontaneität ausleben.

30 bis 75 Punkte
Bei Ihren Entscheidungen gehen Sie sehr zielbewusst und überlegt ans Werk. Erst wenn Sie alle Chancen und Risiken genau überprüft haben, bilden Sie sich eine wohl begründete Meinung. Auch bei der Geldanlage überlegen Sie vor der Unterschrift unter einen Vertrag intensiv, ob diese Entscheidung die richtige für Sie ist. Gern greifen Sie zur Sicherheit auf die Kompetenz und die Beratung durch Profis zurück. Mit einem gut gemischten und angelegten Vermögen belohnen Sie sich selbst. Die von Ihnen gewünschte Ruhe und Zuversicht stell sich dann ebenfalls ein.

80 Punkte und mehr
Über alle Entscheidungen in Ihrem Leben – und das betrifft auch Ihre Finanzen – machen Sie sich vielleicht etwas zu viel Gedanken. Nicht alle Probleme und Herausforderungen lassen sich perfekt und hundertprozentig richtig lösen. Selbst nach einem eingehenden Gespräch mit Ihrem Finanzberater können Sie nicht alle Risiken ausschließen. Und als Alternative bliebe Ihnen dann nur die Aufbewahrung von Bargeld unter Ihrem Kopfkissen.

Berechnung des Bedarfs im Alter

Nun haben Sie errechnet, was Sie im Moment zur Verfügung haben, um es für die Altersvorsorge zurückzulegen. Sie haben Ihre Risikobereitschaft getestet. Aber wie sieht es im Alter aus? Wie viel Geld brauchen Sie dann? Reicht die gesetzliche Rente? Oder wie groß ist die berühmt-berüchtigte Rentenlücke bei Ihnen?

Wie jede Prognose oder Bedarfsrechnung ist natürlich auch eine Aufstellung der künftigen Einnahmen und Ausgaben fast unmöglich zu erstellen – nur eine Glaskugel kann uns dabei weiterhelfen. Aber da es Ihnen bei der Ermittlung des Finanzbedarfs in den kommenden Jahren und Jahrzehnten nicht um Details, sondern lediglich um eine Tendenzaussage geht, können einfache Formulare mit geschätzten Werten bereits helfen.

Zuerst einmal die Einnahmen: sie werden sich im Ruhestand voraussichtlich aus den Blöcken gesetzliche Rentenversicherung, betriebliche Altersvorsorge und private Zusatzversicherung zusammensetzen. Im Einzelnen geht es dabei um:

- ✔ Gesetzliche Rente (Details zur Berechnung finden Sie in Kapitel 5 dieses Buches)
- ✔ Betriebsrente (siehe Kapitel 7)
- ✔ Riester-Rente (siehe Kapitel 9)
- ✔ Rürup-Rente (siehe Kapitel 10)
- ✔ Private Rentenversicherung (siehe Kapitel 11)
- ✔ Einkünfte aus der eigenen Immobilie (siehe Kapitel 12)
- ✔ Einkünfte aus Kapitellebensversicherungen
- ✔ Zu erwartende Erbschaften/Schenkungen

Deutlich länger wird die Liste sicherlich, wenn Sie versuchen, die künftigen Ausgaben aufzuschreiben. Am besten trennen Sie dabei feste Ausgaben, auf die Sie auch im Ruhestand kaum verzichten können, von variablen Ausgaben, die sich und die Sie je nach Bedarf verändern können.

Zu den Fixkosten gehören beispielsweise:

- ✔ Miete
- ✔ Wohnnebenkosten (Strom, Heizung, Wasser, aber auch Hausverwaltung etc.) auch für die eigene Immobilie
- ✔ Telekommunikationskosten
- ✔ Unterhaltszahlungen
- ✔ Essen und Trinken
- ✔ Kleidung, Körperpflege
- ✔ Kfz-Kosten (Benzin, Reparaturen, Inspektion)

✔ Öffentliche Verkehrsmittel

✔ Beiträge für Vereine/Organisationen

✔ Versicherungsbeiträge für Krankenversicherung, Haftpflicht, Kfz

Zu den veränderlichen Ausgaben pro Monat zählen:

✔ Freizeitgestaltung inkl. Reisen

✔ Präventive Gesundheitskosten

✔ Haushaltshilfen und Dienstleistungen (hier entsteht im Alter ein höherer Bedarf)

✔ Weitere Versicherungen

✔ Sparverträge für Kinder und Enkel

Bei der Berechnung Ihres Bedarfs sollten die monatlichen Fixkosten aus unbefristeten Zahlungen bezahlt werden können. Der variable Bedarf hingegen kann ggf. reduziert werden, wenn die anderen Ersparnisse nicht ausreichen oder aufgezehrt sind.

Wenn Sie nun abschließend die geschätzten Ausgaben von den erwarteten Einnahmen abziehen, zeigt das Endergebnis die zu erwartende Versorgungslücke bzw. im besseren Fall den erzielbaren Monatsüberschuss.

Etwas Statistik: der typische Rentnerhaushalt

Ein typischer Rentnerhaushalt, in dem durchschnittlich 1,5 Personen wohnen, gab 2005 nach den aktuellsten Angaben des Statistischen Bundesamtes 1.870 Euro für den Konsum aus. Hinzu kommen noch Versicherungsprämien und Steuern, zum Beispiel für das Auto.

Und so verteilen sich die Konsumausgaben der 65- bis 70-Jährigen (in Prozent, zum Vergleich in Klammern jeweils die Anteile bei den 35- bis 45-Jährigen):

✔ Wohnung, Energie, Renovieren 34,2 (32,1)

✔ Nahrung, Getränke, Tabak 12,7 (13,8)

✔ Verkehr 12,9 (14,2)

✔ Freizeit, Unterhaltung, Kultur 8,0 (9,6)

✔ Wohnungseinrichtung, Haushaltsgeräte 5,1 (6,5)

✔ Gesundheitspflege 5,6 (2,8)

✔ Pauschalreisen 5,6 (1,8)

✔ Bekleidung, Schuhe 4,4 (5,2)

Nach einer Studie des IWG Bonn werden Rentner in den nächsten Jahren einen deutlich höheren Bedarf haben. Die Studie verweist auf eine höhere Eigenbeteiligung in der Krankenversicherung und auf steigende Ansprüche der Ruheständler. Sie werden mehr reisen, sich teurere Kleidung, höherwertige Lebensmittel, mehr Elektronik und häufiger neue Möbel kaufen als die Rentner von heute. Dazu werden sie freiwillig mehr Geld für Wellness, Naturheilverfahren und Gesundheitsvorsorge ausgeben.

Der Studie zufolge werden die Konsumausgaben von Rentnerhaushalten daher von 2005 bis 2020 um durchschnittlich 40 Prozent auf 2.700 Euro im Monat steigen, bei Neurentnern sogar auf bis zu 3.100 Euro. Selbst diese Zahlen sind allerdings irreführend, denn diese Angaben beruhen auf Preisangaben von 2005. Künftige Rentner, die ihren Bedarf errechnen, müssen die Preissteigerung berechnen. Bei einer Preissteigerung von zwei Prozent sind in zehn Jahren aus 2.700 Euro schon 3.300 Euro geworden. Wer erst in 30 oder 40 Jahren in den Ruhestand geht, kann den künftigen Bedarf heute kaum berechnen.

Reizwort Versorgungslücke

Wer sich mit dem Thema Finanzielle Vorsorge beschäftigt, muss sich auf ein schwieriges Thema und einen viel gebrauchten Begriff einstellen, für den es bis heute keine eindeutige Definition gibt: Versorgungslücke. Einen kleinen Eindruck davon, wie schwierig und unkalkulierbar die Berechnung sein kann, haben Sie bereits bekommen. Dummerweise haben Finanzberater und Versicherungsvertreter das Schlagwort in den vergangenen Jahren häufig benutzt, um ihre Produkte besser zu verkaufen.

Um die Versorgungslücke zu berechnen, verwenden viele Banken und Versicherer ein einfaches Kalkulationsprogramm, bei dem die Versorgungslücke allein aus dem aktuellen Gehalt errechnet wird. Bis zum voraussichtlichen Rentenintritt werden dann jährliche Gehaltserhöhungen zugrunde gelegt. Nach pauschalen Annahmen werden die Ansprüche an gesetzlicher Rente errechnet – und das gewünschte Ergebnis zeigt eine recht große Versorgungslücke.

Leider unterschlagen zahlreiche Finanzberater bei der Errechnung der Versorgungslücke, dass bei Ruheständlern in der Regel zahlreiche arbeitsbedingte Kosten nicht mehr zu zahlen sind bzw. einige Kosten im Alter durchaus zu reduzieren sind. Dazu gehören beispielsweise:

✔ Fahrtkosten zum Arbeitsplatz

✔ Ausgaben für Arbeitsgeräte

✔ Kosten für Versicherungen wie die Berufsunfähigkeitsversicherung

✔ Kosten für die private Altersvorsorge

✔ Kosten für Unterhalt der Kinder

✔ Ersparnis durch mögliche Einschränkungen (z.B. kleineres Haus/kleinere Wohnung)

Wenn es Ihnen schwer fällt, auszurechnen, was Sie im Alter einmal brauchen werden, dann hilft vielleicht die folgende Berechnung:

Nehmen wir einmal an, Sie möchten den heutigen Lebensstandard im Alter erhalten. Dazu setzen Sie bei Ihren heutigen Einnahmen an, also beim derzeitigen Nettogehalt. Arbeitsbedingte Kosten, die Sie später als Ruheständler nicht mehr haben werden, können Sie anschließend vom Nettogehalt abziehen. Dazu gehören beispielsweise:

- ✔ Fahrtkosten zum Arbeitsplatz
- ✔ Ausgaben für Arbeitsgeräte
- ✔ Kosten für Versicherungen wie die Berufsunfähigkeitsversicherung
- ✔ Kosten für die private Altersvorsorge
- ✔ Kosten für Unterhalt der Kinder
- ✔ Mögliche Einschränkungen (z.B. kleineres Haus/kleinere Wohnung)

So ergibt sich der Betrag, den Sie benötigen, um Ihren derzeitigen Lebensstandard auch im Alter halten zu können. Von diesem Betrag ziehen Sie die voraussichtliche gesetzliche Rente ab, am besten nur der Betrag aus der Renteninformation, der sich ohne jährliche Rentenanpassungen ergibt. Außerdem können Sie weitere zusätzliche Einkünfte, die Sie im Alter haben werden, subtrahieren. Dabei kann es sich um eine bereits vorhandene Zusatzrente, um Mieteinkünfte oder Kapitalerträge aus Zinsen, Dividenden oder Kursgewinnen handeln. Auch das Wohnen im eigenen Heim können Sie als ersparte Miete veranschlagen werden, vorausgesetzt, das Haus oder die Wohnung ist bis zum Renteneintritt abbezahlt und natürlich, sie haben vorher Miete bezahlt.

Hinzuzählen müssen vorsichtige Rechner an dieser Stelle Steuern und Sozialabgaben, die auch als Rentner gezahlt werden müssen. Das Ergebnis ist die persönliche Versorgungslücke, die gefüllt werden sollte. Je früher, desto besser. Wie groß die Rentenlücke im Detail sein kann, haben Verbraucherschützer von Stiftung Warentest im vergangenen Jahr für Arbeitnehmer verschiedener Geburtsjahrgänge und mit unterschiedlichem Bruttoverdienst errechnet. Dabei haben sie angenommen, dass einem Rentner 80 Prozent seines letzten Nettoverdienstes zur Verfügung stehen. Und bei ihren Prognosen haben sie unterstellt, dass die Bruttorenten jährlich um 0,75 Prozent steigen (die Bruttolöhne um 1,5 Prozent). Bei den Sozialabgaben und Steuern wurden die aktuellen Regelungen berücksichtigt.

Tabelle 1.1 zeigt exemplarisch, wie eine Riesterrente die Rentenlücke verringern kann.

Die Beispiele zeigen deutlich, dass es schwer wird, seinen Lebensstandard im Alter zu halten. Vollständig überbrücken können Rentner die Differenz zwischen gesetzlicher Rente und 80 Prozent des letzten Nettolohns auch mit Riester-Rente nicht. Um die Renten- oder Versorgungslücke weiter zu verringern, müssen Vorsorgesparer zusätzliches Geld in die betriebliche und private Altersvorsorge stecken.

1 ➤ Finanzielle Vorsorge – eine Lebensaufgabe

Bruttoverdienst 2008 (Euro)	Rentenlücke ohne Riesterrente		Rentenlücke mit Riesterrente	
	In Euro	In Prozent	In Euro	In Prozent
Jahrgang 1965				
2.000	494	26,0	329	17,3
2.500	572	25,4	378	16,8
3.500	713	24,9	454	15,6
4.500	903	25,0	593	16,4
Jahrgang 1975				
2.000	666	30,2	403	18,3
2.500	782	29,9	474	18,1
3.500	993	29,4	583	17,3
4.500	1.264	30,2	780	18,6

Tabelle 1.1: Rentenlücke im Vergleich: mit und ohne Riesterrente

Von der Wiege bis zur Bahre oder Modelle im Überblick

In diesem Kapitel
- Wie finanzielle Vorsorge in jedem Lebensalter Sinn macht
- Wie die finanzielle Vorsorge bei wachsendem Alter weitergehen kann
- Welche Vorsorgemodelle in den verschiedenen Lebensphasen sinnvoll sind

Finanzielle Vorsorge macht eigentlich immer Sinn: es ist nie zu früh oder zu spät, um damit zu beginnen. In diesem Kapitel werfen wir gemeinsam einen Blick auf unterschiedliche Lebensalter und schauen uns an, wie dann jeweils eine sinnvolle finanzielle Vorsorge aussehen kann.

Frühstart ins späte Glück

Schon bei der Geburt an's Alter denken? Vielleicht kommt Ihnen das dann doch etwas übertrieben vor. Doch weit gefehlt: Wer Oma und Opa bittet, statt die zehnte Strampelhose zu schenken lieber ein wenig Geld anzulegen, ist klug beraten. Und auch die Kinder selbst haben einiges an Geld in der Spardose. Wenn sie schon früh lernen, dass es Sinn macht, den einen oder anderen Euro zur Bank zu tragen, statt ihn in Eis zu investieren, kann das sicher auch nicht schaden

Deutschlands Kindern geht es gut, zumindest, wenn man den Angaben von Konsumforschern glauben will. In deutschen Kinderzimmern wohnt eine zahlungskräftige Klientel mit einem geschätzten Vermögen von 6,4 Milliarden Euro. Diese Zahl jedenfalls ist in der aktuellen »Kids Verbraucheranalyse« von 2008 zu finden. Im Schnitt bekommen Kinder zwischen sechs und 13 Jahren monatlich fast 24 Euro Taschengeld. Und zu Weihnachten und zum Geburtstag wird von Oma und Opa, Tante und Onkel oder anderen nahen Verwandten noch einmal extra kassiert. Unterm Strich kommt im Durchschnitt ein Jahresbudget von 1.114 Euro zusammen.

 Natürlich schwanken diese Durchschnittszahlen bei Kindern und Jugendlichen sehr stark. Die Kluft zwischen armen und reichen Kindern wächst weiter. So wurde das Taschengeld in den wohlhabenden Familien in den vergangenen zwei Jahren überproportional erhöht, während die Einkommen der Kinder aus ärmeren Familien nur leicht stiegen. Jedes 14. Kind bekommt nach der Kids Verbraucheranalyse 2008 zum Beispiel gar kein Taschengeld.

Den größten Teil dieses Geldes geben Kinder und Jugendliche für Klassiker wie Süßigkeiten, Comics oder den schnellen Imbiss zwischendurch aus, aber selbst Kids denken schon an die finanzielle Vorsorge – und legen im Durchschnitt 662 Euro pro Jahr auf die hohe Kante. Um die langfristige Geldanlage kümmern sich dann gern Eltern und andere Verwandte.

Finanzielle Vorsorge als Geburtsgeschenk

Noch ein Strampler in blau oder rosa, bunte Lätzchen oder die erste Rassel? Geschenke zur Geburt von Enkelkindern, Nichten und Neffen oder dem Nachwuchs von Freunden müssen nicht immer für Begeisterung sorgen. Aber wie wäre es mit dem Versprechen für den neuen Erdenbürger, schon in jungen Jahren für eine üppige private Zusatzrente zu sorgen? Selbstverständlich mit der vertraglich eingebauten Alternative, bei Bedarf auch schon früher auf das Geld zurückgreifen zu können.

Zahlreiche Kreditinstitute und Versicherungen haben das Thema »Finanzielle Vorsorge bzw. Private Altersvorsorge« inzwischen für die ganz junge Zielgruppe entdeckt. Gerade bei langen Laufzeiten könnten nach ihren Angaben die fondsgebundenen Rentenversicherungen dank des bekannten Zinseszinseffektes beeindruckende, wenn auch vertraglich nicht garantierte Zahlen erreichen.

Aus anfangs gezahlten 10.000 Euro und einer bescheidenen jährlichen Wertentwicklung der Fondsanteile von drei Prozent pro Jahr kann innerhalb von 60 Jahren ein Gesamtkapital von 55.380,96 Euro entstehen. Schon bei einer jährlichen Durchschnittsrendite von sechs Prozent sind aus den anfangs eingezahlten 10.000 Euro sogar 310.084,87 Euro geworden – das reicht für eine monatliche Zusatzrente von mehr als 1.300 Euro. Wenn der Wert des Zielfonds allerdings im Durchschnitt neun Prozent im Jahr erreicht, kann aus dem vergleichsweise kleinen Geschenk zur Geburt bis zur Verrentung ein Gesamtkapital von 1.654.693,51 Euro entstanden sein.

So gibt der Bundesverband Investment und Asset Management (BVI) als Interessenvertreter der Fondsindustrie an, dass Fondssparpläne trotz Kurseinbrüchen und Finanzkrisen im Laufe der Jahrzehnte deutlich wachsen. So erreichten Fondssparer nach BVI-Angaben mit einem Aktienfonds, der schwerpunktmäßig in Deutschland investierte, bis Anfang 2008 bei einer Laufzeit von 30 Jahren eine durchschnittliche jährliche Wertsteigerung von 9,9 Prozent. Damit hängen die Fonds natürlich auch die zwischenzeitliche Preissteigerung locker ab.

Für Fondssparer, die das Kindergeld ihres Nachwuchses von der ersten Zahlungen an konsequent 18 Jahre lang anlegen und dann die nächsten Jahrzehnte bis zum Rentenalter einfach liegen lassen, errechnen verschiedene Anbieter ebenfalls kräftige Wertsteigerungen. Während der Zahlungsdauer kann der Beitrag nach Wunsch erhöht oder verringert werden, Fondswechsel während der Laufzeit sind kostenfrei möglich. Und das angesammelte Versicherungsguthaben kann während der Laufzeit ganz oder teilweise ausgezahlt werden.

Ganz so einfach, warnen Kritiker, ist das Ansparen denn doch nicht: »Bei diesen Modellen kostet der Versicherungsmantel Geld und Flexibilität. Und die jährlich hohen Wertsteigerungen sind nicht garantiert.« Dazu können Jugendliche, die schon beim Ausbildungsbeginn über erhebliche eigene Rücklagen verfügen, bei Fragen der eigenen Krankenversicherung oder Ausbildungsförderung unversehens vor neuen Problemen stehen. Eine eingehende Beratung ist wohl unumgänglich.

Kinderversicherungen von Oma und Opa

Besonders beliebt bei liebevollen Verwandten sind die so genannten Kinderversicherungen mit vertrauten Namen wie Biene Maja, Einstein oder MaxiRent. Dabei schließen Eltern, Großeltern oder andere einen Vertrag ab, der später vom Versicherten selbst weitergeführt werden soll. Am Ende der Laufzeit kann er oder sie sich dann für eine Einmal-Auszahlung oder eine Privatrente entscheiden. Vielfach werden die Policen – in der Regel sind es fondsgebundene Rentenversicherungen – mit weiteren Absicherungen wie Unfall- oder Berufsunfähigkeitsversicherungen kombiniert.

Verbraucherschützer warnen vor den langfristigen Verträgen mit hohen Abschlussprovisionen. Bei vorzeitiger Vertragskündigung bekomme der Anleger oft nicht einmal den insgesamt eingezahlten Betrag heraus. Geldanlage und Versicherungsschutz sollten generell getrennt werden, denn bei Kombinationsprodukten geht die Absicherung immer zu Lasten des Vermögensaufbaus.

Das gilt auch für die so genannten Ausbildungsversicherungen, von denen es mittlerweile eine große Auswahl gibt: Sie kombinieren meistens eine Kapitallebensversicherung inklusive Todesfallschutz mit einer Geldsparanlage. Dabei schließt ein Verwandter die Lebensversicherung zu einem festen Termin ab - meist der 18. Geburtstag des Kindes. Die Verzinsung ist allerdings recht gering und das angesparte Geld ist für lange Zeit nicht verfügbar. Der Bund der Versicherten (BdV) empfiehlt Eltern und Großeltern, auf andere Art und Weise für die Kinder vorzusorgen. Denn selbst wenn man den Vertrag durchhält, springt am Ende eine äußerst magere Rendite heraus.

Bessere Anlagemöglichkeiten finden sich bei jeder Bank. Dazu gehören festverzinsliche Wertpapiere wie Bundesschatzbriefe oder Sparbriefe, aber auch bei diesen Anlagen sind die Renditen nach Inflation und Steuer eher mager. Etwas risikofreudigere Eltern oder Großeltern sind mit Investmentfonds gut bedient. Fondssparpläne, bei denen monatlich oder vierteljährlich eine bestimmte Summe eingezahlt wird, eignen sich ideal für den langfristigen Vermögensaufbau.

Ein Sparerpauschbetrag in Höhe von derzeit 801 Euro steht auch Minderjährigen zu. Zinsen bleiben bei Kindern und Jugendlichen steuerfrei, wenn das Geld in ihren Besitz übergeht oder wenn die Geldanlage auf ihren Namen läuft. Eltern sollten also daran denken, ihrem Kreditinstitut einen Freistellungsauftrag für ihr Kind zu erteilen. Wenn höhere Erträge anfallen, können Eltern beim Finanzamt eine Nichtveranlagungsbescheinigung für ihr Kind beantragen.

Mit der Ausbildung geht es los

Finanzielle Vorsorge mit Schulden und einem Kredit beginnen? Hört sich zwar absurd an, aber lässt sich in der Regel kaum vermeiden. Während in der frühen Kindheit und während der Schulzeit in der Regel noch die finanzielle Grundsicherung durch die Eltern erfolgte und zusätzlich kleine Ausgaben durch Taschengeld und andere Zuwendungen abgedeckt werden konnten, wird es vor allem für Studierende in den folgenden Jahren eng.

Üppige Stipendien von Stiftungen oder Bildungswerken bekommen die wenigsten, auch die staatliche Ausbildungsförderung erreicht nur die jungen Menschen, deren Eltern ohnehin wenig verdienen und ihre Nachkommen selbst nur geringfügig unterstützen können. So sank die Zahl der BAföG-Geförderten Schüler und Studenten allein zwischen 2005 und 2007 nach Angaben des Statistischen Bundesamts von 829.000 auf 806.000. Alternativ können Hochschüler während des Studiums arbeiten, aber wenn sich das Studium deshalb verlängert, geht die Rechnung nicht mehr auf. 60 Prozent der Studierenden jobben während des Studiums und verdienen damit im Schnitt rund 300 Euro pro Monat. Doch wer deshalb erst ein halbes oder ein Jahr später sein Examen machen und in den Beruf einsteigen kann, verliert ein halbes oder ganzes Jahresgehalt.

Die Kreditfinanzierung für die Studienzeit kann durchaus als sinnvolle finanzielle Vorsorge bezeichnet werden. Beliebtester Anbieter von Studienkrediten ist die staatliche KfW-Förderbank, die sieben Jahre lang maximal 650 Euro pro Monat auszahlt, danach Studierenden noch eine tilgungsfreie Zeit von bis zu knapp zwei Jahren gewährt und Zinsen in moderater Höhe verlangt. Auch einige private Banken, Sparkassen und Volksbanken sind in den Kreditmarkt für Studenten eingestiegen – eine genaue Prüfung der jeweiligen Konditionen ist also unerlässlich.

Für die Finanzierung der Examenszeit sind in der Regel die meist zinslosen Studienabschlussdarlehen der Darlehenskassen günstiger, und für die Finanzierung von Studiengebühren stehen die jeweiligen Landesförderbanken zur Verfügung. Bei allen Kredit- und Förderfragen kann Ihnen in der Regel das örtliche Studentenwerk weiterhelfen.

Für den Berufseinsteiger

Vom ersten selbstverdienten Geld schon Beträge für die Altersvorsorge zurücklegen? Und dass, wenn das Geld eh schon knapp ist. Auf ein paar Dinge sollten Sie als Berufseinsteiger aber dennoch nicht verzichten:

- ✔ **VL (vermögenswirksame Leistungen):** hier helfen Arbeitgeber und Staat mit
- ✔ **Haftpflichtversicherung:** kostet Geld, ist aber dennoch unverzichtbar
- ✔ **Rücklagen:** nicht nur für's Alter, sondern auch für die nächste Urlaubsreise oder das neue Sofa

Vermögenswirksame Leistungen

Als Einsteiger in den beruflichen Alltag können Sie sich natürlich keine großen Sprünge erlauben. Dafür reichen die finanziellen Mittel in der Regel einfach nicht aus. Und zudem haben die meisten jungen Menschen etwas anderes im Sinn als finanzielle Vorsorge. Aber selbst bei geringen finanziellen Spielräumen ist der Einstieg in den Vermögensaufbau möglich, zumal Arbeitgeber und Staat sich tatkräftig daran beteiligen.

Schon Anfang der sechziger Jahre wurde das erste Gesetz zum vermögensbildenden Sparen verabschiedet. Mehr als 23 Millionen Arbeitnehmer haben laut Tarifvertrag Anspruch auf vermögenswirksame Leistungen (VL) von ihrem Arbeitgeber – die monatlichen Beträge schwanken je nach Branche zwischen 6,65 Euro und 40 Euro pro Monat. Zwar können VL-Sparer diese Beträge weiterhin in eine Lebensversicherung oder einen Banksparplan investieren, aber staatliche Zuschüsse gibt es dafür nicht mehr. Das Bausparen allerdings wird weiterhin mit neun Prozent der eingezahlten Summe pro Jahr auf eine jährliche Höchstsumme von 470 Euro gefördert, immerhin kommen so maximal 42,30 Euro dazu. VL-Sparer, die einen Bausparvertrag abgeschlossen haben, können außerdem Wohnungsbauprämie beantragen. Diese Prämie beträgt 8,8 Prozent, aber sie wird nur noch an diejenigen gezahlt, die das Geld auch wirklich für wohnwirtschaftliche Zwecke ausgeben.

Lukrativer für VL-Sparer sind Aktienfondssparpläne, für die ebenfalls Arbeitnehmersparzulage gezahlt wird. Satte 20 Prozent auf maximal 400 Euro, also jährlich 80 Euro, zahlt der Fiskus bei Aktienfondssparplänen dazu. Jeder Arbeitnehmer hat allerdings keinen Anspruch auf die Arbeitnehmersparzulage. Sie wird an VL-Bausparer wie an VL-Fondssparer nur dann gezahlt, wenn das zu versteuernde Einkommen im Jahr 20.000 Euro bei Alleinstehenden bzw. 40.000 Euro bei Verheirateten nicht überschreitet. Dabei handelt es sich allerdings um den zu versteuernden Betrag, das Bruttoarbeitseinkommen kann also durchaus höher sein.

Jeweils sechs Jahre lang müssen Zahlungen auf einen solchen VL-Vertrag erfolgen, danach muss der Betrag ein Jahr lang ruhen. Erst dann kann der VL-Sparer auf das Guthaben zugreifen.

Immer beliebter wird bei VL-Sparern die Möglichkeit, vermögenswirksame Leistungen im Rahmen ihrer betrieblichen Altersvorsorge einzusetzen. Zwar zahlt der Staat dafür keine Arbeitnehmersparzulage, aber Arbeitnehmer, die ihre vermögenswirksamen Leistungen in eine betriebliche Altersversorgung, zum Beispiel in Form einer Direktversicherung oder Pensionskasse umwandeln, sparen Steuern und Sozialabgaben, die sie sonst für die VL-Leistungen zahlen müssten. Wer seine VL-Leistungen für die betriebliche Altersversorgung einsetzt, muss nicht alle sechs Jahre einen neuen Vertrag abschließen, aber an das zurückgelegte Geld kommt er dann auch erst im Rentenalter heran.

Mit einem höheren Eigenanteil an den Einzahlungen lassen sich bei den VL-Leistungen sogar Fondssparvertrag und Bausparvertrag kombinieren – und jeweils die Zulagen kassieren.

Haftpflicht – ein Muss

Zur finanziellen Vorsorge gehört, da sind sich Versicherer wie Verbraucherschützer einig, von Anfang an der wirksame Schutz vor dem eigenen Ruin. Und der könnte schneller eintreten als Sie denken, wenn Sie anderen Menschen erheblichen Schaden zufügen. Häufig genannt wird in diesen Fällen der kleine Blumentopf, der von der Fensterbank im dritten Stock kippt und einen Passanten auf der Straße erheblich verletzt. Auch ein Inlineskater, der in voller Fahrt mit einem Fußgänger zusammenstößt, kann für schwerste Verletzungen verantwortlich sein. Fällt der Unfallgegner so unglücklich, dass er erwerbsunfähig und pflegebedürftig wird, können die Folgen Kosten in Millionenhöhe verursachen – von Behandlungskosten und Schmerzensgeld, Pflegekosten und Verdienstausfall bis zum behindertengerechten Umbau der Wohnung. Für den unglücklichen Skater kann dies den finanziellen Ruin bedeuten.

Auch schwere Schäden durch Feuer oder Wasser können zu Millionenschäden führen und für den Verursacher die lebenslange Pleite bedeuten, denn er haftet laut Gesetz mit seinem ganzen Vermögen und seinem Einkommen oberhalb der Pfändungsfreigrenze.

Eine private Haftpflichtversicherung gehört deshalb zum absoluten Muss, doch noch immer fehlt sie in 30 Prozent der Haushalte. Die Versicherungssumme sollte mindestens drei Millionen Euro pauschal für Personen- und Sachschäden betragen. Hört sich dramatisch hoch an, ist aber mit einem Jahresbeitrag von 100 oder sogar weniger Euro bei den meisten Versicherern abzudecken.

Natürlich gibt es auch bei der Haftpflichtversicherung einige Fälle, bei denen der Versicherer nicht zahlt. Dazu gehören zum Beispiel Schäden, die vorsätzlich herbeigeführt werden, zum Beispiel wenn der Versicherte jemanden angreift und verletzt oder seinen Nachbarn mit einem Graffiti an der Hauswand erfreut und anschließend dafür Schadenersatz zahlen soll. Nicht versichert sind in der Regel auch Schäden bei Gefälligkeiten. In diesen Fällen gehen auch Gerichte von einem »stillschweigenden Haftungsausschluss« aus, beispielsweise wenn Sie bei Ihrem Nachbarn freundlicherweise im Urlaub die Blumen begießen und dabei eine Vase zu Bruch geht, die Sie umgeworfen haben.

Auch im Hobby-Bereich sind nicht alle Schäden durch eine Haftpflichtversicherung abgedeckt. So gilt beim Fußball die Annahme, dass Fußballspieler mögliche Verletzungen in Kauf nehmen und keine Schadenersatzansprüche gegenüber anderen Spielern geltend machen können. Andere gefährliche Freizeitbeschäftigungen sind ebenfalls nicht versichert. So ist für ferngesteuerte Modellflugzeuge eine zusätzliche Luftverkehrshaftpflichtversicherung vorgeschrieben.

Bei Heirat oder Ehe ohne Trauschein kann einer der beiden Partner seine Versicherung beenden und so eine Doppelversicherung vermeiden. Die jüngere Versicherungspolice kann in der Regel sofort gekündigt werden, ohne eine Frist wahren zu müssen.

Finanzielle Vorsorge – nicht nur für die Rente

An die spätere Rente denkt in jungen Jahren in der Regel kein Mensch, aber finanzielle Vorsorge steht auch bei Jüngeren hoch im Kurs. Damit soll nicht nur die Basis für größere Investitionen wie das erste Auto, die Urlaubreise in das Traumland oder die gewünschte Wohnungseinrichtung geschaffen werden, sondern auch ein »Notgroschen« für unvorhersehbare finanzielle Belastungen.

Schon bei den ersten Schritten müssen Anleger allerdings an die Grundregeln der Geldanlage denken, also an die drei Komponenten Rendite, Sicherheit und Liquidität. Und gleichzeitig dürfen Sie dabei natürlich die Menge des zur Verfügung stehenden Geldes nicht vernachlässigen.

Die dramatischen Turbulenzen der Finanzmarktkrise 2008 zeigten bei einem Großteil der privaten Anleger und Sparer hierzulande kaum Wirkung. Alle Statistiken über die Geldvermögensbildung und das Anlageverhalten der Deutschen machen deutlich, dass sie vor allem risikoarme Anlageformen bevorzugen. So gaben beim »Vermögensbarometer 2007« des Deutschen Sparkassen- und Giroverbandes jeweils mehr als 50 Prozent der befragten Bundesbürger Lebensversicherungen, Bausparverträge, Rücklagen auf dem Sparbuch und Rentenversicherungen als beliebteste Finanzprodukte an. Zwar wissen die meisten Anleger, so eine Studie der Wissenschaftlichen Hochschule für Unternehmensführung in Vallendar, dass Aktien oder Aktienfonds die höchste Rendite abwerfen, aber sie gehen realistischerweise davon aus, dass sie von dem Auf und Ab der Börsenkurse nur wenig verstehen. Und da ihnen das notwendige Wissen fehlt, bevorzugen sie weiterhin lieber die traditionellen Anlageformen.

Selbstverständlich müssen Sie bei allen Finanzplanungen an die schnell verfügbaren Geldmittel denken, die schon nach einer größeren Autoreparatur oder zur Anschaffung einer neuen Waschmaschine gebraucht werden. Um finanzielle Engpässe zu vermeiden und sich unabhängig von teuren Krediten zu machen, sollten Anleger deshalb eine Liquiditätsreserve von zwei bis drei Monatsgehältern zur Seite packen. Aber bitte nicht in den Sparstrumpf unter der Matratze oder auf dem Girokonto! Vergleichbar sichere und gleichzeitig flexible Anlageformen wie Tagesgeldkonten bieten in der Regel bessere Zinserträge als das Sparbuch oder das Girokonto.

Um auch in jungen Jahren die Beihilfen von Arbeitgeber und Staat nicht zu verschenken, stellen die Anlage in vermögenswirksamen Leistungen und Bausparverträgen, aber auch der Start in die staatlich geförderte Altersvorsorge (Riester-Förderung) wichtige Komponenten der Vorsorgeplanung dar.

Mitte 20 bis Mitte 30: Nicht mehr allein

Mit der Suche nach dem passenden Partner für das weitere Leben beginnen junge Menschen nach wie vor sehr früh, auch wenn die Bereitschaft, sich fest zu binden, in den vergangenen Jahrzehnten stark abgenommen hat. Während es in früheren Generationen noch gang und gäbe war, schon frühzeitig mit dem Aufbau einer Kleinfamilie zu beginnen, sind junge Frauen und Männer von heute eher von Bindungsangst und anhaltender Partnersuche getrieben. Aber selbst diejenigen, die während Ausbildung, Studium und Start in den Beruf »Hotel Mama« favorisieren, kommen an der Vorsorgeplanung nicht vorbei.

Für die Altersvorsorge nie zu früh

Wenn der erste Versuch, mit dem Lebensabschnittspartner in die Selbstständigkeit zu starten, gewagt wird, steht die persönliche Vorsorgestrategie als Planungsaufgabe vor der Tür. Nun hat das aktive Leben mit all seinen Freuden und Vorzügen gerade angefangen, und dann sollen Sie bereits an die späteren Jahre, an Rente und Ruhestand, denken?

Ja, unbedingt. Denn ein früher Start bringt Ihnen die beste Wertentwicklung und die größte Sicherheit. Da sich in Ihrem Arbeits- und Berufsleben allerdings noch viel ändern kann, ist gleichzeitig höchste Flexibilität gefragt. So gehört die Nutzung von staatlichen Förderprogrammen zum absoluten Pflichtprogramm bereits in jungen Jahren. Selbstverständlich stellen die Menschen, die das 30. Lebensjahr noch nicht erreicht haben, für das Heer der Berater und Finanzvertreter eine lukrative Zielgruppe dar. Zwar sollten sich Interessenten auch bei der Entscheidung für einen der unterschiedlichen Verträge etwas Zeit nehmen, aber selbst der Einstieg in eines der von Finanzdienstleistern angebotenen »Fertigprodukte« ist besser als nichts zu tun.

Viele denken in diesem Alter, durch die öffentliche Diskussion um die richtige Altersvorsorge aufgeschreckt oder angeregt, das erste Mal über die finanzielle Versorgung im Ruhestand nach.

Bei verliebten Paaren sind hinsichtlich ihrer Risikobereitschaft prinzipiell drei Varianten zu beobachten:

✔ die Risikovariante

✔ die Sicherheitsvariante

✔ die Sowohl-als-auch-Variante

»No risk no fun«: die Risikovariante

»No risk, no fun« – nach diesem Motto handeln junge Verbraucher in Deutschland nur selten. So werden Anlageformen, die kräftige Gewinne versprechen, aber auch Totalverlust mit sich bringen können, selten bevorzugt. Aber da zumindest in Teilbereichen der finanziellen Vorsorge mit langen Laufzeiten zu rechnen ist, beispielsweise bei der Altersvorsorge, können Aktien und Aktienfonds, die auch über mehrere Jahre kräftig im Wert schwanken, die attraktivste Möglichkeit darstellen. Dann wird bei überlegter Risikofreude aus der Finanzplanung nicht das kurzfristige Zocken, sondern eine hochrentierliche Anlagestrategie, bei der im weiteren Verlauf die Absicherung der erzielten Erträge an Bedeutung gewinnt.

Lieber auf Nummer Sicher: die Sicherheitsvariante

Bei Anhängern der Sicherheitsvariante hingegen steht von Beginn an die Nerven schonende Geldanlage, zumeist durch festverzinsliche Wertpapiere wie Anleihen oder Lebens- und Rentenversicherungen, im Mittelpunkt. Unter den Sicherheitsfanatikern finden sich am häufigsten auch die Liebhaber von selbst genutzten Wohnimmobilien, die ihrer Standortwahl für das eigene Häuschen trotz der im Arbeitsmarkt geforderten hohen Mobilität schon früh vertrauen.

 Nach einer Heirat sollten junge Paare nicht nur ihre Versicherungsverträge checken, sondern auch ihre Geldanlagekonten überprüfen. Da sich die Einkommensgrenzen für die staatliche Förderung bei vermögenswirksamen Leistungen (VL) und Bausparverträgen verdoppeln, werden bestimmte Geldanlagen wieder interessant. Und Ehepartner, die mangels eines Arbeitsverhältnisses bisher keinen eigenen Anspruch für die staatliche Förderung der Altersvorsorge hatten, erwerben mit der Ehe einen sogenannten »abgeleiteten Zulagenanspruch«.

Versicherungen: Absicherung des Erreichten

Gerade in dieser Lebensphase gehört zur finanziellen Vorsorge die Absicherung des Erreichten – und für diese Aufgabe sind entsprechende Versicherungen unumgänglich.

Hausratversicherung

Vor allem die eigenen vier Wände, nach dem Motto »My home is my castle« eingerichtet, sind von großer Bedeutung. Aber passieren kann viel, und erst im Schadensfall merken Bewohner von Häusern und Wohnungen, wie viel Geld sie in das geliebte Zuhause gesteckt haben. Wenn ein Feuer die Einrichtung vernichtet oder Einbrecher hemmungslos zulangen, steigen die Schäden schnell in astronomische Höhen.

Wirksamen Schutz bietet die Hausratversicherung, bei Schäden durch Einbruchdiebstahl, Feuer, Sturm, Hagel und Leitungswasser. Karg eingerichtete Single-Haushalte mögen noch ohne Hausratversicherung auskommen, aber bei allen Paaren und Familien summieren sich die Werte von Hausrat und Bekleidung sehr schnell.

600 bis 700 Euro pro Quadratmeter sind schnell erreicht, das sind bei einer kleinen Zwei-Zimmer-Wohnung von 60 Quadratmetern zwischen 36.000 und 42.000 Euro. Wer kurz in seinen Kleiderschrank blickt, die Kosten für Möbel und andere Einrichtungsgegenstände zusammenzählt und dann noch an die Investitionen für Fernseher, HiFi-Anlage und PC denkt, kommt schnell auf eine solche Summe.

»Wenn die Wohnungseinrichtung durch einen Brand oder einen Leitungswasserschaden zerstört wird und die Versicherungssumme stimmt«, meinen Experten der Berliner Stiftung Warentest, »ist der Schutz komfortabel«. Denn für alle zerstörten Gegenstände wird der Neuwert ersetzt. Wenn eine Reparatur ausreicht, bezahlt die Versicherung und gleicht den etwaigen Wertverlust auch gleich aus. Dazu kommen noch Extraleistungen wie der Ersatz von Unterbringungskosten, wenn die Wohnung zum Beispiel nach einem Brand nicht benutzbar ist, die Bezahlung von Aufräumarbeiten und die Reparatur von Gebäudeschäden.

Aber Vorsicht: Wenn man eine feste Summe versichert, muss man im Schadensfall beweisen, dass der Betrag nicht zu niedrig angesetzt war. Denn sonst zahlt die Versicherung anteilig weniger (Unterversicherung). Experten raten daher, sich vor Abschluss einer Hausratversicherung eine Liste zu erstellen, die alle Gegenstände der Wohnung umfasst, einschließlich Kleidung und Wertsachen. Und sich auch genau zu überlegen, gegen welche Risiken man den Hausrat versichern möchte.

Der Versicherungsschutz gilt nicht nur für die eigene Wohnung, sondern auch für Hausrat im Keller, in der Garage oder im Hotelzimmer im Urlaub.

Versichert gegen Berufsunfähigkeit

Wir wollen Ihnen in punkto finanzielle Vorsorge, insbesondere Altersvorsorge, mit Sicherheit keine Angst machen, aber wenn man realistisch an das Thema herangeht, bleibt einem nichts anderes übrig, als sich über einige weitere Risiken bei der Finanzplanung doch Gedanken zu machen. Denn einige der Gefahrenmomente sind durchaus bekannt und können durch entsprechende Vorsorgemaßnahmen abgefedert werden. Dazu gehört beispielsweise die Berufs- oder Erwerbsunfähigkeit.

Zwar haben die meisten Bundesbürger gegen alle möglichen Gefahren und Risiken eine Versicherung abgeschlossen, aber ausgerechnet bei der wichtigsten Absicherung halten sie sich noch immer zurück. Gern wird in der Öffentlichkeit übersehen, dass fast jeder vierte Erwerbstätige seinen Beruf nicht bis zur Rente ausüben kann. Und dabei sind es nicht nur körperliche Gebrechen oder Unfallfolgen, die zur Minderung der Erwerbsfähigkeit führen. In den vergangenen Jahren mussten bereits rund 30 Prozent der Bürger, denen gesetzliche Renten wegen verminderter Erwerbsfähigkeit zugesprochen wurden, wegen seelischer Beeinträchtigungen ihren Job aufgeben, doppelt so viele wie vor zehn Jahren.

Die »alte« Rente wegen Berufs- oder Erwerbsunfähigkeit gibt es seit 2001 nicht mehr, die Rente wegen teilweiser Erwerbsminderung bei Berufsunfähigkeit wird nur noch Versicherten gewährt, die vor dem 2. Januar 1961 geboren sind. Für alle anderen Arbeitnehmer gibt es nur noch die Rente wegen teilweiser oder voller Erwerbsminderung. Vor allem junge Arbeitnehmer haben Pech, denn Rente wegen Erwerbsminderung gibt es nur für Berufstätige, die mindestens drei Jahre Pflichtbeiträge gezahlt und die allgemeine Wartezeit von fünf Jahren erfüllt haben.

Fachleute halten daher die Berufsunfähigkeitsversicherung für unverzichtbar. Zwar ist die Zahl derjenigen, die eine private Berufsunfähigkeitsversicherung (BU-Versicherung) abgeschlossen haben, in den vergangenen Jahren stark gestiegen, aber bis heute hat nur jeder sechste Bundesbürger eine BU-Police. Vor dem Abschluss einer Berufsunfähigkeitsversicherung müssen Sie allerdings eine Reihe von wichtigen Details beachten und prüfen. Berufssportler, Gesangssolisten oder Türsteher brauchen sich am wenigsten Gedanken zu machen – in der Assekuranz-Branche gelten Menschen in gefahrvollen Jobs oder in Tätigkeiten, bei denen die Berufsunfähigkeit schwer überprüfbar ist, als nicht versicherbar.

Die wichtigsten Berufe stufen die meisten Versicherer in vier Gruppen ein, bei denen das Prämienniveau erheblich schwankt. Banker, Apotheker, Architekten oder andere »Büroarbeiter« finden sich zumeist in der Berufsgruppe 1 wieder. Berufstätige in diesen Jobs ohne besondere Gefährdungen zahlen bei der BU-Versicherung die geringsten Beiträge. Schwer körperlich Arbeitende wie Straßenbauarbeiter, Schlosser oder Fleischzerleger werden nach Statistiken der Versicherer gut dreimal häufiger berufsunfähig als Finanzwirte oder Banker – sie müssen mit Beiträgen rechnen, die mehr als 300 Prozent höher liegen. Aber die vorsichtige Assekuranz kann Problembereiche aus dem Versicherungsschutz ausschließen oder Anträge ganz ablehnen.

Für bestimmte Leiden verlangen viele Versicherer inzwischen Prämienzuschläge, zum Beispiel bei Bluthochdruck oder bei erheblichem Übergewicht. Rückenleiden werden von der Absicherung häufig ausgeschlossen, Krankheiten wie Diabetes gelten als nicht versicherbar. Auch gefährliche Hobbys lassen die Versicherungsprämie klettern, zum Beispiel Tauchen. Damit das Einkommen im Fall der Berufsunfähigkeit zum Leben reicht, sollte die vereinbarte Rentenhöhe rund 75 Prozent des bisherigen Nettoeinkommens betragen. Gerade Versicherungsnehmer, die bereits in jungen Jahren eine Berufsunfähigkeitsversicherung abschließen, müssen deshalb darauf achten, dass der Vertrag nachträgliche Anhebungen der vereinbarten Rente zulässt, idealer Weise ohne weitere Gesundheitsprüfungen. »Mit 75 Prozent eines Lehrlingsgehalts wird ein 42-jähriger Familienvater kaum über die Runden kommen«, warnt Stiftung Warentest.

Manche Versicherer haben noch immer erhebliche Leistungseinschränkungen vertraglich geregelt, so zum Beispiel mit der abstrakten Verweisung. Danach kann der Versicherer seinem Kunden die Rente bei Berufsunfähigkeit mit dem Argument verweigern, der Versicherte könne theoretisch noch in einem anderen Beruf arbeiten. Diese Klauseln sollten sich Interessenten vor Vertragabschluss genau erläutern und erklären lassen. Geeignete, gute Angebote für Berufsunfähigkeitsversicherungen gibt es nämlich in Deutschland inzwischen reichlich.

Nach dem neuen Versicherungsvertragsgesetz müssen Versicherungsgesellschaften in ihren Anträgen zwar genau fragen und Antragsteller auf das Risiko hinweisen, den Schutz durch fehlende oder falsche Angaben zu verlieren. Aber solche Hinweise sind manchmal in den kleingedruckten Bedingungen nur schwer zu finden. Denken Sie beim Abschluss einer Berufsunfähigkeitsversicherung daran, auch Erkrankungen anzugeben, nach denen nicht explizit gefragt wird, weil sie vielleicht selten sind. Kommt später heraus, dass Sie etwas verschwiegen haben, können Sie den Schutz verlieren. Ohnehin sollten Sie damit rechnen, dass Ihre Angaben überprüft werden. Fragen Sie Ihre Ärzte am besten vorher, was im Krankenblatt steht, auch Verdachtsdiagnosen, die sich später nicht bestätigt haben.

Risikolebensversicherung: Vorgesorgt für den schlimmsten Fall

Die Bundesbürger werden zwar immer älter, aber Jahr für Jahr sterben zahlreiche junge Frauen und Männer an Unfällen, anderen Verletzungen oder auf Grund von Erkrankungen. Ihr zumeist überraschender Tod führt nicht nur zu tiefer Trauer bei den Hinterbliebenen, sondern ist in vielen Fällen auch die Ursache für erhebliche finanzielle Schwierigkeiten. Lebenspartnerinnen und Lebenspartner sowie die Kinder müssen beim Tod des Hauptverdieners oder der Hauptverdienerin mit einem drastischen Rückgang des Familieneinkommens rechnen.

Dabei ist die finanzielle Absicherung der Familie gerade für junge Versicherungsnehmer für wenig Geld möglich. Wichtig ist eine Risikolebensversicherung aber nicht nur für die Eltern von Kindern, sondern auch dann, wenn das Haus oder die Wohnung noch nicht abbezahlt ist oder wenn die Hinterbliebenen kaum oder gar keine Rentenansprüche haben. Gerade bei nichtehelichen Lebensgemeinschaften zahlt die gesetzliche Rentenkasse für die Hinterbliebenen überhaupt nichts.

 Die Versicherungssumme der eigenen Risikolebensversicherung kann der Versicherte frei festlegen, doch sollte sie zumindest so hoch sein, dass die Hinterbliebenen ausreichend abgesichert sind. Wenn beispielsweise ein 30-jähriger Familienvater sein gerade geborenes Kind mit einer Versicherungssumme von 150.000 Euro absichert, kann im Todesfall daraus bei einer Verzinsung von 4,5 Prozent eine monatliche Rente von 830 Euro resultieren. Und das 25 Jahre lang. Bei den günstigsten Versicherern kann sich ein 30-Jähriger mit einem Jahresbeitrag von weniger als 300 Euro bei einer Versicherungssumme von 150.000 Euro absichern. Bei den teuersten Anbietern hingegen sind Jahresprämien bis zu 700 Euro fällig.

 Teurer werden Risikolebensversicherungen, wenn der Versicherungsnehmer beim Abschluss des Vertrages schon älter ist. So müssen 50-Jährige bei einer Versicherungssumme von 150.000 Euro mit Jahresbeiträgen von mehr als 830 bis zu über 2.000 Euro rechnen. Männer müssen in jedem Alter mehr zahlen als Frauen, denn ihre Lebenserwartung liegt weiterhin deutlich unter den Werten des weiblichen Geschlechts.

Anfang 30 bis Mitte 50: Mein Kind, mein Auto, mein Haus

Langsam, aber sicher laufen Menschen ab Mitte 20 oder Anfang 30 zur Höchstform auf. Ausbildung oder Studium sind geschafft, erste lukrative Jobs im In- oder Ausland können reichlich Geld in die Kasse bringen, der persönliche Konsum bald auf Hochtouren laufen.

Doch nach Angaben des Deutschen Gewerkschaftsbundes (DGB) sind gerade junge Beschäftigte die Verlierer auf dem Arbeitsmarkt. Bei der Befragung von Arbeitnehmern im Alter von bis zu 30 Jahren ermittelte der DGB 2008, dass 62 Prozent der Befragten weniger als 2.000 Euro brutto im Monat auf einer Vollzeitstelle verdienen. Zwei Drittel der jungen Menschen haben laut DGB-Studie Angst um ihre berufliche Zukunft. Nur 39 Prozent von ihnen gaben an, dass sie von ihrem Arbeitseinkommen ausreichend oder gut leben können.

Ein Großteil der unter 30-Jährigen arbeite, so der DGB, nicht nur zu Niedriglöhnen, sondern sei befristet eingestellt, sei Zeitarbeitnehmer oder habe einen Minijob. Nach Angaben des Instituts für Arbeitsmarkt- und Berufsforschung bekamen bei Neueinstellungen 2008 rund die Hälfte der Arbeitnehmer nur noch befristete Verträge.

 Gegen Ungerechtigkeiten im Arbeitsleben sind Sie jedoch gerade in jungen Jahren kaum geschützt. So können Praktikanten weiterhin nur zeitlich befristet gegen eine zu niedrige Bezahlung während des Praktikums klagen.

In diesen Jahren suchen die meisten jungen Frauen und Männer den passenden Lebenspartner. Das bedeutet in den meisten Fällen nämlich nicht nur doppeltes Glück, sondern zumeist auch doppeltes Geld. Größere Autos, längere Urlaubsreisen, teurere Restaurantbesuche, modische Klamotten – aber das kann doch nicht alles gewesen sein?

Viele beschäftigen sich in dieser Zeit deshalb mit Gedanken an eigenen Nachwuchs oder an die eigenen vier Wände, in denen man sein persönliches Glück uneingeschränkt und ungestört genießen kann. So sind zwar Deutschlands Mieter in der Regel mit ihren Wohnungen

Finanzielle Vorsorge auch für die eigenen vier Wände

Wenn der Traum von den eigenen vier Wänden in Erfüllung gegangen ist, drohen zahlreiche neue Risiken. Hausbesitzer und Wohnungseigentümer können sich gegen die finanziellen Folgen von Unwetter, menschlichem Versagen oder andere Schicksalsschläge mit den passenden Versicherungen effektiv absichern.

✔ Eine Wohngebäudeversicherung schützt gegen die finanziellen Folgen von Schäden, die durch Feuer, Leitungswasser, Sturm oder Hagel verursacht werden. Versichert sind dabei nicht nur Sachschäden, sondern auch die Kosten für Aufräumarbeiten und bei selbst bewohnten Gebäuden der ortsübliche Mietwert für die Zeit, in der das Haus nicht bewohnbar ist. Die Höhe der Beiträge für diese Versicherung richtet sich nach Standort und Baujahr des Hauses sowie nach der Wohnfläche und der Ausstattung. Die vereinbarte Versicherungssumme, so mahnen Verbraucherschützer, sollte dem tatsächlichen Versicherungswert des Gebäudes entsprechen – sonst ist das Haus unterversichert.

✔ Eine Elementarschadenversicherung zahlt bei Schäden durch Überschwemmung, Schneedruck, Lawinen oder Erdbeben. Gerade in häufig von Naturkatastrophen heimgesuchten Regionen allerdings, so zum Beispiel am Rhein, bieten die Versicherungsgesellschaften den Elementarschutz entweder gar nicht oder nur sehr teuer an.

✔ Teure Schäden können entstehen, wenn ausgelaufenes Heizöl ins Erdreich oder ins Grundwasser eindringt. Dafür haftet der Besitzer des Tanks, auch wenn er selbst den Schaden nicht verursacht hat. Vor diesem Risiko schützt die Gewässerschaden-Haftpflichtversicherung. Der Beitrag für eine solche Versicherung hängt vor allem von der Größe des Tanks ab und davon, ob er über oder unter der Erde installiert ist. Unterirdische Tanks kommen in der Regel teurer als oberirdische.

✔ Eigentümer eines unbebauten Grundstücks, eines vermieteten Einfamilienhauses oder eines Mehrfamilienhauses sollten eine Haus- und Grundbesitzer-Haftpflicht abschließen. Diese Versicherung zahlt, wenn der Eigentümer seiner Verkehrssicherungspflicht nicht nachkommt und zum Beispiel ein Fremder auf dem nicht gestreuten Bürgersteig ausrutscht. Für ein selbst genutztes Einfamilienhaus ist allerdings keine extra Versicherung erforderlich. Nach Ende der Bauzeit deckt hier die private Haftpflichtversicherung die Risiken ab.

Was für das Alter übrig bleibt

Wenn auch für Kinder und Haus viel Geld erforderlich ist – die finanzielle Vorsorge, insbesondere fürs Alter, muss weiterlaufen. Insbesondere alle staatlich geförderten Möglichkeiten der betrieblichen und privaten Vorsorge für das Rentnerleben sollten trotz starker finanzieller Belastungen nicht unterbrochen werden.

Dass aus dem Wohneigentum, das bei vielen Bauherren zu einer zusätzlichen finanziellen Belastung wird, auch eine Vorsorgemaßnahme wird, zeigen die Angaben des Statistischen Bundesamts zur monatlichen Entlastung durch mietfreies Wohnen im Ruhestand. Im Schnitt wird ein Rentner monatlich um 519 Euro entlastet, wenn er im entschuldeten Wohneigentum statt zur Miete lebt. Bei Ehepaaren erreicht die »Immobilien-Rente« in Form der ersparten Miete einen Betrag von 613 Euro. Dies entspricht einer Verbesserung der Netto-Einkommenssituation im Alter um rund 30 Prozent. Aber selbstverständlich bieten sich im Alter dazu die Alternativen die eigenen vier Wände zu »versilbern«, also das selbst genutzte Haus zu verkaufen und sich mit dem Erlös eine Zusatz-Rentenzahlung zu sichern.

Ab Mitte 50

Ab Mitte 50 wird es eng beim Thema finanzielle Vorsorge, denn allzu viele aktive Arbeitsjahre bleiben Ihnen nun nicht mehr. Zwar machen Politiker und Verbandsvertreter älteren Arbeitnehmern seit Jahren immer neue Versprechungen über die Möglichkeiten, noch im Alter von über 50 neue, herausfordernde Jobs zu finden, doch die Chancen sind schlecht. Alle, die sich in diesem Alter in einem geordneten Arbeitsverhältnis befinden, werden in der Regel daran festhalten. Auch im Privatleben ist die Zeit bis zum Ruhestand meistens bereits geregelt. Die eigenen Kinder stehen mehr und mehr auf eigenen Füßen, verlassen das Elternhaus und entlasten das Familienbudget. Wer eine eigene Immobilie gebaut oder erworben hat, hat meist einen großen Teil der Finanzierungslast abgetragen.

Spätestens jetzt ist damit der Zeitpunkt gekommen, um sich intensiv um die finanziellen Rahmenbedingungen und die notwendige finanzielle Vorsorge fürs Alter zu kümmern.

Wenn Sie bis jetzt die staatlichen Förderungen noch nicht genutzt haben, um die gesetzliche Rente zu verstärken, wird es höchste Zeit dafür. Allerdings bleibt der kurze Zeitraum, der noch bis zur Erreichung der Pensionsgrenze zur Verfügung steht, nicht ohne Auswirkungen auf die Entscheidung, welche Altersvorsorge-Verträge am besten für Sie geeignet sind.

Für die finanzielle Vorsorge in spekulativen Aktien oder Aktienfonds wird die Zeit bis zur Erreichung der Rentengrenze immer knapper. Selbst optimistische und risikofreudige Anleger sollten langsam daran denken, dass die Zeit zum Aussitzen von kräftigen Kurs- und Wertschwankungen jetzt knapp wird. Auch wenn Sie in früheren Jahren ihre Vorsorgestrategie auf Aktien mit ihren beträchtlichen Verlustrisiken ausgerichtet hatten, sollten Sie den langsamen Ausstieg aus der Aktienanlage ins Auge fassen und zumindest die in den nächsten Jahrzehnten benötigten regelmäßigen Zusatz-Rentenzahlungen absichern. Vorhandenes Vermögen sollte in erster Linie in risikoarme festverzinsliche Wertpapiere oder Renten- sowie Rentenindexfonds umgeschichtet werden.

Alt werden in den eigenen vier Wänden

Sollte die selbst genutzte Immobile bei Ihrer Altersvorsorge-Planung eine feste Rolle spielen, sollte die Tilgung der noch vorhandenen Schulden jetzt im Mittelpunkt stehen. Auch wenn Sie die eigene Wohnung oder das eigene Haus künftig weiter selbst bewohnen wollen, stehen Fragen zur altersgerechten Ausstattung der Immobilie im Mittelpunkt. Am liebsten möchte jeder in den eigenen vier Wänden älter werden und das gewohnte Umfeld behalten.

2 ➤ Von der Wiege bis zur Bahre oder Modelle im Überblick

 Zwei Millionen Pflegebedürftige gibt es nach Angaben des Gesundheitsministeriums aktuell in Deutschland. Nach einer Modellrechnung wird sich ihre Zahl bis 2050 auf voraussichtlich 4,7 Millionen mehr als verdoppeln. Während die meisten der jüngeren Senioren noch ohne fremde Hilfe auskommen, gelten vor allem die Hochbetagten als gebrechlicher und damit pflegebedürftiger. Heute sind nach offiziellen Angaben vier Prozent der Deutschen älter als 80 Jahre. Im Jahr 2050 werden es nach einer Prognose des Deutschen Instituts für Wirtschaftsforschung fast 14 Prozent sein. Während in der Altersgruppe der 70- bis 74-Jährigen nur etwa fünf Prozent pflegebedürftig sind, ist es bei den über 80-Jährigen schon jeder fünfte, bei den über 90-Jährigen sind es mehr als 60 Prozent.

Mit zunehmendem Alter nimmt bei Senioren das Risiko zu, hinfälliger zu werden. Deshalb sollten ältere Menschen rechtzeitig einen Wohnort wählen, der ihre persönliche Freiheit unterstützt, aber ihnen im Fall der Fälle auch die Sicherheit bietet, Unterstützung zu finden.

Wer rechtzeitig die Weichen für das Leben im Alter stellt, kann viele Lebensumstände selbst bestimmen und sich für die kommenden Jahre die Voraussetzungen schaffen, die er sich wünscht. Bei der Auswahl des Wohnortes spielen viele unterschiedliche Fragen eine wichtige Rolle:

- ✔ Wohnen Verwandte, also Kinder oder Enkelkinder, oder Freunde in der Nähe?
- ✔ Wer kann mich sonst unterstützen, wenn es erforderlich ist und wenn es mir mal nicht so gut geht?
- ✔ Welche Hilfsangebote für ältere Menschen bieten die Stadt oder die Gemeinde, Kirchengemeinden und Hilfsorganisationen?
- ✔ Welche Einrichtungen gibt es, die mir helfen, wenn ich das möchte (also zum Beispiel Altenclubs oder -tagesstätten, ambulante Dienste und Sozialstationen, Tagespflegeeinrichtungen)?
- ✔ Entsprechen Lage und Klima des Ortes meinen körperlichen und gesundheitlichen Anforderungen (zum Beispiel: Föhneinfluss, Höhenlage, steile Straßen und Wege)?
- ✔ Wie ist die Verkehrsanbindung des Ortes für Auto, Bahnreisen oder Nahverkehr?
- ✔ Entspricht das örtliche Angebot meinen Vorstellungen hinsichtlich Einkaufsmöglichkeiten, Kulturveranstaltungen oder Bildungseinrichtungen?

Wer sich nicht voll und ganz auf die eigene Kraft und Leistungsfähigkeit verlassen möchte, kann bei der Auswahl des Wohnsitzes für das Alter selbstverständlich auf die vielfältigen Varianten des betreuten Wohnens oder des Wohnens mit Service zurückgreifen. Ganz nach Wunsch werden hierbei verschiedene Dienstleistungen und Hilfestellungen angeboten – die Palette reicht von der Hilfe beim Putzen der Wohnung über Besorgungsgänge und die Begleitung zum Arzt oder zur Behörde bis hin zur Pflege bei Krankheit. Für die Bereitstellung des Service ist zumeist eine Pauschale zu zahlen, aber die Dienstleistungen werden nur in Rechnung gestellt, wenn sie auch tatsächlich angefordert und abgerufen werden. Selbstständig in der eigenen Wohnung leben, aber im Bedarfsfall nicht auf sich allein gestellt sein – diese Kombination wissen gerade ältere Menschen zu schätzen.

Ungeliebtes Thema: Sterbegeldversicherungen

Dass Menschen durchaus in der Lage sind, sich rechtzeitig Gedanken über das eigene Ableben zu machen und dabei die entsprechende finanzielle Vorsorge vorzunehmen, zeigt ein Blick auf die Versicherungslandschaft in Deutschland. Nach der Streichung des Sterbegeldes durch die Krankenkassen zum 1. Januar 2004 haben sich vor allem ältere Bundesbürger bereits intensiv mit der Frage beschäftigt, wer die Kosten für ihre Beerdigung tragen soll. Und die Versicherungsgesellschaften können sich über ein neues Dienstleistungsfeld freuen, das sich durch stark überdurchschnittliche Wachstumsraten auszeichnet. Alle Anbieter berichten von einer positiven Absatzentwicklung bei Sterbegeldversicherungen.

Die Sterbegeldversicherungen der unterschiedlichen Anbieter funktionieren alle nach demselben Prinzip. Die Versicherungsnehmer zahlen monatlich oder einmalig ihre Beiträge ein. Schon zu Lebzeiten können sie festlegen, wie ihr Begräbnis ablaufen soll. Nach einer Emnid-Umfrage will ein Drittel der Befragten auf jeden Fall genug Geld zur Finanzierung des letzten Weges hinterlassen und den Angehörigen auf keinen Fall zur Last fallen. Allerdings haben sich 25 Prozent der Befragten noch nie mit dem Thema beschäftigt.

Heftige Kritik haben sich alle Anbieter von Sterbegeldversicherungen von Verbraucherschützern wie beispielsweise dem Bund der Versicherten (BdV) eingehandelt. Nach deren Auffassung sind derartige Versicherungen »nicht empfehlenswert und erbringen in der Regel eine noch mäßigere Rendite als die normale Kapital-Lebensversicherung«. Nach BdV-Meinung sollten Verbraucher einen Betrag für notwendige Beerdigungskosten lieber selbst ansparen und den Erben dieses Geld zur Verfügung stellen. Als weitere Alternative nennt der BdV eine Risikolebensversicherung in der gewünschten Höhe.

Planung für die Nachkommen

Auch wenn die durchschnittliche Lebenserwartung der Bundesbürger stark gestiegen ist – für den langsamen Aufbau eines zusätzlichen Vorsorge-Vermögens fehlt nach dem Eintritt in den Ruhestand die Zeit. Primär geht es in der Regel jetzt darum, den bisherigen Lebensstandard mit dem eigenen Vermögen abzusichern. Bei allen Rentnern und Pensionären, bei denen die gesetzliche Rente knapp ausfällt, muss das angesparte Kapital in voller Höhe zur Aufbesserung der monatlichen Einnahmen eingesetzt werden. Verschiedene Rentenversicherungen und Auszahlpläne stehen dabei zur Verfügung.

All diejenigen, bei denen gesetzliche Rente, betriebliche und private Altersversorgung sowie das mietfreie Wohnen im Alter für ein ausrechendes Alterseinkommen sorgen, können das Ersparte nicht nur als Notgroschen einplanen, sondern sich darüber hinaus Gedanken um die finanzielle Vorsorge für ihre Nachkommen oder Einrichtungen wie die eigene Stiftung machen. Und ansonsten ein sorgenfreies Leben im Alter genießen.

destens 75 Prozent an die Kunden weiterreichen, Kostenüberschüsse zu mindestens 50 Prozent und Zinsüberschüsse zu mindestens 90 Prozent.

Um die Sicherheit einer klassischen Sofortrente mit Garantiezins müssen Sie sich keine Gedanken machen. Geht der Versicherer pleite, zahlt die Auffanggesellschaft Protektor weiter mindestens die Garantierente und die fest zugeteilten Überschüsse aus.

Rentenversicherungen sind allerdings nicht gerade familienfreundlich. Nach dem Tod des Versicherten fällt das Restguthaben der Versichertengemeinschaft zu, und Erben würden leer ausgehen. Gegen Aufpreis bieten Versicherungen eine Beitragsrückgewähr im Todesfall an – die Koten belaufen sich auf rund zehn Prozent der Rente. Alternativ können Versicherte eine Rentengarantiezeitvereinbaren. Bis zu dem Ende der vereinbarten Frist wird die Rente dann auf jeden Fall ausgezahlt, auch wenn der Kunde schon verstorben ist.

Die Leistungen einer privaten Rentenversicherung sind nur zu einem vergleichsweise geringen Anteil steuerpflichtig. Der Rentenempfänger muss nur den Ertragsanteil versteuern. Wird die Rente erstmal im Alter von 65 Jahren gezahlt, beträgt der Anteil 18 Prozent.

Fondsauszahlpläne: Mit Risiko weiter wachsen

Neben Rentenversicherungen und Bankentnahmeplänen kommen für die private Altersorgung auch Fondsauszahlpläne in Frage. Entsprechende Auszahlpläne versprechen Monat für Monat ein stattliches Zubrot, weil das Vermögen, aus dem die Zusatzrente fließt, an den Kapitalmärkten weiter Gewinne erwirtschaften kann.

Aber die Kopplung an die Entwicklungen des Kapitalmarktes zeigt Ihnen die Gefahr bzw. das Risiko bei Fondsauszahlplänen. Da die Wertsteigerungen insbesondre bei Aktienfonds sehr unterschiedlich ausfallen können, kann es bei einem unerwartet schlechten Kursverlauf sein, dass das Kapital früher als geplant aufgezehrt ist.

Stiftung Warentest warnt:

> »*Ein Ruhständler, der sich mit einem Fondsauszahlplan ein Zusatzeinkommen in gleich bleibender Höhe verschaffen möchte, sollte es also verkraften können, falls diese Einkommensquelle vorzeitig versiegt.*«

Experten raten angehenden Ruheständlern deshalb, nicht ihr gesamtes freies Vermögen in einen Fondsentnahmeplan zu investieren. Statt dessen empfehlen sie, das Fondsinvestment mit sicherem Varianten wie einem Bankentnahmeplan, Sparbriefen oder Bundeswertpapieren zu kombinieren. Dann könnten Sie zunächst auf dieses Kapital zurückgreifen, ehe sie das Fondsvermögen »versilbern«.

Andererseits bieten Fondsauszahlpläne die theoretische Chance des anhaltenden Vermögensaufbaus trotz steter Kapitalentnahme. Bei einem Auszahlplan-Test Mitte 2008 untersuchte Feri Rating&Research mehr als 400 Fonds und kam zu sehr unterschiedlichen Ergebnissen. Im schlechtesten Fall, bedingt durch schwache Börsenphasen, verfügte der Anleger, der 100.000 Euro investiert hatte, nach Ablauf von 20 Jahren und der monatlichen Entnahme von 500 Euro noch über 18.000 Euro. Im besten Fall hatte der Börsenboom das Kapital gemehrt und dem Anleger nach 20 Jahren ein Restkapital von 310.000 Euro beschert.

Im Durchschnitt aller getesteten 20-Jahres-Varianten wuchs das eingesetzte Vermögen von 100.000 auf 144.000 Euro – trotz monatlicher Auszahlungen von 640 Euro und einer insgesamt ausgezahlten Summe von 153.600 Euro.

Anlageexperten empfehlen, bei Auszahlplänen Wertzuwachs und Sicherheit zu berücksichtigen. Anleger sollten daher chancenreiche Aktienfonds mit Produkten aus risikoärmeren Anlageklassen mischen. Zudem kann es sinnvoll sein, Geld in Aktienfonds zunächst voll weiterarbeiten zu lassen und erst einmal nur Auszahlpläne auf risikoärmeren Anlageklassen abzuschließen.

Fiskus immer dabei

In diesem Kapitel

▸ Wie das Finanzamt uns das ganze Leben lang begleitet

▸ Welche Steuern sich der Fiskus für die finanzielle Vorsorge ausgedacht hat

▸ Welche Chancen uns bleiben, die Steuern zu optimieren

*E*gal, was Sie tun, die Steuerbehörden lassen keine Gelegenheit und keinen Anlass ungenutzt, um Steuern und Abgaben einzutreiben. Einkommen jeder Art, Vermögen und die Übertragung von Vermögenswerten, aber auch der tägliche Konsum – für zusätzliche Steuern finden die Politiker, Finanzbeamten, Steuerrechtler und ihre Hilfstruppen immer neue Möglichkeiten. Und gleichzeitig ist eine wachsende Anzahl von Steuerberatern, Wirtschaftsprüfern, Unternehmensberatern und anderen »Pfennigfuchsern« damit beschäftigt, neue Schleichwege an der Steuer vorbei zu suchen. Diese Spielchen finden seit Jahrhunderten statt, und sie haben Dichter, Denker, Philosophen und Aphoristiker schon immer zu deutlichen Kommentaren gereizt. Hier eine kleine Sammlung von treffenden Aussagen und Empfehlungen zum Thema Steuer:

> *90 Prozent der Deutschen zahlen brav ihre Steuern. Die anderen 90 Prozent versuchen dies zu vermeiden. (Peter Gillies)*

> *Bei der Schafschur und bei den Steuern sollte man aufhören, sobald die Haut erreicht ist. (Austin O'Malley)*

> *Das Eintreiben von Steuern ist nichts anderes als Diebstahl. (Thomas von Aquin)*

> *In dieser Welt gibt es nichts Sichereres als den Tod und die Steuern. (Benjamin Franklin)*

> *Junggesellen sollten hohe Steuern zahlen. Es ist nicht gerecht, dass einige Männer glücklicher sein sollen als andere. (Oscar Wilde)*

> *Mensch: ein merkwürdiges Wesen. Er arbeitet immer härter für das Privileg, immer höhere Steuern zahlen zu dürfen. (George Mikes)*

> *Steuern erheben heißt, die Gans so zu rupfen, dass man möglichst viele Federn mit möglichst wenig Gezische bekommt. (Jean Baptiste Colbert)*

> *Wer gesetzestreu, pflichtbewusst und pünktlich seine Steuern zahlt, hat sie ganz offenbar verdient! (Christa Schyboll)*

Auch »nachgelagert« kostet Geld – als Rentner nicht frei

Das ganze Arbeitsleben über zahlen wir Steuern. Doch wer nun meint, dass ihn der Fiskus nach der Pensionierung oder Verrentung endlich in Ruhe lässt, hat sich gründlich getäuscht. Während Ruheständler früher die mühsam zusammengetragene finanzielle Vorsorge im Alter in aller Ruhe aufbrauchen konnten, hat das Alterseinkünftegesetz von 2005 damit Schluss gemacht. Seitdem gilt für die Altersversorgung die nachgelagerte Besteuerung, d.h. in der Einzahlphase können Sparer die Beiträge von der Steuer absetzen, aber in der Auszahlphase sind die Leistungen dann voll zu versteuern. Zwar logisch, denn so wird jedes Einkommen nur einmal im Leben besteuert, aber andererseits natürlich lästig. Und vor allem auch unabwägbar, denn wie die Steuersätze aussehen werden, wenn wir einmal Rente beziehen, wissen wir nicht.

Der Anteil der Rentner, die besteuert werden, steigt seit Jahren kontinuierlich. Waren es 2005 noch 50 Prozent der Neurentner, mussten 2008 schon 56 Prozent der frisch gebackenen Ruheständler ihre Bezüge versteuern. Ob Steuern fällig werden, hängt nicht allein von der Art und Höhe der Rente ab, sondern auch davon, ob noch weitere Einnahmen vorhanden sind. Dazu gehören z.B. Zusatzeinkommen neben der gesetzlichen Rente wie Betriebs- und Privatrenten, Mieteinnahmen oder Kapitaleinkünfte, aber auch Nebenverdienst oder das Einkommen des noch arbeitenden Ehepartners. Wenn Sie als Rentner allerdings glauben, dass der Fiskus Sie übersehen könnte, liegen Sie falsch. Seit Januar 2009 müssen die Deutsche Rentenversicherung, alle privaten Rentenversicherer, Versorgungswerke, Pensionskassen, Pensionsfonds und Versicherungsgesellschaften ihre Leistungen der Zulagenstelle für Altersvermögen in Berlin melden. Und von dort gehen die Mitteilungen an die zuständigen Finanzämter.

Aber keine Angst – große Teile der Alterseinkommen sind steuerfrei und zusätzlich können Ruheständler bei ihrer Steuererklärung weitere Vergünstigungen geltend machen. Schätzungsweise drei Viertel der heutigen Rentner werden vom Finanzamt verschont, aber in Zweifelsfällen ist sicherheitshalber der Gang zum Steuerberater oder Lohnsteuerhilfeverein ratsam.

Für die verschiedenen Rentenarten müssen unterschiedliche Regeln beachtet werden:

- ✔ **Rente aus der gesetzlichen Rentenversicherung** (Altersrente, Erwerbsminderungsrente, Witwen- und Waisenrente): Je nach dem Jahr des Rentenbeginns ist ein fester Betrag der Rente steuerfrei. Der Freibetrag betrug beim Rentenstart im Jahre 2007 46 Prozent und wird in den kommenden Jahren weiter sinken.

- ✔ **Unfallrente aus der gesetzlichen Unfallversicherung** ist und bleibt nach heutiger Rechtslage steuerfrei.

- ✔ **Renten aus privater Versicherung, Direktversicherung und privater Rentenversicherung** (aber nicht Riester- oder Rürup-Renten) sind mit ihrem Ertragsanteil steuerpflichtig. Bei Rentenbeginn mit 60 beträgt der Ertragsanteil 22 Prozent, bei Rentenbeginn mit 65 Jahren nur 18 Prozent. Betriebsrenten, deren Beiträge steuerfrei eingezahlt wurden, sind allerdings voll steuerpflichtig.

Wenn Ruheständler dann tatsächlich Einkommensteuer zahlen müssen, können sie bei ihrer Steuererklärung zahlreiche Freibeträge und Kosten abziehen. Dazu gehören Werbungskosten für Rechtsberatung und Prozesskosten zur Klärung von Rentenansprüchen, Gewerkschaftsbeiträge oder Steuerberatungskosten. Auch bei Kapitalerträgen können die jeweiligen Freibeträge geltend gemacht werden, Versicherungsbeiträge können als Sonderausgaben abgezogen werden. Und dazu kommen, gerade bei Älteren, außergewöhnliche Belastungen, beispielsweise für Haushaltshilfen, Pflegedienst und andere haushaltsnahe Dienstleistungen.

Niemand kennt schon heute die Gesetzeslage der kommenden Jahre und Jahrzehnte. Wer sich also zum jetzigen Zeitpunkt um die finanzielle Vorsorge für seine späten Jahre kümmern möchte, muss mit veränderten Steuerregeln oder Steuersätzen rechnen, Wie die aussehen werden, kann Ihnen niemand sagen.

Auch bei der Geldanlage verdient der Fiskus mit

Von schuldenfreien Staatshaushalten träumt jeder Finanzminister. Aber dauerhaft ist es – wenn überhaupt – bisher nur wenigen gelungen, derartige Versprechen wahr zu machen. Deshalb müssen Geldanleger und Vorsorgesparer stets damit rechnen, dass ihr sauer verdientes und mühsam gespartes Geld neuen, bisher nicht bekannten Belastungen unterworfen wird oder dass sich die Steuersätze, die einer Ertragskalkulation zugrunde gelegen haben, ändern.

Aktuelles Beispiel dafür ist die seit 2009 geltende Abgeltungssteuer, die für alle Kapitalerträge gelten soll. Schon die Vorgänger dieser Steuer hatten Steuerzahlern wie Finanzämtern erhebliche Probleme bereitet, findige Steuerberater auf neue Ideen zur Vermeidung und Verkürzung von Steuern gebracht und den Marketingverantwortlichen bei Finanzdienstleistern kräftige Steilvorlagen bei ihren neuen Beratungsoffensiven geliefert.

Erfahrene Anlageberater und Vermögensverwalter wissen es: »Nur wer Gewinne erwirtschaftet, kann auch Steuervorteile nutzen.« Deshalb warnen aufmerksame Finanzexperten bei jeder angekündigten Steueränderung vor den Umschichtungsstrategen der Banken, Sparkassen und anderer Finanzdienstleister. Mit dem Argument der »fiskalischen Optimierung« werden zu oft nur Depotumschichtungen empfohlen, die sich als reine Gebührenschneiderei entpuppen.

Abgeltungssteuer: Von Zinsen und Erträgen ein Viertel ans Finanzamt

Vielleicht fragen auch Sie sich, warum Sie Ihr Geld Rentenversicherungen anvertrauen sollten und nicht stattdessen Ihr Geld einfach so gut anlegen, um im Alter genug zum Leben zu haben.

Doch auch bei der Geldanlage verdient der Fiskus mit, seit Anfang 2009 besonders gut, denn seitdem gibt es die Abgeltungssteuer. Vielleicht haben Sie es mitverfolgt, dass gegen Ende 2008 plötzlich viele Versicherer und Fondsanbieter damit warben, noch schnell abgeltungssteuerfreie Angebote zu nutzen. So haben im vergangenen Jahr, also noch vor dem Start der Abgeltungssteuer, viele private Geldanleger und Vorsorgesparer die letzte Möglichkeit genutzt, um ihr Sparkapital vor dem Fiskus in Sicherheit zu bringen. Eine einfache Rechnung hat viele überzeugt: Wenn aus einer Einmalanlage von 10.000 Euro nach 20 Jahren ein Kapital von 27.600 Euro geworden ist, werden dem Anleger nach Abzug der 25-prozentigen Abgeltungssteuer nur 23.200 Euro ausgezahlt. Wer allerdings vor dem Ende des Jahres 2008 eingestiegen ist, bekommt Kursgewinne auch künftig steuerfrei ausgezahlt. Während Verbraucherschützer und Anlageexperten in aller Regel zur Geldanlage in breit gestreuten Aktienfonds mit Schwerpunkt Welt oder Europa empfahlen, schürten viele Banken und Sparkassen die Angst der Kunden und verkauften ihnen teure und weniger renditestarke Dachfonds.

Mit dem Start der Abgeltungssteuer Anfang 2009 sind jedoch die letzten Umschichtungsmöglichkeiten, die vor dem Finanzamt retten, vorbei. Künftig müssen Vorsorgesparer den einheitlichen Steuersatz von 25 Prozent zuzüglich Solidaritätszuschlag und gegebenenfalls Kirchensteuer hinnehmen.

Zinsen bei Sparbüchern, Sparbriefen, Bundesschatzbriefen, Finanzierungsschätzen, Fest- und Tagesgeld, aber auch beim Bausparen waren auch schon vorher voll steuerpflichtig. Anleger zahlten dafür je nach ihrem persönlichen Grenzsteuersatz 15 bis 45 Prozent. Durch die neue Abgeltungssteuer werden vor allem die Sparer entlastet, die einen persönlichen Steuersatz von mehr als 25 Prozent aufweisen. Wenn der eigenen Steuersatz unter 25 Prozent liegt, kann sich der Anleger die zuviel bezahlte Steuer beim Finanzamt zurückholen.

Auch bei festverzinslichen Wertpapieren wie Inhaberschuldverschreibungen, Staats- und Industrieanleihen, Pfandbriefen, Aktien-, Wandel-, Umtausch- oder Null-Kupon-Anleihen sowie Floatern ist seit 2009 Abgeltungssteuer auf alle Zins- und Kursgewinne fällig.

Besonders betroffen von der Abgeltungssteuer sind die Inhaber von Aktien, Genussscheinen und Investmentfonds aller Art. Während sie bis 2008 bei den jährlichen Dividenden nur die Hälfte der Einnahmen (Halbeinkünfteverfahren) versteuern mussten und auf Kursgewinne nach mehr als einem Jahr Haltedauer gar keine Steuern entrichten mussten, wird seit 2009 für alle Erträge und Gewinne die Abgeltungssteuer fällig. Die gleichen Regelungen gelten auch für Zertifikate.

Weiterhin gültig sind Sparerfreibeträge, jetzt Sparerpauschbeträge genannt. Damit und mit dem entsprechenden Freistellungsauftrag gegenüber Ihrem Geldinstitut können Sie Kapitaleinnahmen bis zu 801 Euro pro Jahr (bei Verheirateten 1.602 Euro) steuerfrei kassieren.

Besser gestellt sind die Inhaber einer Kapital-Lebensversicherung, die bereits als klassischer Vertrag oder Fondspolice abgeschlossen wurde. Abgeltungssteuer müssen Versicherungsnehmer nur dann bezahlen, wenn sie bis zur Auszahlung eine Laufzeit von weniger als zwölf Jahren vereinbart haben, wenn sie das Geld vor dem 60. Geburtstag erhalten oder wenn sie den Vertrag vorher kündigen oder verkaufen.

Natürlich wird die Ablaufleistung oder der Verkaufswert einer solchen Lebensversicherung gezahlten Beiträge gekürzt. Wenn Sie also aus dem Vertrag 120.000 Euro bekommen, davon 72.000 Euro selbst eingezahlt haben, wird die Abgeltungssteuer nur auf einen Betrag von 48.000 Euro berechnet (macht bei 25 Prozent Steuer in diesem Fall ...).

Vor allem Kinder, Studenten und Rentner mit einem geringem Einkommen (aktuell bei Ruheständlern unter dem Grundfreibetrag von 7.664 Euro pro Jahr) können die Abgeltungssteuer umgehen. Dazu müssen sie sich beim Finanzamt eine Nichtveranlagungsbescheinigung besorgen, die drei Jahre lang gilt.

Auf die Abgeltungssteuer wird zusätzlich auch die Kirchensteuer berechnet. Auf Wunsch können Anleger die Kirchensteuer gleich von ihrem Geldinstitut an das Finanzamt überweisen lassen. Doch dann müssen sie ihre Konfession und ihren Kirchensteuersatz ihrer Bank, Sparkasse oder Fondgesellschaft offen legen. Erst ab 2011 soll es beim Bundeszentralamt für Steuern eine Datenbank geben, die solche Auskünfte überflüssig macht. Dann soll der Abzug der Kirchensteuer an der Quelle Pflicht werden. Ehepartner mit Gemeinschaftskonto, von denen nur einer Kirchensteuer zahlt, müssen ihren Anteil an den Kapitaleinkünften angeben.

Steuerfreiheit als Gewinn

Keine Regel ohne Ausnahme – und kein Steuergesetz ohne Ausweichmöglichkeiten. So hat der Gesetzgeber auch bei der neuen Abgeltungssteuer für Erträge und Gewinne in einigen Bereichen Steuerfreiheit gewährt. Dazu gehören:

✔ Anlagen in Goldbarren oder Münzen und in Kunstgegenständen

✔ Selbst genutzte Immobilien, also Eigenheime

✔ Vermietete Immobilien

✔ Geschlossene Immobilien-, Windkraft-, Solar-, Medien-, Leasing-. Schiffs- und Lebensversicherungsfonds

✔ Riester-Verträge

✔ Rürup-Rentenversicherungen

✔ Privaten Rentenversicherungen

✔ Betriebliche Altersvorsorge

Aber freuen Sie sich nicht zu früh. Bei zahlreichen abgeltungssteuerfreien Vorsorgevarianten müssen einige Besonderheiten und Stolperfallen berücksichtigt werden. So zum Beispiel bei der privaten Rentenversicherung, egal ob als klassische Vertragsform oder als Fondspolice. Die Steuerpflicht für die Rente hängt dabei vom Lebensalter bei der ersten Auszahlung ab. Wer zum Beispiel mit 65 in Rente geht, muss beim Finanzamt von 1.000 Euro nur 18 Prozent, also 180 Euro, versteuern. Selbst beim Spitzensteuersatz von 45 Prozent wären das nur 81 Euro, rein rechnerisch also nur acht Prozent der 1.000-Euro-Rente. Wer sich im Alter allerdings keine Rente, sondern das Kapital aus seiner Rentenversicherung auszahlen lassen möchte, kann unter Umständen von der Abgeltungssteuer getroffen werden. Denn für diese Auszahlungen gelten die gleichen Regeln wie für Kapital-Lebensversicherungen.

Von der Abgeltungssteuer verschont bleiben Riester-Verträge in jeder Form, also als Rentenversicherung ebenso wie als Bank- oder Fondssparplan. Aber um die Steuer kommen auch Riester-Rentner nicht herum, denn sie müssen eine Rente oder Kapitalauszahlung später mit ihrem eigenen Steuersatz versteuern. Und je nach Höhe der Alterseinkünfte kann dieser Steuersatz höher oder niedriger als die 25 Prozent Abgeltungssteuer sein.

Bei der Rürup-Rente spielt die Abgeltungssteuer keine Rolle, aber die Rente muss wie die gesetzliche Rente versteuert werden. Voll steuerpflichtig im Alter sind auch die Renten oder Kapitalauszahlungen aus der betrieblichen Altersvorsorge. Ob die Altersvorsorge eine Direktversicherung, ein Pensionsfonds oder ein Vertrag mit einer Pensionskasse ist, spielt dabei keine Rolle. Auch Unterstützungskassen oder Direktzusagen, die steuerfrei finanziert werden, trifft die Abgeltungssteuer nicht.

Um der Abgeltungssteuer zu entgehen, können gewiefte Vorsorgesparer natürlich auch auf den Gedanken kommen, das Geld jeweils abgeltungssteuerfrei von einem Kind, Enkel oder Urenkel ansparen zu lassen und es anschließend im Alter in Raten oder einer Summe zurückzuerhalten. Aber in Streit- oder Zweifelsfällen ist bei einem solchen Vorgehen nicht mit dem Entgegenkommen von Finanzamt und Familiengericht zu rechnen. Das einmal verschenkte Geld ist unter Umständen ohnehin fort, wenn sich Kinder oder Enkel an Absprachen aus der Vergangenheit nicht mehr erinnern können oder wollen.

Auf die nächste Erbschaft warten

Keine Lust oder Möglichkeit, die eigene finanzielle Vorsorge in Angriff zu nehmen? Viele Bundesbürger können sich auf ihre alten Herrschaften verlassen, denn im Lauf der letzten Jahrzehnte sind beträchtliche Beträge als Geldvermögen zusammengekommen. Und darüber hinaus warten viele Immobilen auf die stolzen Erben, die in ihr Elternhaus einziehen oder es mit mühelos zustande gekommenem Gewinn versilbern wollen.

Schon seit einigen Jahren wird über die kommende »Erbschaftswelle« und die »Erbengeneration« spekuliert. Nach Schätzungen des Meinungsforschungsinstituts empirica werden derzeit Jahr für Jahr rund 145 Mrd. Euro generationenübergreifend vererbt (durchschnittlich rund 180.000 Euro pro Erbfall). Und in der Hälfte aller Erbschaftsfälle – also knapp 400.000 Mal pro Jahr – sind auch Immobilien im Spiel. Deren Gesamtwert beträgt jährlich etwa 67 Mrd. Euro (durchschnittlich rund 170.000 Euro pro Immobilienerbfall). Entgegen der landläufigen Meinung wird die zunehmende Erbschaftswelle gerade junge Haushalte mit begrenztem Budget jedoch keineswegs leichter ins Wohneigentum bringen. Bei dem gut einen Prozent der Haushalte, die jährlich Immobilien erben, handelt es sich nach Angaben von TNS Infratest vor allem um »Besserverdiener«. Durch die steigende Lebenserwartung wird Wohneigentum zudem immer später vererbt – die Erben verfügen dann häufig bereits über eine eigene Immobilie.

Der Fiskus jedenfalls hält sich in der Regel bei Erbschaften weitgehend zurück, und die Erbschaftsteuerreform lässt Ehegatten, Kinder und Enkel von deutlich erhöhten Freibeträgen für Erbschaften und Schenkungen stark profitieren. Dagegen schneiden Geschwister, entfernte Verwandte und alle, die nicht zur Familie gehören, meist schlechter ab.

Hohe Freibeträge

Doch wie hoch sind die Freibeträge eigentlich? Tabelle 3.1 zeigt sie auf.

Freibeträge nach der Erbschaftsteuerreform

Steuerklasse I

Ehepartner	500.000 Euro
Kinder, Stiefkinder, Adoptivkinder, Kinder verstorbener Kinder	400.000 Euro
Enkel, Urenkel	200.000 Euro
Eltern, Groß- und Urgroßeltern	100.000 Euro

Steuerklasse II

Geschwister, Nichten und Neffen, Schwiegerkinder, Schwiegereltern, geschiedene Ehepartner	20.000 Euro

Steuerklasse III

Eingetragene Lebenspartner	500.000 Euro
Onkel, Tanten	20.000 Euro
Nachbarn, Freunde, Lebensgefährten, alle Nicht-Verwandten	20.000 Euro

Tabelle 3.1: Freibeträge nach der Erbschaftsteuerreform

Vor allem für Ehepartner, aber auch für eingetragene Lebenspartner, wird der Freibetrag damit deutlich höher – zuvor lag er bei 307.000 Euro. Im Erbfall kann der Ehegatte wie schon im bisherigen Recht einen zusätzlichen Versorgungsfreibetrag von bis zu 256.000 Euro geltend machen. Auch für leibliche Kinder sowie Stief- und Adoptivkinder wurde der Freibetrag deutlich erhöht: von 205.000 auf 400.000.

Mit rechtzeitiger Überlegung und Adoption können Sie nahestehenden Menschen, zum Beispiel dem Sohn einer Freundin, zu einem kleinen Vermögen verhelfen, denn durch die Adoption würde das Adoptivkind von Steuerklasse III in Steuerklasse I hochgestuft. Anwalts- und Notarkosten sowie Gerichtsgebühren für eine Adoption betragen rund 2.000 Euro. Allerdings erkennen Vormundschaftsgerichte eine Adoption nur an, wenn eine enge persönliche Bindung plausibel nachgewiesen wird.

Deutlich höhere Steuern

Zwar werden mit dem neuen Erbschaftsteuergesetz die Freibeträge für alle Steuerklassen erhöht, gleichzeitig werden aber auch die Erbschafssteuern kräftig angehoben, zumindest für Erben und Beschenkte, die ihre Erbschaft mit Steuerklasse II oder III versteuern müssen. Für ein steuerpflichtiges Erbe kassiert der Fiskus nach dem neuen Recht mindestens 30 Prozent, für Erbschaften über 13 Millionen Euro sogar 50 Prozent. Die Steuersätze für die nächsten Verwandten (Steuerklasse I) hingegen blieben unverändert und bewegen sich, je nach Höhe der Erbschaft, zwischen 7 und maximal 30 Prozent.

Nötig geworden war die Reform des Erbschaftsteuerrechts nach einem Urteil des Bundesverfassungsgerichts. Darin hatten die Richter entschieden, dass es mit dem Grundgesetz nicht vereinbar sei, Immobilien- und Betriebsvermögen günstiger zu bewerten als Geld und Wertpapiere. Sie verlangten vom Gesetzgeber, Immobilen, Betriebsvermögen und landwirtschaftliche Flächen künftig bei der Steuerberechnung mit dem aktuellen Marktwert anzusetzen. Vor allem den Erben von wertvollen Immobilien in guter Lage drohen nach dem neuen Recht erhebliche Mehrbelastungen. Trotz der höhern Freibeträge werden, so die Meinung von Steuerberatern, selbst viele nahe Angehörige in diesen Fällen künftig mehr Erbschaftsteuer zahlen müssen.

Verschiedene Studien machen deutlich, dass Erben die geerbten Immobilien in der Regel nicht allzu lange behalten. Im statistischen Mittel verbleiben geerbte Immobilien höchstens elf Jahre in den Händen der Erben. Die Ursachen dafür dürften vielfältig sein: Im Fall von Erbengemeinschaften zwingt die Auszahlung der Miterben häufig zum Verkauf. Aber auch bei Alleinerben wird die Immobilie – nach Ablauf einer Schamfrist und zwischenzeitlicher Selbstnutzung oder Vermietung – mittelfristig verkauft: sei es zur Erfüllung lang gehegter Konsumwünsche (Weltreise, größerer Anschaffungen), zur Tilgung ausstehender Kredite oder zur Finanzierung einer anderen Immobilie, die eher den persönlichen Präferenzen oder Standortwünschen entspricht.

Politischer Streit um Betriebsvermögen

Gestört hat die Richter des Bundesverfassungsgerichts auch, dass die Erben von Firmen und Bauernhöfen bisher das Erbe nur mit dem geringen Buchwert und nicht mit dem tatsächlichen Marktwert versteuern mussten. Nach der jüngsten Reform bewertet das Finanzamt geerbtes oder geschenktes Betriebsvermögen jetzt mit seinem Ertragswert und nicht mehr mit den niedrigeren Werten aus der Bilanz des Unternehmens.

Firmennachfolger können die fällige Erbschaftsteuer allerdings ganz oder teilweise sparen, wenn sie sich an strenge Auflagen halten. So bleibt die übertragene Firma steuerfrei, wenn der Nachfolger den Betrieb zehn Jahre lang weiter betreibt. Außerdem muss er den Mitarbeitern in diesen zehn Jahren insgesamt 1.000 Prozent des durchschnittlichen Jahreslohnes der letzten fünf Jahre vor der Erbschaft oder Schenkung zahlen.

Wenn der Nachfolger den Betriebs sieben Jahre lang fortführt und währen dieser Zeit 650 Prozent des Jahresdurchschnittslohns aus der letzten fünf Jahren vor der Erbschaft oder Schenkung zahlt, sind 15 Prozent des Betriebsvermögens steuerpflichtig. Die strengen Lohnregeln fallen weg, wenn im Betrieb vor der Übertragung weniger als zehn Beschäftigte angestellt waren.

Viel Geld bleibt bei Erbschaften nicht beim Finanzamt hängen. Nach Schätzungen werden jährlich in Deutschland rund 75 Milliarden Euro vererbt. Aber nur etwa vier Milliarden Euro erhalten die Finanzämter pro Jahr.

Keine Alternative: Steuerflucht

Zahlen Sie gern und bereitwillig Ihre Steuern? Wäre ungewöhnlich und kaum zu glauben. Denn die meisten Bundesbürger ärgern sich über die monatlichen Lohn- und Einkommensteuerzahlen auf ihrer Gehaltsabrechnung und suchen nach Möglichkeiten, dem Fiskus zu entkommen. Das war schon immer so – gewisser Zwang seitens des Staats war bereits vor Jahrhunderten und Jahrtausenden erforderlich, um Steuern einzutreiben.

Auch heute noch denken wohl die meisten von uns, dass ihnen der Staat Geld wegnimmt, ohne dafür eine Gegenleistung zu erbringen. Zwar reicht die Palette der steuerfinanzierten Leistungen von äußerer und innerer Sicherheit über Bildung bis hin zur Sozialpolitik und der Unterstützung bedürftiger Mitmenschen, aber die meisten Steuerzahler sehen den Zusammenhang mit ihren Zahlungen nur locker. Und viele ärgern sich über staatliche Ausgaben, die sie überhaupt nicht haben wollen. Ob in Boulevardmedien oder durch den Bund der Steuerzahler – immer wieder werden Fälle bekannt, bei denen Steuergelder sinnlos verschleudert werden.

Ganz legitime Steueroptimierung

Zur Verminderung der eigenen Steuerlast nutzen immer Steuerzahler alle Möglichkeiten, um sich im Dschungel der Steuergesetze den besten Weg weisen zu lassen. Ob Steuerberater, Lohnsteuerhilfevereine oder eine zunehmende Zahl von PC-Steuerprogrammen – Hilfsangebote gibt es viele: selbst in den Regalen von Lebensmittel-Discountern sind mittlerweile für wenige Euro ganz passable Steuerprogramme zu finden.

Dennoch verzichten Jahr für Jahr Millionen von Steuerzahlern auf ihre Steuererklärung – und verschenken auf diese Weise viel Geld, das sie sehr gut für ihre finanzielle Vorsorge hätten nutzen können. Mehr und mehr Steuerzahler geben sich allerdings mit der Optimierung ihrer eigenen Steuerabrechnung nicht zufrieden und versuchen, den Fiskus auszutricksen. Doch Steuerhinterziehung ist strafbar!

Laut des World Economic Forum ist das deutsche Steuersystem »hochgradig komplex und verzerrt wirtschaftliche Entscheidungen«. Im Vergleich mit 101 anderen Ländern erreichte Deutschland den 102., also letzten Platz. Als besonders einfach und transparent hingegen gelten die Steuersysteme in Hong Kong (weltweit) oder in Estland und Irland (Europa).

Teil II
Eckrentner und Altersarmut – Warum die gesetzliche Rente nicht reicht

»Ich kann mir nicht erklären, wohin mein Geld immer verschwindet.«

In diesem Teil ...

Eigentlich könnten wir uns alle auf ein langes Leben freuen. Jeder Einzelne von uns hat gute Chancen, immer länger gesund und munter zu bleiben, seinen Alltag ungefährdet ohne Krieg und Terror gestalten zu können. Und das alles in einem soliden Rechtsstaat, der jedem Menschen persönliche Sicherheit und Wohlstand gewährt.

Aber im sprichwörtlichen Schlaraffenland leben wir dennoch nicht, die Seen voller Milch und Honig sind leer, und die gebratenen Tauben fliegen auch nicht mehr durch die Luft. Den meisten von uns, mal abgesehen von denen, die schon wohlhabend zur Welt kommen, bleibt nichts anderes übrig, als für die Jahrzehnte ihres Lebens, in denen sie nicht mehr arbeiten und den monatlichen Broterwerb dennoch sichern wollen, finanziell vorzusorgen.

Die bisher wirksamen und funktionierenden Systeme wie die gesetzliche Rentenversicherung stoßen bei den anhaltenden demografischen Verschiebungen in unserer Gesellschaft allerdings an Grenzen. So ermittelten Verbraucherschützer von Stiftung Warentest für Versichert der vier Jahrgänge 1950, 1955, 1965 und 1975 erhebliche Rentenlücken bei der gesetzlichen Rentenversicherung. Ihr Fazit: »Je jünger ein Arbeitnehmer ist, desto größer ist seine Rentenlücke.«

Zwar wird die gesetzliche Rente bei allen Vorsorgeplanungen für den eigenen Ruhestand auch weiterhin eine wichtige Rolle spielen, aber ohne zusätzliche Rentenbausteine wie die staatliche geförderte Riester-Rente, betriebliche und private Altersvorsorge droht der Absturz in die Altersarmut.

Standardvorsorge im Rückzug

In diesem Kapitel

- Wie die finanzielle Vorsorge für soziale Notlagen ganz automatisch funktioniert
- Welche Ansprüche aus der Pflichtversicherung entstehen
- Wofür Sie zusätzlich finanziell vorsorgen können

*N*atürlich leben wir in einem freiheitlichen Land, in dem wir zahlreiche Entscheidungen ganz selbstständig und eigenverantwortlich treffen können. Eine eigene Meinung darf jeder haben und offen aussprechen, unsere Regierung dürfen wir selbst wählen, auch über Ihren Wohnort, Ihren Beruf und Ihre Arbeitsstelle dürfen Sie eigenmächtig entscheiden. Aber Vater Staat lässt Sie nicht ganz allein.

Aber dafür, dass Sie in Notsituationen Hilfe und Unterstützung erwarten können, verlangt der Staat im Gegenzug von Ihnen eben entsprechende Gegenleistungen. So müssen Kinder und Jugendliche zur Schule gehen (natürlich auch, um ihre eigenen Zukunftschancen zu verbessern), junge Männer während der Wehrpflicht ihr Vaterland verteidigen und alle bei eigenem Einkommen Steuern bezahlen und sich an gültige Gesetze und Bestimmungen halten.

Weil der Gesetzgeber auch soziale Gerechtigkeit und Sicherheit in Deutschland garantieren will, wurde ein gut funktionierendes Sozialsystem errichtet, ein umfangreiches Sozialgesetzbuch (SGB) schreibt vor, was Versicherte und Versicherungen machen müssen und was sie tun dürfen. Da Behörden und Ämter Ihnen nicht selbst überlassen, was Sie für Ihre finanzielle Vorsorge tun, sind in den einzelnen Büchern des SGB die diesbezüglichen Regeln und Vorschriften genau festgelegt. Da man sich darüber trefflich streiten kann, wurde für Auseinandersetzungen gleich noch eine eigenständige Sozialgerichtsbarkeit mit drei Instanzen eingerichtet.

Alles oder nichts

Die gesetzliche Rentenversicherung ist eine Versicherung für alle, die bei ihr pflichtversichert sind oder ihr freiwillig beitreten. Vor allem Selbstständige müssen natürlich überlegen, ob sie der gesetzlichen Versicherung angehören wollen. So werden manche Selbstständige automatisch gemeldet, so zum Beispiel Handwerker von der Handwerkskammer, wenn eine Anmeldung, Änderung oder Löschung in der Handwerksrolle erfolgt. Außerdem gibt es für Selbstständige die Versicherungspflicht auf Antrag. So können sich Selbstständige, die nicht pflichtversichert sind, innerhalb von fünf Jahren nach Aufnahme ihrer selbstständigen Tätigkeit melden und die Versicherungspflicht beantragen.

Arbeitnehmer lebenslang

Alle Personen, die gegen Arbeitsentgelt oder zu ihrer Berufsausbildung beschäftigt sind, also alle Arbeitnehmer, sind pflichtversichert. Das bleiben sie auch in der Zeit, in der sie

- ✔ Kindererziehungszeiten in den ersten drei Lebensjahren eines Kindes geltend machen,
- ✔ einen Pflegebedürftigen nicht erwerbsmäßig wenigstens 14 Stunden wöchentlich in seiner häuslichen Umgebung pflegen,
- ✔ Wehrdienst oder Zivildienst leisten oder
- ✔ Krankengeld, Übergangsgeld, Arbeitslosengeld oder Arbeitslosengeld II erhalten.

Selbst Topverdiener wie Geschäftsführer und Spitzenmanager gehören in der Regel zur Gruppe der gesetzlich Pflichtversicherten. Einziger Unterschied für Besserverdienende: Ihnen wird nicht das gesamte Einkommen von der Rentenkasse angerechnet, bei der jeweils aktuellen Beitragsbemessungsgrenze wird der Höchstbeitrag fällig.

Auch ein Teil der Selbstständigen ist in der gesetzlichen Rentenversicherung versicherungspflichtig. Hierzu gehören vor allem:

- ✔ Selbstständige Lehrer und Erzieher, die in ihrem Betrieb keine versicherungspflichtigen Arbeitnehmer beschäftigen
- ✔ Selbstständige, die in der Kranken-, Wochen-, Säuglings- oder Kinderpflege tätig sind und in ihrem Betrieb keinen versicherungspflichtigen Arbeitnehmer beschäftigen
- ✔ Freiberufliche Hebammen und Entbindungspfleger
- ✔ Selbstständig tätige Seelotsen
- ✔ Selbstständig tätige Künstler oder Publizisten
- ✔ Selbstständig tätige Hausgewerbetreibende
- ✔ Küstenschiffer oder Küstenfischer
- ✔ Gewerbetreibende, die in die Handwerksrolle eingetragen sind
- ✔ Selbstständige mit nur einem Auftraggeber
- ✔ Bezieher eines Existenzgründungszuschusses

Bei Selbstständigen, die nicht automatisch in die Pflichtversicherung fallen, stellt sich die Frage, ob es sich lohnt, freiwillig in die gesetzliche Rentenversicherung einzuzahlen. Für Jüngere, die bereits frühzeitig innerhalb ihres Arbeitslebens in die Selbstständigkeit starten, lohnen sich andere Formen der privaten Vorsorge meistens mehr, aber alle, die erst mit 50 beginnen, eine selbstständige Existenz aufzubauen, sind in der Regel gut beraten, auch weiterhin in der gesetzlichen Rentenversicherung zu bleiben.

Rente auch für Minijobber

Beschäftigte mit einem Minijob bis zu 400 Euro monatlich gelten als »versicherungsfreie geringfügig Beschäftigte« – sie müssen keine Beiträge zur Rentenversicherung einzahlen. Aber rentenversichert sind sie dennoch, denn der Arbeitgeber muss 15 Prozent Zuschlag zum Lohn an die Bundesknappschaft abführen. Sie ist die Rentenversicherungsträgerin für Minijobber.

Nur 5 Prozent Rentenversicherungsbeitrag an die Bundesknappschaft werden für Beschäftigte in privaten Haushalten fällig. Minijobber können generell ihre Beiträge auf den regulären Satz von 19,5 Prozent aufstocken, müssen sich dann also selbst mit 4,5 oder 14,5 Prozent ihres Miniverdiensts am Rentenbeitrag beteiligen. Dann zählt auch die Zeit des Minijobs als Versicherungszeit. Das ist vor allem für diejenigen wichtig, die dadurch ihre Mindestversicherungszeit für einen Rentenanspruch erreichen.

Begünstigte Beamte und unabhängige Freiberufler

Zur ersten Säule der Altersvorsorge wird neben der gesetzlichen Rentenversicherung auch das System der staatlichen Pensionen für Beamte gerechnet. Ganz im Gegensatz zu den gesetzlich Versicherten ist bei Pensionären in den letzten Jahren das Ruhegehalt deutlich und kontinuierlich gestiegen. Nach Angaben der Bundesregierung erreichte die Durchschnittspension für Bundesbeamte im Jahre 2006 die Summe von 2.460 Euro, die Landesbeamten erreichten sogar ein monatliches Ruhegehalt von 2.720 Euro.

2006 konnten sich rund 928.000 Versorgungsempfänger bei Bund, Ländern und Gemeinden über ihre Pension freuen. Nach einer Studie des Mannheimer Gewis-Instituts geht es Beamten im Ruhestand finanziell immer besser, sie müssen eine wesentlich kleinere Versorgungslücke schließen als gesetzlich versicherte Arbeitnehmer.

Das Ruhegehalt von Beamten wird grundsätzlich aus dem ruhegehaltsfähigen Dienstzeiten und Dienstbezügen berechnet. Zu den Dienstzeiten werden alle Arbeitszeiten als Beamter auf Widerruf, auf Probe, auf Zeit oder auf Lebenszeit, aber auch die Beschäftigung als Angestellter oder Arbeiter im öffentlichen Dienst gerechnet, wenn sie ohne zeitliche Unterbrechung unmittelbar vor dem Ernennen zum Beamten lag. Komplizierter sind die Regeln zum Berechnen des Ruhegehaltssatzes, die bis zu einem Höchstsatz von 75 Prozent nach 40 ruhegehaltsfähigen Dienstjahren führen.

Daneben gibt es für die klassischen Freiberufler wie Ärzte, Rechtsanwälte oder Architekten eigene berufsständische Versorgungswerke, die in der Regel nach dem Kapitaldeckungsverfahren betrieben werden und deshalb unter Veränderungen wie dem demografischen Wandel weniger leiden als die gesetzliche Rentenversicherung.

Gefragter Rat von Experten

Um definitive Klarheit über den eigenen Versicherungsstand und die zu erwartende Rente zu erlangen, bleibt dem Versicherten in der Regel nichts anderes übrig, als sich individuell bei den Rentenversicherungen aufklären und beraten zu lassen.

Informationen und individuelle Hilfe werden Ihnen auf zahlreichen Wegen angeboten. Viele Themen der Rentenversicherung finden Sie beispielsweise im Internet unter www.deutsche-rentenversicherung.de. Dort können auch Vordrucke und Broschüren heruntergeladen werden. Per Telefon bietet die Deutsche Rentenversicherung unter der kostenfreien Nummer 0800 10004800 von Montag bis Donnerstag, jeweils 7.30 bis 19.30 Uhr, und am Freitag von 7.30 bis 15.30 Uhr, den Rat von Rentenexperten. Auch per Mail ist die Rentenversicherung zu erreichen: info@deutsche-rentenversicherung.de.

Auskunfts- und Beratungsstellen der Deutschen Rentenversicherung finden sich in zahlreichen Städten und Regionen:

- Baden-Württemberg, Gartenstr. 105, 76135 Karlsruhe, Tel. 0721 8250
- Bayern Süd, Am Alten Viehmarkt 2, 84028 Landshut, Tel. 0871 810
- Berlin-Brandenburg, Bertha-von-Suttner-Str. 1, 15236 Frankfurt/Oder, Tel. 0335 5510
- Braunschweig-Hannover, Lange Weihe 2, 30880 Laatzen, Tel. 0511 8290
- Hessen, Städelstr. 28, 60596 Frankfurt/Main, Tel. 069 60520
- Mitteldeutschland, Georg-Schumann-Str. 146, 04159 Leipzig, Tel. 0341 55055
- Nord, Ziegelstr. 150, 23556 Lübeck, Tel. 0451 4850
- Nordbayern, Wittelsbacherring 11, 95444 Bayreuth, Tel. 0921 6070
- Oldenburg-Bremen, Huntestr. 11, 26135 Oldenburg, Tel. 0441 9270
- Rheinland, Königsallee 71, 40215 Düsseldorf, Tel. 0211 9370
- Rheinland-Pfalz, Eichendorffstr. 4-6, 67346 Speyer, Tel. 06232 170
- Saarland, Martin-Luther-Str. 2-4, 66111 Saarbrücken, Tel. 0681 30730
- Schwaben, Dieselstr. 9, 86154 Augsburg, Tel. 0821 5000
- Westfalen, Gartenstr. 194, 48147 Münster, Tel. 0251 2380
- Deutsche Rentenversicherung Bund, Ruhrstr. 2, 10709 Berlin, Tel. 030 8651
- Deutsche Rentenversicherung Knappschaft-Bahn-See, Pieperstr. 14-28, 44789 Bochum, Tel. 0234 3040

Wichtige Aufgabe für die Rente: Punkte sammeln

Junge Menschen, die nach ihrem Schulabschluss ins berufliche Leben starten wollen, denken mit großer Wahrscheinlichkeit noch nicht an die Rente, die sie irgendwann mal beziehen werden. Ausbildungsvertrag? Okay, muss wohl sein, ebenso wie das erste Girokonto bei Bank oder Sparkasse. Irgendwo soll das erste selbst verdiente Geld ja greifbar sein.

Schon lästiger ist die erste Lohnsteuerkarte, denn die ist ja letztlich nur das Signal dafür, dass vom verdienten Geld Steuern abgezogen werden. Doch damit gibt sich der Staat nicht zufrieden. Spätestens bei der ersten Lohn- oder Gehaltsabrechnung wird jedem deutlich, dass die volle Verantwortung für das eigene Leben mit zusätzlichen Kosten verbunden ist, vor allem für die Sozialversicherung. Und dazu gehören Rentenversicherung, Krankenversicherung, Arbeitsförderung und Pflegeversicherung.

Wenn Sie nun denken sollten, die Ihnen abgezogenen Beiträge würden zur Seite gelegt, um dann gut verzinst im Notfall für Sie bereitzustehen, haben Sie sich gründlich getäuscht. Auf das Geld, das Ihnen vom Arbeitsentgelt abgezogen wird, warten bereits Rentner, Kranke, Arbeitslose und Pflegebedürftige. Das Ganze nennt sich Umlagefinanzierung, Basis dafür ist ein Generationenvertrag.

Die Deutsche Rentenversicherung erklärt es so: »Mit Ihren Beiträgen erwerben Sie im Gegenzug Anspruch auf Versorgung, wenn Sie später selbst einmal auf Hilfe angewiesen sind. So ist gewährleistet, dass die Sicherung des Einzelnen nicht durch Börsenschwankungen oder Geldentwertung verloren geht. Durch gesetzliche Regelungen ist sichergestellt, dass die Sozialversicherung immer zahlungsfähig bleibt.«

Wie Rentenansprüche entstehen

Damit Ihre Ansprüche auf Leistungen des Sozialsystems auch ständig erfasst und sauber registriert werden, wird bei der Aufnahme der ersten Beschäftigung für jeden Arbeitnehmer eine Versicherungsnummer (VSNR) vergeben. Diese Versicherungsnummer setzt sich zusammen aus

✔ der Bereichsnummer des zuständigen Trägers der Rentenversicherung (zwei Stellen),

✔ dem Geburtsdatum ohne Jahrhundertangabe (sechs Stellen),

✔ dem Anfangsbuchstaben des Geburtsnamens (eine Stelle) und

✔ der Serienummer mit der Aussage über das Geschlecht sowie der Prüfziffer (drei Stellen).

Unter dieser Nummer wird Ihr Versicherungskonto geführt. Die VSNR steht auch auf Ihrem Sozialversicherungsausweis (SV-Ausweis), den Sie Ihrem jeweiligen Arbeitgeber vorlegen müssen. Der Arbeitgeber meldet dann dem Rentenversicherungsträger die Arbeitsverdienste, für die er Beiträge abgeführt hat.

Versicherungspflichtige Selbstständige und freiwillig Versicherte müssen ihre Beiträge selbst an den Rentenversicherungsträger zahlen (durch Abbuchungsaufträge, Überweisungen, Daueraufträge oder per Bareinzahlung).

Je mehr und je länger ein Versicherter Beiträge einzahlt, desto höher fällt auch die spätere Rente aus. Hört sich zwar einfach und logisch an, aber bei der Rentenberechnung und der Berücksichtigung von rentenrechtlichen Zeiten aus dem gesamten Erwerbs- und Versicherungsleben tauchen in der Regel viele komplexe, schwierige Fragen auf, die nur sachkundige Rentenberater oder Versichertenberater beantworten können.

Was für Zeiten

Allein die rentenrechtlichen Zeiten, die bei der Berechnung der Rente später berücksichtigt werden (oder eben nicht), sind ein unübersichtliches, verwirrendes Mysterium. Aber da sie sich auf den Rentenanspruch und die Rentenhöhe auswirken, kommt niemand daran vorbei.

Am einfachsten zu begreifen sind die *Beitragszeiten*, in denen Sie entweder Pflichtbeiträge oder freiwillige Beiträge in die Rentenkasse eingezahlt haben. Dazu gehören auch die Beiträge, die zur Sozialversicherung der früheren DDR abgeführt wurden.

Daneben gibt es:

- ✔ **Ersatzzeiten**, in denen der Versicherte ohne eigenes Verschulden keine Beiträge zur Rentenversicherung gezahlt hat, hauptsächlich Zeiten des Wehrdiensts

- ✔ **Anrechnungszeiten**, in denen der Versicherte wegen Krankheit arbeitsunfähig war, wegen Arbeitslosigkeit nicht versichert war, wegen Schwangerschaft oder Mutterschaft nicht zahlen konnte oder nach dem 17. Lebensjahr eine Schule oder Hochschule besucht hat. Hierfür gibt es eine Höchstgrenze von acht Jahren

- ✔ **Berücksichtigungszeiten** sind Zeiten der Kindererziehung bis zur Vollendung des 10. Lebensjahres des Kindes, die nicht als Beitragszeiten berücksichtigt worden sind. Auf die Höhe der Rente haben sie keinen Einfluss, aber sie spielen bei der Berechnung der Wartezeit eine Rolle

- ✔ **Zurechnungszeiten** sind Zeiten vom Eintritt einer Erwerbsminderung bis zur Vollendung des 60. Lebensjahres. Damit soll auch Menschen, die bereits in jungen Jahren vermindert erwerbsfähig waren, eine ausreichende Rente gesichert werden.

Am wichtigsten im Katalog der Zeiten ist jedoch die Warte- oder Mindestversicherungszeit. Denn sie muss erfüllt sein, damit überhaupt eine Rente gezahlt wird und sich die finanzielle Vorsorge gelohnt hat. Die allgemeine Wartezeit für die Rente wegen Alters mit 65 bzw. 67 Jahren beträgt 60 Monate, also fünf Jahre. Aber da es neben der Regelaltersrente auch noch andere Rentenarten gibt, gelten für diese Renten auch andere Wartezeiten von 15 bis zu 45 Jahren.

Ausbildung ohne Wert

Zwar sind Zeiten der schulischen Ausbildung, also der Besuch einer Schule, Fach- oder Hochschule, nach Vollendung des 17. Lebensjahres bis zur Gesamtdauer von acht Jahren Anrechnungszeiten bei der späteren Rentenberechnung, aber unterm Strich kommt dabei nicht viel heraus.

Maximal drei Jahre Ihrer schulischen Ausbildung werden mit festen Entgeltpunkten bei der Rentenberechnung berücksichtigt, alle anderen Jahre an Schule oder Hochschule bleiben ohne Wert, zumindest bei der Höhe der Rente. Aber Sie können sich natürlich überlegen, ob Sie nachträglich freiwillige Beiträge zahlen wollen. Das ist bis zur Vollendung des 45. Lebensjahres auf Antrag zulässig.

Rentenpunkte statt Mutterkreuz

Zwar gehört ihnen die Hälfte des Himmels und inzwischen gelten Frauen in vielen Teilen der Gesellschaft als das starke Geschlecht, aber bei der Bezahlung ihrer Arbeitsleistungen sind sie weiterhin im Nachteil. Nach aktuellen Angaben des Statistischen Bundesamts zum Abstand des durchschnittlichen Bruttostundenverdienstes von Frauen und Männern für das Jahr 2006 müssen Frauen in jedem Lebensalter weiterhin mit finanziellen Nachteilen bei der Bezahlung rechnen.

Verdienstunterschiede zwischen Männern und Frauen nach Branchen (Abstand in Prozent)

Unternehmensnahe Dienstleistungen	30
Kredit- und Versicherungsgewerbe	29
Verarbeitendes Gewerbe	28
Gesundheits-, Veterinär- und Sozialwesen	25
Handel und Reparatur von Kfz	25
Sonstige Dienstlistungen	22
Erziehung und Unterricht	16

Aber nicht nur die Einkommensunterschiede während der Erwerbstätigkeit wirken sich negativ auf die finanzielle Altersvorsorge aus. Dazu kommen die häufig lückenhaften Erwerbsbiografien, weil Frauen nicht nur die Kinder zur Welt bringen, sondern in der Regel nach der Geburt jahrelang aus dem Berufsleben ausscheiden.

Bei der gesetzlichen Rentenversicherung werden zumindest die Zeiten der Erziehung eines Kindes in den ersten drei Lebensjahren als Beitragszeiten berücksichtigt. Der Bund bezahlt in dieser Zeit Pflichtbeiträge nach dem Durchschnittsverdienst aller Versicherten.

Wer während dieser Zeit weiterhin berufstätig ist, bekommt den Arbeitsverdienst sogar zusätzlich angerechnet, jedoch nur bis zur jeweiligen Beitragsbemessungsgrenze. Angerechnet werden die Erziehungszeiten nur einem Elternteil, in der Regel der Mutter. Wenn die Eltern die Erziehungszeiten dem Vater übertragen wollen, müssen sie beide schnellstmöglich eine entsprechende Erklärung beim Rentenversicherungsträger einreichen. Eine Teilung der Rentenansprüche aus der Kindererziehung ist hingegen nicht möglich (so das Bundessozialgericht, Az. B 13 R 131/07 R).

Auch Kindererziehungszeiten für Adoptiv- und Pflegekinder werden für die gesetzliche Rente angerechnet. Sie gelten dann ab dem Zeitpunkt der Adoption oder der Aufnahme des Pflegekinds in den Haushalt.

Für Kinder zwischen dem dritten und zehnten Geburtstag berechnen die Rentenversicherungsträger zusätzlich Kinderberücksichtigungszeiten. Zwar begründen die Berücksichtigungszeiten keinen zusätzlichen Rentenanspruch in Euro und Cent, aber sie können die Lücken im Versicherungsverlauf schließen und damit die Bewertung von beitragsfreien Zeiten positiv beeinflussen.

Wertvolle Zusatzpunkte

Um die aufopferungsvolle Pflege von Angehörigen kümmern sich immer mehr Menschen, allein schon deshalb, weil zum Beispiel Eltern immer älter werden und Pflegeeinrichtungen und Pflegepersonal fehlen. Dass seit dem 1. April 1995 nicht erwerbsmäßig tätige Pflegepersonen in der gesetzlichen Rentenversicherung pflichtversichert sind, wissen allerdings die wenigsten.

Beiträge zahlt die Pflegeversicherung allerdings nur, wenn der Pflegebedürftige in eine der drei Pflegestufen der gesetzlichen Pflegeversicherung eingestuft wurde und die Pflege in der häuslichen Umgebung mindestens 14 Stunden pro Woche stattfindet. In der Regel prüft die Pflegeversicherung, welcher Pflegeaufwand tatsächlich notwendig ist.

Der Vorteil für die Pflegenden ist, dass die Rentenbeiträge, die von der Pflegekasse gezahlt werden, Pflichtbeiträge sind, die auf alle Mindestversicherungszeiten angerechnet werden.

Geht der Pflegende mehr als 30 Stunden pro Woche einer Erwerbstätigkeit nach, ist die Pflegekasse nicht zur Zahlung der Rentenbeiträge verpflichtet.

Scheiden tut weh

Erste Verliebtheit, die Entscheidung für ein gemeinsames Leben, der Gang zum Traualtar – das Leben kann ja so schön sein. Aber bei fast jedem zweiten Ehepaar ist nach einigen Jahren davon nicht mehr die Rede – beim Familiengericht wird die Scheidung eingereicht. Auch wenn es Mann und Frau, die wieder getrennte Weg gehen wollen, sicherlich nicht unbedingt gern hören – Versorgungsansprüche, die Ehepartner während ihrer Ehe erworben haben, werden beim Versorgungsausgleich als »gemeinschaftliche Lebensleistung« betrachtet. Und damit gehören sie bei der Eheauflösung beiden Partnern zu gleichen Teilen.

Die Regelungen zum Versorgungsausgleich gelten grundsätzlich entsprechend auch bei der Aufhebung einer eingetragenen Lebenspartnerschaft (§ 20 LPartG).

Auf die Familienrichter wartet eine schwirige Aufgabe, bei der sie erst einmal alle Versorgungsansprüche, die während der Ehe erworben oder aufrechterhalten wurden, zusammentragen müssen. Dazu gehören:

✔ Renten oder Rentenanwartschaften aus der gesetzlichen Rentenversicherung

✔ Versorgungen oder Versorgungsanwartschaften aus einem Beamtenverhältnis

✔ Renten oder Anwartschaften aus der betrieblichen Altersversorgung

✔ sonstige Renten oder Anwartschaften, unter anderem von berufsständischen Versorgungseinrichtungen, zum Beispiel für Ärzte, Apotheker oder Rechtsanwälte

✔ Renten oder Rentenanwartschaften aus einem privaten Versicherungsvertrag

Aufgeteilt werden dabei nur die Versorgungen, die zwischen dem Monat der Eheschließung und dem Monat der Rechtsanhängigkeit des Scheidungsantrags erworben oder aufrechterhalten wurden. Zuerst fordert das Familiengericht bei den beteiligten Versorgungsträgern die entsprechenden Informationen zu den ehezeitlichen Anwartschaften an, dann werden die verschiedenen Versorgungsarten zusammengezählt und anschließend aufgeteilt.

Nachdem das Familiengericht über den monatlichen Betrag entschieden hat, der übertragen wird, bekommt auch der Rentenversicherungsträger eine Ausfertigung des Scheidungsurteils. Alle Daten zum Versorgungsausgleich werden dann auf dem Versicherungskonto gespeichert und für die spätere Rente vorgemerkt.

In einem notariellen Ehevertrag können Ehepaare andere Entscheidungen treffen. Sie können sich beispielsweise darauf einigen, im Scheidungsfall ganz oder teilweise auf den Versorgungsausgleich zu verzichten. Selbst während des Scheidungsverfahrens haben Sie noch die Chance, den Versorgungsausgleich durch eine Parteivereinbarung einvernehmlich zu regeln. Eine solche Vereinbarung muss notariell beurkundet oder im Verfahren vor dem Familiengericht protokolliert werden. Damit ein gerechter Ausgleich zwischen den Ehepartnern gewährleistet ist, muss das Familiengericht dieser Parteivereinbarung zustimmen.

Mysterium Renteninformation

Post von Behörden, Ämtern und staatlichen Einrichtungen bekommt wohl niemand besonders gern. Wenn es allerdings um Ihr eigenes Geld oder Ihre finanzielle Vorsorge fürs Alter geht, sollten Sie schon einmal genau hinschauen. Die Deutsche Rentenversicherung verschickt Jahr für Jahr rund 42 Millionen Renteninformationen an alle Versicherten, die mindestens 27 Jahre alt sind. Sie soll den Empfängern sagen, mit wie viel gesetzlicher Rente sie im Alter rechnen können.

Gleichzeitig können Sie der Renteninformation entnehmen, wie groß Ihre Versorgungslücke im Alter wohl sein wird. Und damit haben Sie einen wichtigen Anhaltspunkt für Ihre privaten Vorsorgeplanungen. In der Renteninformation finden sich zahlreiche Informationen, im Einzelnen:

✔ die Summe aller Beiträge, die Sie bereits eingezahlt haben. Auch die Beiträge Ihres Arbeitgebers und eventuell weiterer Stellen können Sie dort nachlesen. Diese Verdienste werden in sogenannte Entgeltpunkte umgerechnet, die später die Grundlage für die Berechnung Ihrer späteren Rente darstellen,

✔ die Höhe einer möglichen Rente wegen voller Erwerbsminderung und die Höhe Ihrer künftigen Altersrente nach heutigem Stand. Die Renteninformation zeigt Ihnen zunächst die aktuelle Höhe Ihrer Altersrente zu dem Zeitpunkt, an dem Sie die Regelaltersgrenze erreichen. Die Höhe der Altersrente ist ausgewiesen für den Fall, dass Sie keine weiteren rentenrechtlichen Zeiten sammeln. Die Rentenversicherung geht allerdings davon aus, dass Sie weiter fleißig arbeiten und noch weitere Beiträge einzahlen werden. Bei der Rentenhochrechnung wird davon ausgegangen, dass Sie weiterhin so viele Entgeltpunkte sammeln werden wie im Durchschnitt der vergangenen fünf Jahre.

✔ In der Rubrik Rentenanpassung wagt die Rentenversicherung einen Blick in die ungewisse Zukunft – und unterstellt bei ihren Hochrechnungen, dass die Renten jährlich um ein bzw. zwei Prozent erhöht werden.

In ihren Hochrechnungen ist die Deutsche Rentenversicherung in den vergangenen Jahren sehr viel vorsichtiger geworden. Noch bis 2004 wurden jährliche Rentenerhöhungen von 3,5 Prozent in die Hochrechnung aufgenommen. Ab 2006 gingen die Rentenversicherer von Steigerungssätzen von 1,5 und 2,5 Prozent aus. Aktuell werden die jährlichen Anpassungen mit 1,0 und 2,0 Prozent pro Jahr genannt.

Versicherte ab 54 Jahren bekommen statt der jährlichen Renteninformation nur noch alle drei Jahre eine Rentenauskunft mit weitergehenden Informationen. Dazu gehören beispielsweise Angaben zu der Frage, ob bereits ein Anspruch auf Rente wegen Arbeitslosigkeit oder nach Altersteilzeit besteht, wie hoch die Hinterbliebenenrente im Todesfall des Versicherten wäre oder wie viel der Empfänger einer Erwerbsminderungsrente hinzuverdienen darf. Auf Antrag kann der Versicherte auch erfahren, wie viel Beitrag er nachzahlen müsste, um Rentenabschläge auszugleichen.

Überprüfen Sie Ihre Renteninformation auf jeden Fall, vor allem auf Lücken. Wenn beispielsweise Zeiten der Kindererziehung oder Arbeitslosigkeit auf dem Rentenkonto fehlen, beantragen Sie bei Ihrem Rentenversicherer eine Kontenklärung. Und fragen Sie gleich nach, welche Nachweise für eine Korrektur erforderlich sind.

Abschied in den Ruhestand

Natürlich sollten Sie nicht alle Entscheidungen von Ämtern und Behörden widerspruchslos hinnehmen, zumal wenn sie richtig Geld kosten oder Ihre mühsam aufgebaute finanzielle Vorsorge schmälern. Jährlich klagen inzwischen nach Angaben der Deutschen Rentenversicherung mehr als 330.000 Rentner, weil sie sich von ihrem Rentenversicherungsträger benachteiligt oder falsch behandelt fühlen.

Allein beim Rentenbescheid, der Rentenanspruch, Anspruchsart, Anspruchsdauer und Rentenhöhe feststellt, gibt es häufig Grund zum Widerspruch. In rund 40 Prozent der Fälle bekommen die Versicherten Recht von den Sozialgerichten – und damit in der Regel auch mehr Geld, meistens sogar rückwirkend.

Viele Widersprüche sind aktuell noch anhängig und laufen als Musterklagen teilweise bis zum Bundesverfassungsgericht. Nicht vertrauen sollten Sie darauf, dass die Rentenversicherung nach neuen richterlichen Entscheidungen von sich aus reagiert. Nicht einmal im persönlichen Beratungsgespräch müssen die Rentenkassen auf mögliche Vorteile der Versicherten hinweisen. Sie müssen nur auf Nachfragen wahrheitsgemäße Aussagen machen. Mehr über laufende Musterklagen erfahren Sie zum Beispiel beim VdK Deutschland oder dem Sozialverband Deutschland.

Ist der Versicherte oder Rentner mit einer Verwaltungsentscheidung, zum Beispiel seinem Rentenbescheid, nicht einverstanden, kann er innerhalb eines Monats Widerspruch beim Rentenversicherungsträger einlegen. Eine entsprechende Rechtsbehelfsbelehrung findet sich in jedem Bescheid. Wenn sie in Schreiben des Versicherungsträgers nicht enthalten oder unrichtig ist, verlängert sich die Widerspruchsfrist sogar auf 12 Monate.

Rentenalter in weiter Ferne

Längst nicht jeder Arbeitnehmer hat wirklich Lust, mit 58 oder 61 Jahren noch Tag für Tag zur Arbeit zu gehen. Doch Versuche, schon vorher aus dem Trott auszusteigen und in Rente zu gehen, sind bei den Rentenversicherungsträgern nicht gern gesehen. Da die gesetzliche Rente nach dem Umlageverfahren erhoben wird, werden die zahlenden Versicherten möglichst lange gebraucht.

Schon vorher kaputt

Früher hieß es Erwerbsunfähigkeit, seit 2001 wird zwischen teilweiser und voller Erwerbsminderung unterschieden. Und für die beiden Begriffe hat der Gesetzgeber dann auch gleich zwei Definitionen mitgeliefert:

- ✔ **Teilweise erwerbsgemindert** sind Versicherte, die wegen Krankheit oder Behinderung auf nicht absehbare Zeit außerstande sind, unter den üblichen Bedingungen des allgemeinen Arbeitsmarkts mindestens sechs Stunden täglich erwerbsfäh zu sein.

- ✔ **Voll erwerbsgemindert** sind Versicherte, die unter den gleichen Bedingungen mindestens drei Stunden täglich erwerbstätig sein können.

Eine gesetzliche Rente von der Deutschen Rentenversicherung bekommen Versicherte allerdings nur, wenn sie in den letzten fünf Jahren vor dem Eintritt der Erwerbsminderung drei Jahre lang Pflichtbeiträge eingezahlt und vor Eintritt der Erwerbsminderung die allgemeine Wartezeit erfüllt haben. In bestimmten Fällen ist dieser Zeit-Nachweis allerdings auch nicht erforderlich, so zum Beispiel bei einem Arbeitsunfall oder einer Berufskrankheit.

Die Rentenzahlungen wegen Erwerbsminderung sind zeitlich befristet auf höchstns drei Jahre, eine Wiederholung der Befristung ist allerdings möglich.

Ist es auf Dauer unwahrscheinlich, dass die Erwerbsminderung behoben wird, kann von einer Befristung der Rentenzahlung abgesehen werden.

Eine Rente wegen Erwerbsminderung kann auch ganz oder teilweise gestrichen werden, wenn der Versicherte zuviel Geld hinzuverdient. Dabei werden die jeweiligen Hinzuverdienstgrenzen individuell ermittelt.

Die Renten wegen teilweiser oder voller Erwerbsminderung reichen in der Regel nicht aus. Für die private finanzielle Vorsorge ist eine Berufsunfähigkeitsversicherung, gerade in jungen Jahren, deshalb unumgänglich.

Altersteilzeit – ein Auslaufmodell

In Zeiten, als Arbeitgeber ihre älteren Arbeitnehmer gern loswerden und durch jüngeres Personal ersetzen wollten, dachten sich die üblichen Verdächtigen die Altersteilzeitarbeit aus, die den gleitenden Übergang vom Berufsleben in den Ruhestand fördern soll. Danach können Arbeitnehmer mit 55 Jahren ihre Arbeitszeit um die Hälfte vermindern, müssen aber weiterhin versicherungspflichtig in der Arbeitslosenversicherung bleiben. Der Arbeitgeber zahlt Aufstockungsbeträge zum Arbeitsentgelt (mindestens 20 Prozent des Brutto-Teilzeitarbeitsentgelts) und leistet zusätzlich Beiträge zur Rentenversicherung (grundsätzlich 80 Prozent des Arbeitsentgelts für die Altersteilzeitarbeit).

Wird der dadurch frei werdende Arbeitsplatz durch einen Arbeitslosen oder Auszubildenden neu besetzt, erhält der Arbeitgeber hierfür einen Zuschuss der Bundesagentur für Arbeit. Aber für die Altersrente wegen Altersteilzeitarbeit ist die Wiederbesetzung des frei werdenden Arbeitsplatzes nicht Voraussetzung.

Gesetzlich geregelt sind nur die Rahmenbedingungen für die Altersteilzeit. Einen grundsätzlichen Anspruch darauf gibt es nicht. Letztendlich sind Tarifverträge oder der Arbeitgeber für entsprechende Regelungen zuständig.

Arbeitnehmer, die sich bereits früh in die Rente verabschieden wollten, haben das Altersteilzeitmodell gern genutzt, aber aktuell werden alle Frührenten Stück für Stück abgeschafft oder erschwert. Deshalb können nur noch wenige Jahrgänge über Altersteilzeit früher in Rente gehen. Überdies müssen Interessenten beachten, dass sie zwar noch die Altersteilzeit nutzen können, aber bereits vom späteren Rentenbeginn betroffen sein werden.

Entscheidend für die Altersteilzeit ist der 31. Dezember 2009. Bis dahin muss die Altersteilzeit spätestens begonnen, nicht beendet worden sein. In diesem Fall endet die Altersteilzeit, die für maximal zehn Jahre gewählt werden kann, spätestens im Jahre 2019. Wer also spätestens in diesem Jahr 55 Jahre alt wird und Altersteilzeit beanspruchen möchte, kommt damit bis zum 65. Geburtstag und somit bis zum normalen Rentenalter.

Bis dass der Tod euch scheidet: Witwen- und Waisenrente

Natürlich planen Paare ihre finanzielle Vorsorge und den Ruhestand gemeinsam. Aber häufig vergessen Ehepaare, unverheiratete Paare oder eingetragene Lebenspartner bei der Wahl des Vorsorge-Produkts, dass es nur einem Partner hilft und der andere unter Umständen leer ausgeht. Was nützt es also verliebten Paaren, die an eine gemeinsame Zukunft glauben, wenn fast alles auf den Partner oder die Partnerin abgeschlossen wird und er oder sie dann stirbt?

Bei der gesetzlichen Rentenversicherung beispielsweise gibt es Hinterbliebenenrenten nur für Witwen, Witwer und Waisen. Seit 2005 sind auch eingetragene Lebenspartnerschaften mit einbezogen. Hinterbliebene, die unverheiratet waren, haben keinen Anspruch.

Die Witwen- oder Witwerrente fällt weg, wenn der überlebende Ehegatte wieder heiratet. Auf Antrag wird dann eine Rentenabfindung gezahlt, die das 24-fache des durchschnittlichen Monatsbetrages der zuletzt gezahlten Rente beträgt. Wenn die neue Ehe schief geht, besteht ein Anspruch auf Witwen- oder Witwerrente aus der vorletzten Ehe.

Nach Angaben der Deutschen Rentenversicherung bekommen aktuell fast fünf Millionen Hinterbliebene Witwen- oder Witwerrente, die meisten davon die sogenannte große Witwenrente.

Anspruch auf große Witwen- oder Witwerrente besteht, wenn der überlebende Ehegatte

- ✔ ein Kind erzieht, das noch nicht 18 Jahre alt ist,
- ✔ das 45. Lebensjahr vollendet hat oder
- ✔ teilweise oder voll erwerbsgemindert ist.

Bis 2011 gilt das 45. Lebensjahr, bei Todesfällen in den Jahren 2012 bis 2028 wird es stufenweise auf 47 Jahre angehoben.

Auch geschiedene Ehegatten können diese Rente noch bekommen, wenn ihre Ehe vor dem 1.7.1977 geschieden wurde und sie danach nicht wieder geheiratet haben.

Wenn die Voraussetzungen für die große Witwen- oder Witwerrente nicht erfüllt sind, besteht ein Anspruch auf die kleine Witwen- oder Witwerrente. Sie wird nur für 24 Monate nach Ablauf des Todesmonats gezahlt, kann aber auch auf Dauer geleistet werden, wenn ein Ehepartner vor dem 2.1.1962 geboren wurde.

Kinder haben nach dem Tod von Vater oder Mutter einen Anspruch auf Waisenrente, im Allgemeinen bis zur Vollendung des 18. Lebensjahres, bei Schul- und Berufsausbildung darüber hinaus längstens bis zum 27. Lebensjahr.

Was am Ende rauskommt

In diesem Kapitel

▸ Was die gesetzliche Rente im Alter bringt

▸ Wie sich die Höhe der gesetzlichen Rente errechnet

▸ Welche Alternativen sich bei der finanziellen Vorsorge für den Ruhestand ergeben

---

Spätestens die schwere Finanzmarktkrise hat die Gewichte in der gesellschaftlichen Diskussion merklich verschoben. Die gesetzliche Rente hat wieder an Ansehen gewonnen. Selbst Dauerkritiker wie der Freiburger Finanzwissenschaftler und Rentenexperte Bernd Raffelhüschen loben inzwischen das traditionelle Rentensystem, das bereits so lange funktioniert. »Wir alle können stolz auf ein Rentensystem sein, das mehr als hundert Jahre funktioniert hat«.

Und Verbraucherschützer von Stiftung Warentest kommen bei ihren Berechnungen darauf, das die finanzielle Vorsorge für das Alter zwar bei der gesetzlichen Rentenversicherung keine rekordverdächtigen Renditen erzielt und in den nächsten Jahren drastisch sinken wird, aber – nach derzeitigem Rentenrecht – voraussichtlich für alle positiv bleiben werden, die bis 2070 in Rente gehen.

Wie viel die gesetzliche Rentenversicherung bei unterschiedlichen Rentenarten, verschiedenen Beitragsjahren und ungewissen Rahmenbedingungen in den nächsten Jahren bringen wird, ist allerdings ungewiss.

Beitragszeiten: Punkt für Punkt

Basis für jede Rentenberechnung in Euro und Cent sind die Entgeltpunkte für Beitragszeiten. Sie spiegeln das Arbeitsleben des Versicherten wider und sind der Verhältniswert, in dem seine Arbeitsverdienste zu den durchschnittlichen Arbeitsverdiensten aller Arbeitnehmer stehen. Wer in einem Jahr genau den Arbeitsverdienst hat, der dem durchschnittlichen Arbeitsverdienst dieses Jahres entspricht, bekommt auf seinem Versicherungskonto einen Entgeltpunkt. Wer das 40 Jahre lang tut, hat dann 40 Entgeltpunkte.

Die persönlichen Entgeltpunkte setzen sich zusammen aus Punkten für

✔ Beitragszeiten

✔ beitragsfreie Zeiten

✔ Zuschlägen für beitragsgeminderte Zeiten

✔ Zu- oder Abschlägen aus einem durchgeführten Versorgungsausgleich oder Rentensplitting, zum Beispiel bei einer Scheidung

✔ Zuschlägen aus Zahlung von Beiträgen bei vorzeitiger Inanspruchnahme einer Rente wegen Alters oder bei Abfindung von Anwartschaften auf betriebliche Altersversorgung

✔ Zuschlägen an Entgeltpunkten für Arbeitsentgelt aus geringfügiger versicherungsfreier Beschäftigung

✔ Arbeitsentgelt aus nicht gemäß einer Vereinbarung über flexible Arbeitszeitregelungen verwendeten Wertguthaben

✔ Zuschlägen an Entgeltpunkten aus Beiträgen nach Beginn einer Rente wegen Alters

Anschließend wird die Summe dieser Punkte mit einem so genannten Zugangsfaktor multipliziert. Dieser Faktor richtet sich nach dem Alter bei Rentenbeginn und bestimmt, in welchem Umfang Entgeltpunkte bei der Ermittlung der monatlichen Rente zu berücksichtigen sind. Zum Glück beträgt er im Normalfall 1. So errechnen sich die Abschläge, die ein Versicherter bei seiner Rente in Kauf nehmen muss, wenn er schon vorzeitig in den Ruhestand gehen möchte.

Der Zugangsfaktor wird bei vorgezogenem Rentenbeginn um 0,3 % für jeden Monat des Rentenbezugs vor dem 67. Lebensjahr gemindert. Wird die Rente nach dem 67. Lebensjahr in Anspruch genommen, dient der Zugangsfaktor dazu, die Rente entsprechend zu erhöhen, und zwar um 0,5 % pro Monat des späteren Rentenbeginns.

Schwierige Rentenformel

Mit den persönlichen Entgeltpunkten haben Sie zumindest schon einmal den ersten Faktor für die komplizierte Rentenformel ermittelt, die Ihnen Aufschluss über die finanziellen Vorsorgefrüchte Ihres Arbeitslebens geben kann. Aber ganz so einfach ist es denn doch nicht, selbst Experten der Deutschen Rentenversicherung bezeichnen die Rentenformel als kompliziert.

Neben den persönlichen Entgeltpunkten brauchen Sie für eine Berechnung noch den Rentenartfaktor und den aktuellen Rentenwert.

So errechnet sich die monatliche Rente:
Persönliche Entgeltpunkte × Rentenartfaktor × aktueller Rentenwert = Monatsbeitrag der Rente

Endergebnis dieser Rentenformel ist die Bruttorente. Wenn der Rentner kranken- und pflegeversicherungspflichtig ist, werden seine Beitragsanteile oder Beiträge zur Kranken- und Pflegeversicherung von der Rente einbehalten. Am Ende verbleibt dann die Nettorente.

Verschiedene Leben – verschiedene Renten

Zweiter Faktor der Rentenformel ist der Rentenartfaktor, der die unterschiedlichen Sicherungsziele der einzelnen Rentenarten berücksichtigt. Zum besseren Verständnis sollten Sie sich noch einmal klar machen, dass es bei der gesetzlichen Rentenversicherung nicht nur um das Ansparen der eigenen Altersvorsorge geht.

5 ➤ Was am Ende rauskommt

Die gesetzliche Rente ist kein bloßes Sparprodukt, sondern Altersvorsorge plus Versicherung. Sie dient zur Absicherung von Hinterbliebenen, zur Versicherung des Risikos der Erwerbsminderung und zur Finanzierung von Rehabilitationsmaßnahmen.

Zahlungen der gesetzlichen Rentenversicherung werden daher nach Rentenarten unterschieden:

Renten wegen Alters, im Einzelnen:

- ✔ Regelaltersrente
- ✔ Altersrente für langjährig Versicherte
- ✔ Altersrente für schwerbehinderte Menschen
- ✔ Altersrente für besonders langjährig Versicherte
- ✔ Altersrente für langjährig unter Tage beschäftigte Bergleute
- ✔ Altersrente wegen Arbeitslosigkeit
- ✔ Altersrente nach Altersteilzeit
- ✔ Altersrente für Frauen

Renten wegen verminderter Erwerbsfähigkeit, im Einzelnen:

- ✔ Rente wegen teilweiser Erwerbsminderung
- ✔ Rente wegen voller Erwerbsminderung

Rente für Bergleute

Renten wegen Todes, also

- ✔ Witwen- oder Witwerrente
- ✔ Waisenrente

Mit dem Rentenartfaktor werden bei der Rentenformel dann die unterschiedlichen Sicherungsziele sehr unterschiedlich gewichtet. Im Einzelnen gibt es folgende Faktoren:

- ✔ Bei Waisenrenten beträgt der Faktor nur 0,1 (bei Halbwaisen) oder 0,2 (bei Vollwaisen).
- ✔ Für die kleine Witwen- oder Witwerrente beträgt der Rentenartfaktor 0,25. Bis zum Ende des dritten Monats nach dem Monat, in dem der Ehepartner verstorben ist, wird bei der kleinen wie bei der großen Witwen- oder Witwerrente allerdings der Faktor 1,0 berechnet. Damit soll in dieser Sterbeübergangszeit eine Rente in Höhe der Altersrente gezahlt werden.
- ✔ Für die große Witwen- und Witwerrente beträgt der Rentenartfaktor 0,6, in bestimmten Fällen nur noch 0,55.
- ✔ Bei der Rente wegen teilweiser Erwerbsminderung wird ein Faktor von 0,5 zugrunde gelegt, weil noch eine Teilzeitarbeit ausgeübt werden kann.

✔ Für die Rente wegen voller Erwerbsminderung hingegen beträgt der Faktor 1,0.

✔ Auch bei der Altersrente ist die Höhe des Rentenartfaktors auf das volle Sicherungsziel ausgerichtet. Er beträgt deshalb 1,0.

Sicherheit zuerst

Während Sie sich die beiden ersten Faktoren der Rentenformel mit etwas Geschick und Geduld noch selbst ausrechnen können, ist der dritte Faktor von der Deutschen Rentenversicherung vorgegeben.

Abhängig ist der aktuelle Rentenwert dabei jeweils von der Lohn- und Gehaltsentwicklung der versicherten Beschäftigten, also der Bruttolohn- und Bruttogehaltssumme, vom Beitragssatz zur allgemeinen Rentenversicherung und dem so genannten Nachhaltigkeitsfaktor.

Der Nachhaltigkeitsfaktor soll die Relation von Rentenbeziehern zu Beitragszahlern wiedergeben. Damit soll die Entwicklung der Lebenserwartung, der Geburten und der Erwerbstätigen berücksichtigt werden. Je stärker also die Anzahl von Rentenempfängern gegenüber der Anzahl von Beitragszahlern steigt, desto größer wird der Nachhaltigkeitsfaktor und desto geringer werden die Renten angepasst. Wenn allerdings die Zahl der Beitragszahler wächst, steigen auch die Renten.

Die Höhe des aktuellen Rentenwertes wird jährlich, jeweils zum 1. Juli eines jeden Jahres, überprüft und angepasst. Solange noch unterschiedliche Einkommensverhältnisse in den alten und neuen Bundesländern bestehen, gibt es jeweils verschiedene aktuelle Rentenwerte für West und Ost.

Der aktuelle Rentenwert beträgt seit 1.7.2008 in den alten Bundesländern 26,56 Euro, in den neuen Bundesländern 23,34 Euro.

Ärger über letzte Erhöhung

Deutschlands Rentner werden in der gesetzlichen Rentenversicherung seit Jahren kurz gehalten. Eine Übersicht über die Rentenanpassungen der vergangenen Jahre macht das deutlich:

✔ 2004: 0 Prozent

✔ 2005: 0 Prozent

✔ 2006: 0 Prozent

✔ 2007: 0,54 Prozent

Da sich aber die Proteste der Rentenempfänger und Sozialpolitiker deutlich mehrten, erhielten die Rentner im vergangenen Jahr 1,1 Prozent zusätzlich, für 2009 hat der Schätzerkreis sogar eine Erhöhung um 2,75 Prozent angekündigt. Allerdings wird über die Höhe der Rentenanpassung 2009 endgültig erst im Frühjahr 2009, also nach Drucklegung, entschieden.

Zwar hatte 2003 die damalige rot-grüne Bundesregierung einen neuen, so genannten Riester-Faktor in die Rentenberechnung eingeführt. Er mindert die Rentenerhöhungen jeweils um 0,6 Prozentpunkte, wurde jedoch von der Bundesregierung für einige Jahre ausgesetzt. Bei der Bevölkerung fand die außerplanmäßige Erhöhung der Renten Beifall. So antworteten auf die Frage »Ist es richtig, dass die Renten stärker steigen als ursprünglich geplant?« bei einer Allensbach-Umfrage 80 Prozent mit »ja«. Das sagten im April 2008 nicht nur die Älteren zu 91 Prozent, sondern auch die unter 30-Jährigen zu immerhin 58 Prozent. Selbst wenn den Befragten Argumente für und gegen die Erhöhung vorgelegt wurden, blieb der größere Teil (65 Prozent) bei seiner positiven Einstellung zur geplanten Rentenerhöhung.

Höhere Renten kann sich das Land in den kommenden Jahren nur erlauben, wenn die Beitragssätze für die Pflichtversicherung weiterhin hoch bleiben und erst ab 2013 geringfügig sinken werden. Auch der notwendige Bundeszuschuss für die gesetzliche Rente kann durch die jüngsten Erhöhungen der Rente nicht, wie geplant, sinken, sondern wird voraussichtlich in den Jahren 2011 und 2012 steigen.

Stabile Rendite erreicht

Kritik an der Rendite der gesetzlichen Rente gibt es seit Jahren immer wieder. Zu einem heftigen öffentlichen Streit kam es im August 2008 erneut, als das von Banken finanzierte Institut für Altersvorsorge (DIA) neue Berechnungen vorlegte. Seit 1970 hätten sich die Renditeerwartungen der gesetzlichen Rentenversicherung für Standardrentner aller Jahrgänge um fünf bis sechs Prozentpunkte verschlechtert, so die Studie.

Dass die gesetzliche Rente renditeschwächer als andere Methoden der finanziellen Vorsorge sein kann, war bekannt, doch sie galt schon immer, auch bereits vor der internationalen Finanzmarktkrise, als risikoärmer.

Im Jahr 2008 kam die Deutsche Rentenversicherung bei ihren Berechnungen zu folgenden Zahlen.

> »Für die untersuchten Rentenzugänge der Jahre 2008, 2010, 2020, 2030 und 2040 bleiben die internen Renditen der gesetzlichen Rentenversicherung deutlich positiv. Die Rendite für die Rentenzugänge des Jahres 2008 für ledige Männer liegt bei rund 3,5 Prozent und für Frauen und verheiratete Männer bei rund 4,1 Prozent. Für die Rentenzugänge der Jahre 2020, 2030 und 2040 ergeben sich jeweils fast identische Renditen von rund 2,8 Prozent für ledige Männer und 3,3 Prozent für Frauen und verheiratete Männer. Unter dem Gesichtspunkt der Rendite zeigt sich damit eine weitgehende Gleichbehandlung der heute 30- bis 50-jährigen Versicherten.«

Zwar kamen auch Verbraucherschützer zu dem Fazit »Ein Plus bleibt immer«, aber auf das sinkende Rentenniveau weisen auch sie regelmäßig hin. Während sich ältere Jahrgänge ihre Rentenansprüche in Jahren mit niedrigen Beitragssätzen billig erwerben konnten, müssen jüngere Versicherte mit deutlichen Verschlechterungen rechnen. Stiftung Warentest meint:

> »Das Bruttorentenniveau wird für die Jüngeren bis zum Jahr 2030 drastisch nach unten gehen: Ein Modellrentner, der 45 Jahre lang durchschnittlich verdient und Beiträge bezahlt hat, bekommt als Rente vor Abzug von Steuern und Sozialbeiträgen dann nur noch knapp 40 Prozent des durchschnittlichen Bruttolohns, zur Zeit sind es 48 Prozent.«

Im Renten-Wirrwarr

Wer nun meint, mit der richtigen Altersrenten sei alles ganz einfach, hat sich getäuscht. Für jeden Versicherten gelten unterschiedliche Zugangsbedingungen, je nachdem welchen Lebensweg er eingeschlagen hat. Also müssen sich angehende Ruheständler rechtzeitig und definitiv für eine der zahlreichen Rentenvarianten entscheiden.

Ob Ehepartner, Arbeitgeber oder Bankverbindung – wenn Sie in diesen Fällen eine falsche Entscheidung getroffen haben, können Sie es rückgängig machen und wechseln. Bei der Altersrente geht das nicht. Wenn Sie sich für eine bestimmte Variante entschieden haben, ist es später nicht mehr möglich, in eine andere Altersrente zu wechseln.

Bei fast allen Rentenvarianten wurden n den vergangenen Jahren die Bedingungen, Altersgrenzen, Beitrags- und Wartezeiten geändert, in der Regel zum Schlechteren. Prinzipiell gibt es zurzeit folgende Rentenarten:

✔ Regelaltersrente

✔ Altersrente für besonders langjährig Versicherte

✔ Altersrente für langjährig Versicherte

✔ Altersrente für Frauen

✔ Altersrente wegen Arbeitslosigkeit oder nach Altersteilzeitarbeit

✔ Altersrente für schwerbehinderte Menschen

In der Regel immer länger

An den Rentenbeginn mit 65 Jahren hatten sich die Versicherten in den letzten Jahren gewöhnt, doch bald ist damit Schluss. Von 2012 an wird die so genannte Regelarbeitszeit, beginnend mit dem Jahrgang 1947, schrittweise erhöht. Versicherte mit dem Geburtsjahr 1952 müssen schon 65 1/2 Jahre durchhalten, ehe sie Rente bekommen, Versicherte mit dem Geburtsjahrgang 1958 müssen bis 66 arbeiten und beim Jahrgang 1964 wird das Renteneintrittsalter auf 67 Jahre angehoben.

Anspruch auf die Regelaltersrente haben Versicherte, wenn sie die allgemeinen Wartezeiten von fünf Jahren erfüllt haben. Dazu gehören vor allem eigene Beitragszeiten und Zeiten aus einem Versorgungsausgleich.

Falls Sie die Regelaltersgrenze erreicht haben und noch keine Rente beantragen, erhöht sich ihr Rentenanspruch - auch ohne weitere Beitragszahlung. Für jeden Monat, in dem Sie die Rente nach Erreichen der Regelaltersgrenze nicht in Anspruch nehmen, gibt es einen Rentenzuschlag von 0,5 Prozent, nach einem Jahr immerhin also 6,0 Prozent.

Schwerbehinderte Arbeitnehmer durften bisher mit 63 in die Rente wechseln, doch alle, die 1952 oder später geboren wurden, müssen länger durchhalten. Schwerbehinderten, die 1964 oder später zur Welt kamen, steht ein normaler Rentenbeginn mit 65 bevor, frühestens können sie mit 62 Jahren und einem Rentenabschlag von 10,8 Prozent in den Ruhestand gehen.

Auch bei der Altersrente für langjährig Versicherte, die mindestens 65 Jahre alt sind und eine Wartezeit von 35 Jahren mitbringen, wird ab 2014 das Eintrittsalter stufenweise von 65 auf 67 Jahre angehoben. Und bei der Altersrente für langjährig unter Tage beschäftigte Bergleute steigt die Altersgrenze von 60 auf 62 Jahre.

Selbst vor den Hinterbliebenen- und Erwerbsminderungsrenten haben die Politiker nicht Halt gemacht. Bei der großen Witwen- oder Witwerrente erhöht sich das Alter, ab dem Sie altersbedingt die Rente erhalten können, um zwei Jahre von 45 auf 47.

Wer früher in den Ruhestand gehen und dennoch nicht auf Teile der Rente verzichten möchte, kann Rentenpunkte kaufen und so die Abschläge ausgleichen. Nach heutigem Stand müssen für 50 Euro Extra-Rente rund 12.000 Euro eingezahlt werden. Dieser Sondereinsatz zahlt sich für einen Rentner allerdings nur aus, wenn die Rente mindestens 20 Jahre lang bezahlt wird. Wer sich den gleichen Betrag über 20 Jahre per Entnahmeplan von einer Bank mit lediglich vier Prozent Zins auszahlen lässt, kommt auf 120 Euro monatliche Extra-Rente. Aber im Einzelfall kann die gesetzliche Rente von Vorteil sein, denn sie fließt bis zum Lebensende, auch in höherem Alter.

Auslaufmodelle – und etwas Neues

Bei der Altersrente wegen Arbeitslosigkeit oder nach Altersteilzeitarbeit, die nach Angaben der Rentenversicherung von mehr als zwei Millionen Menschen genutzt wird, wird die Altersgrenze für das Mindestalter seit 2006 schrittweise immer höher. Versicherte, die zwischen Januar 1949 und Dezember 1951 geboren wurden, müssen dann bis zum 63. Geburtstag arbeiten und einen Rentenabschlag von 7,2 Prozent in Kauf nehmen, wenn sie vorzeitig in Rente gehen wollen.

Ganz abgeschafft wird die vorgezogene Altersrente für Frauen. Nur noch weibliche Versicherte bis zum Geburtsjahrgang 1951 können die bisherige Altersgrenze von 60 Jahren nutzen und mit einem satten Rentenabschlag von 18,0 Prozent in Rente gehen. Sie müssen allerdings auch mindestens 15 Jahre Versicherungszeit erfüllt und nach ihrem vollendeten 40. Lebensjahr mehr als zehn Jahre Pflichtbeiträge gezahlt haben.

Wer sich für besonders schlau hält und meint, die zum Teil kräftigen Rentenabschläge bei einem früheren Rentenbeginn durch einen Hinzuverdienst spielend ausgleichen zu können, kann sich täuschen. Nur wer die Regelaltersrente bekommt, kann unbegrenzt dazu verdienen. Bei allen anderen Altersrenten sind bis zum Erreichen der Regelaltersgrenze Hinzuverdienstgrenzen zu beachten. Wer sich daran nicht hält, muss im schlimmsten Fall mit dem Wegfall der Rente rechnen.

Wenn die Rente nicht reicht

Genaue, aktuelle Zahlen zur finanziellen Situation von Rentnern und Pensionären zu finden, ist schon schwierig genug. Prognosen über die weitere Entwicklung der Einkommenssituation von älteren Menschen sind fast unmöglich. Und nach jeder neuen Veröffentlichung von Armuts- und Alterssicherungsberichten der Bundesregierung oder wissenschaftlichen Schätzungen wie der Studie Altersvorsorge in Deutschland (AVID) regt sich heftige Kritik bei Parteien, Verbänden und Interessengruppen.

Wir müssen Sie also warnen: Genauere Daten und Prognosen zu der Frage, wie weit die gesetzliche Rente im Alter reichen wird, können wir Ihnen nicht liefern. Aber schon diese letztlich ungesicherten und ungewissen Angaben machen deutlich, dass auf jeden, der es noch nicht in den Ruhestand geschafft hat, wohl deutlich miesere Zeiten zukommen als auf die Rentner und Pensionäre von heute.

Zurzeit liegen die Nettoeinkommen von Rentnern, so jedenfalls die Angaben des Sozioökonomischen Panels, das auf einer Stichprobe von 12.000 Haushalten beruht, nicht weit von denen der Arbeitnehmer entfernt. Noch 2003 (neuere Zahlen gibt es nicht) hatten Rentner im Schnitt ein Einkommen von 20.218 Euro je Person, das waren 104,5 Prozent des Durchschnittseinkommens der Gesamtbevölkerung von 19.347 Euro. Eltern von einem Kind unter drei Jahren erreichten nur 83,6 Prozent, und alleinerziehende Frauen mussten sich mit zwei Dritteln davon zufrieden geben.

Von den Rentnern galten 2003 nur 7,8 Prozent als arm, von den mehr als 20 Millionen Ruheständlern waren nur 370.000 auf die staatliche Grundsicherung angewiesen. Inzwischen hat sich die Zahl verdoppelt, und die bisherigen Rentenreformen werden die Altersarmut deutlich befördern. Wären die bereits beschlossenen Rentenreformen heute schon voll wirksam – das haben Wissenschaftler ausgerechnet – so erhielte der Eckrentner nur noch 900 Euro Rente – im Vergleich zu 1.200 Euro vor den Reformen.

Gerade die Menschen, die von Altersarmut bedroht sind, erreicht die Förderung des privaten Sparens und Vorsorgens nicht. Die acht Millionen ärmsten Haushalte in Deutschland schaffen es nicht zu sparen oder sie verschulden sich sogar. Die 4,2 Millionen reichsten Haushalte können dagegen 22 Prozent ihres Einkommens zur Seite legen. Auch Betriebsrenten eignen sich kaum als flächendeckender Armutsschutz: laut AVID haben nur 29 Prozent der Männer und 15 Prozent der Frauen eine solche.

So schlittern denn mehr und mehr Arbeitnehmer der Armut im Alter entgegen, wenn sie nicht rechtzeitig auf die ergänzende betriebliche und private Vorsorge achten oder achten können. Aber noch immer dienen in vielen Prognosen längst unrealistische Lebensläufe als Berechnungsbasis. So kritisieren die Autoren eines Gutachtens für die gewerkschaftsnahe Hans-Böckler-Stiftung:

> »Die Berechnungsbasis bilden sehr lange Erwerbszeiten von 45 Jahren, die keine Arbeitslosigkeit beinhalten, eine 100-prozentige Abdeckung durch Riester-Vorsorge sowie eine zusätzliche Privatrente.«

Altersarmut und ihre Folgen

Wenn das Normaleinkommen nicht reicht, müssen Menschen um Sozialhilfe betteln. Seit 2003 gibt es aber auch Leistungen der Grundsicherung als eigenständige Sozialleistung. Sie soll den grundlegenden Bedarf für den Lebensunterhalt der Menschen sicherstellen, die wegen Alters oder aufgrund voller Erwerbsminderung aus dem Erwerbsleben ausgeschieden sind und deren Einkünfte für den notwendigen Lebensunterhalt nicht ausreichen.

Insgesamt erhielten nach Angaben des Statistischen Bundesamtes im Jahre 2008 mehr als 730.000 Bedürftige diese Sozialleistung, die bei den Grundsicherungsämtern der Stadt- und Kreisverwaltungen beantragt werden können. Ausgezahlt wurden 2008 im Schnitt netto 385 Euro pro Monat.

Mit der Grundsicherung soll die Zahlung von Sozialhilfe vermieden werden. Auf den Unterhaltrückgriff gegenüber den Kindern und Eltern der Leistungsberechtigten wird weitgehend verzichtet. Dadurch soll eine der Hauptursachen verschämter Altersarmut beseitigt werden.

Die Grundsicherung soll den notwendigen Lebensunterhalt, Aufwendungen für Unterkunft und Heizung, Kranken- und Pflegeversicherungsbeiträge und den Mehrbedarf für bestimmte Personengruppen wie Schwerbehinderte abdecken. Dazu kann Hilfe in Sonderfällen genehmigt werden.

Als Faustregel für Rentner gilt, so Experten aus Sozialämtern: Wenn Ihr Einkommen unter 710 Euro liegt, sollten Sie prüfen, ob Sie Anspruch auf Grundsicherung haben.

Auch wer sich während seines aktiven beruflichen Lebens Mühe mit der finanziellen Vorsorge gegeben hat, dabei aber das eigene Einkommen und die Vorsorgemöglichkeiten in bestimmten Lebensphasen falsch eingeschätzt hat, kann sich unversehens in einem Grundsicherungs-Loch wieder finden. Die Behörden formulieren:

> »Wer die Bedürftigkeit in den letzten zehn Jahre vorsätzlich oder grob fahrlässig herbeigeführt hat, kann keine Grundsicherung erhalten. Dazu gehören zum Beispiel Personen, die ihr Vermögen verschenkt oder leichtfertig verloren haben, ohne für das Alter vorzusorgen. Auch wer im Ausland wohnt oder sich in einem Asylbewerberleistungsverfahren befindet, erhält keine Grundsicherung.«

Anders als bei der Sozialhilfe werden bei der Grundsicherung Unterhaltsansprüche gegenüber Kindern und Eltern nicht angerechnet, wenn deren jährliches Gesamteinkommen unter 100.000 Euro liegt. Hat ein Antragsteller auf Grundsicherung mehrere Kinder, darf jedes bis zu 100.000 Euro verdienen. Und auch die Einkünfte von weiteren Personen, die im Haushalt leben, werden nicht berücksichtigt.

Vermögen muss allerdings aufgebraucht werden, bevor die Grundsicherung beansprucht werden kann. Dazu gehören Bargeld, Sparguthaben, Wertpapiere, der eigene Pkw und Haus- oder Grundvermögen. Nicht zum Vermögen zählen hingegen Familien- oder Erbstücke, wenn deren ideeller Wert den Verkaufswert weit übersteigt, angemessener Hausrat und ein angemessenes Hausgrundstück. Als Wert des sogenannten Schonvermögens, das nicht verkauft werden muss oder gepfändet werden darf, geben die Sozialbehörden bei Alleinstehenden 2.600 Euro an, bei Verheirateten oder Partnern 3.214 Euro.

Grundsicherung gibt es nur auf Antrag. Die Zahlung erfolgt für zwölf Monate, dann muss ein neuer Antrag gestellt werden. Rückwirkend kann die Leistung nicht erfolgen.

Rentner ohne Ruhe(stand)

Ruhestand? Finanziell gut vorgesorgt? Für immer mehr Rentner m reichen Deutschland wird der Traum von finanzieller Sicherheit im Alter zum Alptraum. Und immer mehr Arbeitnehmer wissen bereits heute, dass sie durchaus von Altersarmut betroffen sein können.

So hatten nach Angabe des DGB München im Jahr 2007 allein in der Landeshauptstadt Bayerns rund 13.500 Menschen neben der Rente einen Minijob. Auch langjährig Versicherte müssten, so der DGB nach Auswertung von amtlichen Statistiken, im Durchschnitt mit einer monatlichen Rente von 1.443 Euro auskommen. Menschen, die zuletzt auf Hartz IV angewiesen waren, hätten in den westlichen Bundesländern 2007 eine Rente von nur 809 Euro bezogen. Das Amt für soziale Sicherung der Stadt München geht in einer Prognose sogar davon aus, das im Jahr 2020 24.000 Münchner im Rentenalter auf die staatliche Grundsicherung angewiesen sein werden.

Nach dem aktuellen Ruhestandsbarometer, das im Auftrag eines internationalen Versicherungskonzerns erstellt wurde, will jeder dritte deutsche Arbeitnehmer im Ruhestand einem bezahlten Job nachgehen. Im internationalen Vergleich belegen deutsche Arbeitnehmer jedoch nur einen der hinteren Ränge. In Japan planen der Umfrage zufolge 71 Prozent der Berufstätigen, im Ruhestand zu arbeiten. Auch in den USA und in Großbritannien geht jeweils mehr als die Hälfte der Befragten davon aus, in der Rente einer bezahlten Tätigkeit nachzugehen.

 Viele Rentner gehen nach wissenschaftlichen Untersuchungen allerdings auch im Alter nicht aus finanzieller Not, sondern aus Liebe zum Job einfach gern arbeiten. Gesundheitlich, so das Wissenschaftszentrum Berlin, sei Arbeit nach 65 oft kein Problem, das eigentliche Alter beginne im Schnitt erst ein bis zwei Jahrzehnte später als in früheren Zeiten. In der Politik habe deshalb eine allgemeine Trendumkehr stattgefunden. Jahrzehntelang wurden Anreize vom Sozialstaat so gesetzt, dass die »*Ruhestandsphase erstmals in der Geschichte zum Massenphänomen und zugleich zum eigentlichen Kennzeichen der Altersphase geworden sei*«.

Nach Angaben der Bundesagentur für Arbeit gingen Ende 2007 mehr als 700.000 Rentner aus den unterschiedlichsten Gründen einer Erwerbstätigkeit nach, 40 Prozent mehr als 2002. Laut Mikrozensus stieg gleichzeitig die Erwerbsquote der über 65-Jährigen auf 3,6 Prozent. Selbst das Statistische Bundesamt glaubt, dass die tatsächlichen Zahlen weit höher liegen dürften. Auch unter den Selbstständigen nahm die Gruppe der über 65-Jährigen stark zu. Sie lag Ende 2007 laut Mikrozensus bei 240.000 (im Jahre 2002 noch 172.000).

Nebenverdienst und seine Auswirkungen

Wenn es mit der finanziellen Vorsorge fürs Alter und die Zeit des Ruhestands nicht hundertprozentig geklappt hat, wollen oder müssen immer mehr Rentner noch etwas dazuverdienen – und wundern sich dann nicht selten, dass ihnen im Gegenzug die Rente gekürzt wird. Denn viele Rentner wissen nicht, dass sich in vielen Fällen die Hinzuverdienste rentenmindernd auswirken.

Tatsächlich dürfen nur die Rentner, die schon ihren 65. Geburtstag feiern konnten (in einigen Jahren den 67.), unbegrenzt hinzuverdienen. Die Art des Verdienstes, ob Minijob, Selbstständigkeit oder Honorareinnahmen, ist dabei egal.

Unbegrenzt hinzuverdienen heißt nicht automatisch steuer- und sozialversicherungsfrei. Unbegrenzter Hinzuverdienst bedeutet nur, dass die Rente nicht gekürzt wird. Aber Beiträge zur Kranken- und Pflegeversicherung und Steuern werden in vielen Fällen dennoch fällig.

Eine allgemeingültige Hinzuverdienstgrenze für Rentner gibt es dummerweise nicht. Zwar gibt es eine allgemeine Grenze für den Zusatzverdienst von 400 Euro pro Monat, aber die ist längst nicht für alle Arten der gesetzlichen Rente gültig. Auch die Konsequenzen für die weiteren Rentenzahlungen sind sehr unterschiedlich und zum Teil widersprüchlich.

Auch die allgemeine Hinzuverdienstgrenze von 400 Euro darf zweimal im Jahr bis zum Doppelten des zulässigen Monatseinkommens, also bis zur Grenze von 800 Euro, überschritten werden.

Am besten ist auf jeden Fall, wenn Sie vor dem Start in Ihren Zusatzjob die genaue Hinzuverdienstgrenze bei der Rentenversicherung klären. Und danach sprechen Sie sinnvollerweise mit Ihrem neuen Zusatz-Arbeitgeber, um die monatlichen Zahlungen und Zusatzleistungen detailliert festzulegen. Behalten Sie dabei immer warnend im Hinterkopf, dass die Rentenversicherung bei Überschreiten der für Sie zulässigen Hinzuverdienstgrenze die überzahlte Rente zurückfordert.

Weniger ist manchmal mehr

Wenn Rentner, denen eigentlich bereits ihre zustehende Rente zugesagt wurde oder bereits bezahlt wird, lieber in einem größeren Maße hinzuverdienen wollen als erlaubt, können sie für die Zeit der Nebenbeschäftigung freiwillig auf einen Teil der Rente verzichten.

Aber wie sollte es bei der gesetzlichen Rente anders sein: Die Berechnung Ihrer persönlichen Hinzuverdienstgrenze bei Teilrente ist höchst kompliziert. Denn diese Grenze richtet sich einerseits nach Ihrem persönlichen Verdienst in den letzten drei Jahren vor Rentenbeginn, andererseits nach dem Anteil der gewünschten Rente.

Auf dieser Basis können Sie eine Teilrente in Höhe von

✔ zwei Dritteln,

✔ der Hälfte oder

✔ einem Drittel der vollen Rente

wählen. Vor allem, wenn Sie in den drei Jahren vor Rentenbeginn nur wenig verdient haben oder keine Beiträge gezahlt haben, ist Ihre Hinzuverdienstgrenze natürlich höher.

Denken Sie bei einem Zusatzjob neben der Rente daran, dass bei Ihrem Extraverdienst auch noch weitere Rentenbeiträge gezahlt werden, die Ihre spätere volle Altersrente aufbessern.

Auf der Flucht vor den Kosten

Eigentlich eine einfache Rechenaufgabe: Da Sie nur das Geld ausgeben können, das Sie vorher, auf welche Weise auch immer, eingenommen haben, kann die persönliche Bilanz oder Gewinn- und Verlustrechnung nur aufgehen, wenn sich Einnahmen und Ausgaben ausgleichen. Wenn die Ausgaben allerdings die Einnahmen regelmäßig übersteigen, haben Sie ein Problem.

Inzwischen haben mehr und mehr Haushalte in Deutschland Schwierigkeiten damit, das richtige Maß zwischen Einnahmen und Ausgaben zu finden. Verschuldung und Armut sind zwar noch nicht zum Massenphänomen geworden, aber viele Statistiken, Studien und Prognosen lassen erkennen, dass sich die Schere zwischen Arm und Reich in Deutschland stark geöffnet hat und in den nächsten Jahren des »demographischen Orkans« (vergleiche Kapitel 6) weiter öffnen wird.

Eine der wenigen Möglichkeiten, den steigenden Lebenshaltungskosten zu entkommen, ist der Wechsel des Wohnorts. So berichten Experten bereits heute von innerdeutschen Wanderungsbewegungen in Städte und Regionen, in denen die Lebenshaltungskosten geringer sind als in den wachsenden, wohlhabenden Metropolregionen.

Für Ruheständler eröffnet sich zudem die Chance, im Ausland zu leben. Bei einem vorübergehenden, also von vornherein zeitlich begrenzten Auslandsaufenthalt, wird die Rente wie gewohnt ausgezahlt.

Wer für längere Zeit oder sogar für immer im Ausland bleiben will, sollte das in jedem Fall vorher dem Rentenversicherungsträger mitteilen und nach den Folgen für die Rentenzahlung und Rentenhöhe fragen. Bei dauerndem Aufenthalt im Ausland muss ein Rentner unter Umständen in Kauf nehmen, dass seine Rente nur zum Teil oder überhaupt nicht gezahlt wird.

Rentenversicherung – ein historischer Überblick

In diesem Kapitel

▶ Wie sich die deutsche Sozialversicherung seit 1881 entwickelt hat
▶ Warum der Generationenvertrag 1957 den Einstieg in den Abstieg markierte

*B*esonders gut und effizient funktionierte in früheren Jahrhunderten die soziale Absicherung auch in unseren Breitengraden nicht. Für Alte, Kranke, Invalide und Hinterbliebene war in der Antike und in der Frühzeit die Familie oder Sippe zuständig. Aber immerhin gab es bereits im antiken Griechenland eine staatliche Armenfürsorge, die erwerbslose und unbemittelte Bürger mit Geld, Nahrung und Kleidung unterstützte. Und aus dem frühchristlichen Rom sind Krankenkassen- und Sterbevereine bekannt.

Im Mittelalter mischte sich die Kirche ein, insbesondere durch die Fürsorge der Klöster. Die Krankenpflege übernahm in der Regel ein erfahrener Mönch, die Klöster nahmen alte und arbeitsunfähige Menschen auf. Selbst die Ritterorden fühlten sich damals verpflichtet, für die kranken und verlassenen Glaubensbrüder zu sorgen. Die Orden gründeten und betrieben Hospitäler. Aber wirtschaftliche Not und Kriege wie der Dreißigjährige Krieg (1618-1648) zerstörten die meisten Fürsorgeeinrichtungen von Kirchen und Städten.

Erst später versuchten Handwerker und Bergleute, sich gegenseitig in der Not beizustehen. Die Brüderschaft der Bergleute (Knappschaft) half ihren Mitgliedern, verunglückte und kranke Kollegen wurden zum Beispiel unterstützt, indem ihre Arbeit verrichtet wurde, so dass kein Verdienstausfall entstand. Später stellte man Büchsen auf, in die jeder Knappe Geld warf. Aus dem freiwilligen »Büchsenpfennig« wurden später feste Beiträge, aus den ersten Büchsenkassen Knappschaftskassen.

Bei den Handwerkern übernahmen Zünfte und Innungen die Aufgabe, ihren Mitgliedern in Notlagen beizustehen. Man bildete Zunftbüchsen und Zunftvermögen, in die jeder Meister einen bestimmten Beitrag zu zahlen hatte, und die Gesellen schlossen sich zu Gesellenbruderschaften zusammen.

Mit der Industrialisierung war allerdings weitgehend Schluss mit der solidarischen Hilfe bei Krankheit, Invalidität oder Alter. Zwar entstanden erste Versicherungen und der Staat kam in absoluten Notfällen im Rahmen der Armenpflege für Bedürftige auf, aber bis zum Start in die staatliche Sozialversicherung vergingen noch einige Jahrzehnte.

Ein kurzer Blick in die Rentengeschichte

Bismarck? Kaiser Wilhelm? Wohl jeder deutsche Schüler stöhnt jetzt laut auf, denkt an Deutsches Reich und Ersten Weltkrieg, an Sozialistenverfolgung und blinden Nationalismus. Wer sich allerdings mit der finanziellen Vorsorge des einzelnen Menschen für Krankheit,

Unfälle, Invalidität und Alter beschäftigt, kommt an einem Datum und einer Kaiserlichen Botschaft nicht vorbei.

Tätig geworden sind die adligen Herren damals natürlich nicht freiwillig. Im Zuge der Industrialisierung waren Ende des 19. Jahrhunderts große Fabriken mit vielen Arbeitern entstanden. Die Arbeitsbedingungen und die soziale Lage waren unerträglich, der wachsende Widerstand der Arbeiter zwang die Politiker zum Handeln.

Bismarck und die lästigen Sozis

Auf Anraten von Reichskanzler Bismarck wurde Kaiser Wilhelm I. 1881 aktiv und verkündete in seiner Thronrede bei der Reichstagseröffnung, dass die Arbeiter künftig gegen Krankheit, Unfall, Invalidität und materielle Not im Alter versichert werden sollten. Sie sollten sogar einen Rechtsanspruch auf die Leistungen bekommen. Wörtlich führte der Kaiser aus:

>»Schon im Februar des Jahres haben Wir Unsere Überzeugung aussprechen lassen, dass die Heilung der sozialen Schäden nicht ausschließlich im Wege der Repression sozialdemokratischer Ausschreitungen, sondern gleichmäßig auf dem der positiven Förderung des Wohles der Arbeiter zu suchen sein werde. Wir halten es für Unsere Kaiserliche Pflicht, dem Reichstage diese Aufgabe von Neuem ans Herz zu legen, und würden Wir mit um so größerer Befriedigung auf alle Erfolge, mit denen Gott Unsere Regierung sichtlich gesegnet hat, zurückblicken, wenn es Uns gelänge, dereinst das Bewusstsein mitzunehmen, dem Vaterlande neue und dauernde Bürgschaften seines inneren Friedens und den Hilfebedürftigen größere Sicherheit und Ergiebigkeit des Beistandes, auf den sie Anspruch haben, zu hinterlassen. In Unseren darauf gerichteten Bestrebungen sind Wir der Zustimmung aller verbündeten Regierungen gewiß und vertrauen auf die Unterstützung der Parteistellungen.«

>»In diesem Sinne wird zunächst der von den verbündeten Regierungen in der vorigen Session vorgelegte Entwurf eines Gesetzes über die Verscherung der Arbeiter gegen Betriebsunfälle mit Rücksicht auf die im Reichstag stattgehabten Verhandlungen über denselben einer Umarbeitung unterzogen, um die erneue Berathung derselben vorzubereiten. Ergänzend wird ihm eine Vorlage zur Seite treten, welche sich eine gleichmäßige Organisation des gewerblichen Krankenkassenwesens zur Aufgabe stellt. Aber auch diejenigen, welche durch Alter oder Invalidität erwerbsunfähig werden, haben der Gesamtheit gegenüber begründeten Anspruch auf ein höheres Maß staatlicher Fürsorge, als ihnen bisher hat zu Theil werden können.«

Diese kaiserliche, heute etwas gestelzt klingende Botschaft gilt als »Magna Charta« oder Geburtsurkunde der deutschen Sozialversicherung. Ohne intensive Beratungen ging es auch im Reichstag nicht, also dauerte es noch einige Jahre, bis die ersten gesetzlichen Regelungen verabschiedet wurden. Zuerst wirkte sich die Kaiserliche Botschaft in einer Regelung der Krankenversicherung für Arbeiter aus (1883). Das Kernstück des Gesetzes lag in der Einführung des Versicherungszwangs für Personen, die gegen Gehalt oder Lohn beschäftigt wurden. 1884 wurde das Unfallversicherungsgesetz verabschiedet, nach dem im Betrieb verunglückte Arbeiter oder ihre Hinterbliebenen Rente von der Berufsgenossenschaft erhielten. 1889 folgte dann das Invaliditäts- und Altersversicherungsgesetz, das die Gewährung einer Altersrente vom 70. Lebensjahr an oder eine Invalidenrente bei Invalidität vorsah. Und natürlich mussten dann sofort die entsprechenden Versicherungsanstalten eingerichtet werden.

Pflichtversichert waren damals »alle Personen, welche als Arbeiter, Gehilfen, Gesellen, Lehrlinge oder Dienstboten gegen Lohn oder Gehalt beschäftigt waren«. Grundlage für die Höhe der Beiträge waren die jeweiligen Jahresarbeitseinkommen der einzelnen Arbeiter, eingeteilt in vier Klassen mit wöchentlichen Beitragsmarken, die fein säuberlich auf der Rückseite einer Quittungskarte aufzukleben waren. Im Volksmund wurden die Landesversicherungsanstalten daher sofort »Klebekisten« genannt. Und erst 1976 wurden die Klebekarten in der Rentenversicherung endgültig abgeschafft.

Anfangs galten folgende Beitragshöhen und -grenzen:

✔ Jahresverdienst bis 350 Mark, wöchentlicher Beitrag 14 Pfennig, Jahresrente 107 Mark

✔ Jahresverdienst 350 bis 550 Mark, wöchentlicher Beitrag 20 Pfennig, Jahresrente 135 Mark

✔ Jahresverdienst 550 bis 850 Mark, wöchentlicher Beitrag 24 Pfennig, Jahresrente 163 Mark

✔ Jahresverdienst über 850 Mark, wöchentlicher Beitrag 30 Pfennig, Jahresrente 191 Mark

Ohne private finanzielle Vorsorge ging es schon damals also nicht, denn die Differenz zwischen Jahresarbeitsverdienst und Rente war erheblich. Der Gesetzgeber ging damals davon aus, dass der Lebensunterhalt im Übrigen durch den Familienverband gewährleistet wurde.

1891 wurden die ersten Altersrenten bewilligt. Die älteste Rentnerin war 102 Jahre alt, war also 1789 im Jahr der Französischen Revolution geboren. 126.397 Altersrenten wurden damals bewilligt, mehr als die Hälfte davon in der niedrigsten Klasse I. Nur knapp 5.000 Rentner erreichten Klasse IV und kassierten fortan eine Jahresrente von 191 Mark.

Unzufrieden mit den Rentengesetzen waren damals die Angestellten, also Handlungsgehilfen, Techniker, Ingenieure und Werkmeister. Sie mussten noch bis 1911 warten, ehe das Versicherungsgesetz für Angestellte endlich verabschiedet wurde. Eine Reichsversicherungsanstalt für Angestellte wurde 1912 errichtet und die Angestelltenversicherung offiziell 1913 gestartet.

Eine konkrete Definition des Privatangestellten fand sich auch im Gesetz nicht und so reichte die Palette der Versicherten von Handlungsgehilfen und Gehilfen in Apotheken bis hin zu Offizieren und Kapitänen der Marine, Bühnen- und Orchestermitgliedern sowie Lehrern und Erziehern. Auf jeden Fall wurden für die Angestellten zusätzliche Gehaltsklassen bis zu einem Jahresgehalt von 5.000 Reichsmark und höhere Jahresrenten eingeführt.

Rente bei Kaiser und Führer

Einen besonders glücklichen Zeitpunkt für den Start der Rentenversicherung hatten die Menschen damals nicht erwischt. Der Erste Weltkrieg traf die junge Sozialversicherung schwer. Durch die Einberufung der Versicherten zum Kriegsdienst sank das Beitragsaufkommen stark, und infolge des Kriegs mussten zusätzliche Invaliden- und Kriegerwitwenrenten gezahlt werden. 1916 wurde dann auch noch die Altersgrenze für die Arbeiterrenten vom 70. auf das 65. Lebensjahr herabgesetzt und damit den Vorschriften der seit drei Jahren bestehenden Angestelltenversicherung angeglichen. Am Ende des Ersten Weltkriegs waren die Rentenkassen eigentlich pleite, oder, wie das Reichsarbeitsministerium formulierte, »verkürzt an Vermögen, geschwächt im Bestand an Versicherten, beschwert mit ungünstigen Wagnissen und belastet mit beitragslosen Anwartschaften«.

Die ersten Nachkriegsjahre waren kaum besser. Als 1921 die galoppierende Geldentwertung einsetzte, verloren die Rentenkassen fast ihr gesamtes Vermögen. So mussten teilweise die Gemeinden den Rentnern aus der öffentlichen Fürsorge Unterstützung zahlen. Erst ab 1924 erholte sich die Rentenversicherung langsam von den Verlusten aus den Kriegs- und Inflationsjahren. Immerhin verdoppelten sich die durchschnittlichen Monatsrenten von 1924 bis 1927 auf 27 Mark.

Doch kurz darauf brachte die Weltwirtschaftskrise die nächsten Einschränkungen. In »Notverordnungen« wurden die Alters- und Hinterbliebenenrenten gekürzt. Nach der Machtergreifung 1933 führten selbst die Nationalsozialisten die Rentenversicherung in den alten Konturen fort, aber selbstverständlich sorgten die braunen Machthaber dafür, dass das gesamt Rentensystem in ihrer Welt den richtigen Platz fand. 1934 wurde erst einmal die Selbstverwaltung bei der Sozialversicherung abgeschafft und der Aufbau nach dem »Führerprinzip« neu geordnet.

Ihren antijüdischen Ressentiments ließen die Verantwortlichen in den folgenden Jahren der Nazi-Diktatur mehr und mehr freien Lauf. Zum Tragen kam bei allen Versicherungsleistungen das Programm der nationalsozialistischen Wohlfahrtspolitik, nämlich die Begünstigung und Förderung der leitungsfähigen, einwandfreien Volksgenossen und die systematische Benachteiligung und Ausgrenzung der nichtarischen, kranken und asozialen als »biologisch weniger wertvolle« Teile der Bevölkerung. Mit dem Beginn des Zweiten Weltkrieges verschärfte sich die Ungleichbehandlung der Versicherten.

Da der Krieg viel Geld kostete, schreckten die Nazis auch nicht davor zurück, die Beiträge der Versicherten für ihre Zwecke zu vereinnahmen. Das wenig überraschende Ergebnis am Ende des Zweiten Weltkriegs: Allein unter den Wertpapieren der Angestelltenversicherung von rund sieben Milliarden Mark befanden sich Reichsanleihen von 6,5 Milliarden Mark, die nach dem Zusammenbruch des Dritten Reichs praktisch wertlos geworden waren.

Nach dem Ende des Zweiten Weltkriegs wurde die Rentenversicherung von den alliierten Besatzungsmächten mehr schlecht als recht verwaltet und weitergeführt, aber bis zur Gründung der Bundesversicherungsanstalt für Angestellte (BfA) dauerte es noch acht Jahre. Die Verwaltung der sowjetischen Besatzungszone ging dagegen einen eigenen Weg, es entstand ein völlig anderes System der sozialen Sicherheit.

Griffe in die Rentenkasse

Bis Mitte der 50er Jahre des vergangenen Jahrhunderts funktionierte die Rentenversicherung wie eine klassische Versicherung. Jeder Versicherte hatte ein persönliches Konto, auf dem die eingezahlten Beträge gesammelt wurden, um dann mit Rentenbeginn wieder ausgeschüttet zu werden. Aber dieses System konnte nach den zwei Weltkriegen und der Weltwirtschaftskrise von 1929 nicht mehr funktionieren.

Schon 1953 konstatierte der damalige Bundeskanzler Konrad Adenauer:

> »An dem wirtschaftlichen Aufbau in der Bundesrepublik Deutschland haben nicht alle Bevölkerungskreise gleichmäßig teilgenommen. Es waren bisher in erster Linie die im Arbeitsprozess Tätigen, die sichtbaren Nutzen aus den Erfolgen der sozialen Marktwirtschaft zogen. Es wird das besondere Anliegen der Bundesregierung sein müssen, die Arbeitslosen einzugliedern und Maßnahmen vorzuschlagen, durch die die wirtschaftliche Lage der Rentner, Invaliden, Waisen und Hinterbliebenen weiter verbessert wird.«

Die staatlichen Rentenkassen waren zum damaligen Zeitpunkt fast total geplündert, dazu kamen weitere Belastungen, zum Beispiel durch Millionen von Flüchtlingen und Vertriebenen aus den Ostgebieten, die mit ihren Rentenansprüchen aus den Herkunftsgebieten in das Rentensystem integriert werden mussten. Der Gesetzgeber reagierte schnell und schuf im Jahre 1953 das Fremdrenten- und Auslandsrentengesetz. Aber eine neue Reform musste her.

Systemumstellung 1957

Noch heute glauben viele Beitragszahler und Rentner, dass sie mit ihren Beiträgen während des Berufslebens die finanzielle Basis für die eigene Rente im Alter geschaffen haben. Doch dieses traditionelle Versicherungsverfahren wurde in der gesetzlichen Rentenversicherung durch die Reform von 1957 grundsätzlich umgestellt. Die wichtigsten Grundsätze der Reform 1957 waren:

- ✔ Beginn des Generationenvertrages durch Umstellung auf das Umlageverfahren
- ✔ Gleiches Recht für Arbeiter und Angestellte
- ✔ Neue lohnbezogene Rentenformel
- ✔ Rehabilitation vor Rente.

In der deutschen Öffentlichkeit herrschte damals ein wahrer Rentenkrieg, denn die Reformgedanken stießen bei zahlreichen Kritikern aus Parteien, Verbänden, Gewerkschaften und Unternehmen auf wenig Gegenliebe. Und in zahlreichen kritischen Stellungnahmen und Studien wurde schon damals deutlich, dass der Generationenvertrag früher oder später an die Grenzen der Finanzierbarkeit stoßen müsste.

Alt gegen Jung?

Mit dem Generationenvertrag ist seit 1957 geregelt, dass die Generation der aktiven Versicherten mit ihren Beiträgen die laufenden Renten der im Ruhestand befindlichen Arbeitnehmer zahlt und dafür erwartet, dass die nachfolgende Generation das Gleiche für sie tun wird. Aber wie lange wird dieser gesellschaftliche Pakt zwischen Alt und Jung noch gut gehen?

Längst rechnen Experten wie der US-Ökonom Laurence Kotlikoff mit einem »demografischen Orkan«, der in den nächsten Jahrzehnten über viele Länder hinwegfegen wird. Bei jeder außerplanmäßigen Erhöhung der gesetzlichen Rente bekommt der grundsätzliche Streit um die Finanzierung der Rentenzahlungen neue Nahrung. Im Kern geht es dabei um die Frage, wer die hohen Kosten trägt, die im Renten- und Gesundheitssystem künftig entstehen werden.

Nach Kotlikoffs Berechnungen zahlt die aktuell aktive Generation in ihrem Leben sieben Billionen Euro weniger an Steuern, Abgaben und Gebühren als sie insgesamt an Leistungen erhalten wird.

Nach aktuellen Angaben des Statistischen Bundesamtes sind derzeit noch 61 Prozent der Deutschen zwischen 20 und 65 Jahre alt, 100 Erwerbstätige versorgen heute rund 32 Senioren. Verschiedene Prognosen gehen davon aus, dass sich im Jahr 2050 nur noch knapp mehr als 50 Prozent der deutschen Bevölkerung im arbeitsfähigen Alter befinden. 100 Erwerbstätige werden dann für 62 Senioren aufkommen müssen. In der Bundesrepublik werden in 40 Jahren ohnehin nur noch knapp 69 Millionen Menschen leben.

Beide Entwicklungen, also die steigende Zahl der Ruheständler sowie die sinkende Zahl der Einwohner, wirken negativ auf die Wirtschaftskraft des Landes. Weniger Menschen werden deutlich mehr leisten müssen, um den eigenen Wohlstand zu halten und gleichzeitig die Alten zu versorgen.

Nach einer Umfrage aus dem Jahr 2007 im Auftrag des Bundesfamilienministeriums rechnen bereit 57 Prozent der Deutschen zwischen 15 und 25 Jahren damit, dass der demografische Wandel negative Auswirkungen auf ihre persönliche Lage haben wird. Sie erwarten sinkende Renten und höhere Krankenkassenbeiträge. Der privaten finanziellen Vorsorge kommt also in Zukunft noch mehr Bedeutung zu als heute.

Arbeiter und Angestellte als Gewinner

Durch die Rentenreform 1957 wurden die bis dahin noch bestehenden Unterschiede zwischen Arbeitern und Angestellten weitgehend aufgehoben. Bis 1956 hatten die Angestellten im Durchschnitt mit 444 DM jährlich noch einen weitaus höheren Grundbetrag zu ihrer Rente erhalten als die Arbeiter mit 156 DM.

Den größten Kick erhielten die Renten nach 1957 allerdings durch die Einführung der lohnbezogenen, dynamischen Rente. Damit sollte der während des Arbeitslebens erworbene Lebensstandard durch die Altersrente gesichert werden – und den reinen Rentenzuschuss aus dem Kaiserreich ersetzen. Die Rentenberechnung nach »altem Recht« hatte für zusätzliche Ungerechtigkeiten gesorgt. Jeder Versicherte hatte bis dahin einen Grundbetrag bekommen, den er nach erfüllter Wartezeit unabhängig von der Höhe seiner Einzahlungen erhielt. So wurde eine Mindesthöhe der Rente garantiert. Dazu kamen Steigerungsbeträge als variabler Teil der Rente, die nach der individuellen Anzahl und Höhe der Beiträge berechnet wurden.

Zum einen kam es so trotz geringer Beitragsleistung vor, dass durch die festen Rentenbestandteile eine unverhältnismäßig hohe Rente erzielt wurde. Zum anderen konnte es passieren, dass ein Versicherter trotz erfülltem Arbeitsleben eine Rente erhielt, die sich in der Nähe des Sozialhilfesatzes bewegte.

Die neue Rentenformel jedoch, die in den Grundzügen auch heute noch gilt, berücksichtigte das individuelle Verhältnis des persönlichen Einkommens des einzelnen Versicherten zu durchschnittlichen Arbeitsverdiensten, die ein Versicherter während seines gesamten Versicherungslebens erzielen konnte.

Die neue Berechnungsformel für die Rente war revolutionär und führte zu explosionsartigen Erhöhungen. So stiegen in der Angestelltenversicherung die laufenden Renten im Durchschnitt um rund 72 Prozent (Versichertenrenten um 66 Prozent, Witwenrenten um 95 Prozent, Waisenrenten um 41 Prozent).

Nach der neuen Berechnungsformel konnten Rentner nach 40 Versicherungsjahren mit 60 Prozent der allgemeinen Bemessungsgrundlage rechnen, das waren 1957 immerhin 214,10 DM pro Monat. Die Anzahl der anrechnungsfähigen Versicherungsjahre ergab sich damals aus Beitrags- und Ersatzzeiten, Ausfallzeiten für Krankheit, Arbeitslosigkeit, Schul- und Hochschulausbildung sowie der Zurechnungszeit. Die theoretisch erreichbare Rentenhöhe erreichten die Rentnerhaushalte in den folgenden Jahren allerdings nie – stattdessen pendelte die Standardrente der Jahr 1957 bis 1978 zwischen 40 und 50 Prozent des jeweils aktuellen Durchschnittsverdiensts.

Rehabilitation statt Rente

Statt Menschen frühzeitig in die Rente zu schicken, nahmen sich die Verantwortlichen mit dem Reformgesetz von 1957 vor, »Maßnahmen zur Erhaltung, Besserung und Wiederherstellung der Erwerbsfähigkeit« zu fördern. Körperlich und psychisch angegriffene Versicherte sollten nach dem Grundsatz »Rehabilitation vor Rente« zunächst gesundheitlich aufgebaut werden, um den Anforderungen des Arbeitslebens wieder standhalten zu können.

Medizinische Heilbehandlungen hatte es bereits im Kaiserreich gegeben, nach 1957 schloss die Rehabilitation aber ein weitaus größeres und vielfältigeres Repertoire von medizinischen Maßnahmen ein. Dazu gehörten Aufenthalte in Kur- und Badeorten ebenso wie Behandlungen in Rheumakliniken und Sanatorien für psychosomatisch Erkrankte. Innerhalb weniger Jahre (von 1956 bis 1962) stieg die Zahl der durchgeführten medizinischen Rehabilitationsmaßnahmen der Rentenversicherung von rund 300.000 auf mehr als 650.000.

Immer neue Renten-Geschenke

Wer damals gedacht haben mochte, nach der »Pionierreform 1957« sei erst einmal Ruhe in der Rentenfrage eingekehrt, sah sich in den folgenden Jahren getäuscht. Das anhaltende Wirtschaftswunder animierte die Politiker dazu, das Leistungsangebot der Rentenversicherung deutlich zu steigern. Ihren Höhepunkt fand die Verteillaune 1972 im nächsten Rentenreformgesetz, das Kritiker schon damals als schwerwiegenden Eingriff in die Solidität der Rentenfinanzen betrachteten. Das »Zuviel des Guten« kostete viel Geld und ließ das Rücklagevermögen der Rentenversicherung schnell wieder schrumpfen.

Zu den entscheidenden Neuregelungen des Reformgesetzes von 1972 gehörten:

- ✔ Flexible Altersgrenze
- ✔ Öffnung der Rentenversicherung für Hausfrauen und Selbstständige
- ✔ Lukrative Nachentrichtungsmöglichkeiten
- ✔ Rente nach Mindesteinkommen für Kleinverdiener.

Mit der flexiblen Altersgrenze konnten seit 1972 Versicherte nach mindestens 35 Versicherungsjahren bereits mit 63 Jahren (statt wie vorher mit 65) in den Ruhestand gehen. Natürlich ein verlockendes Angebot, von dem zum Beispiel 1989 fast jeder zweite männliche Altersrentner Gebrauch machte. Nur noch 29 Prozent von ihnen gingen mit 65 Jahren in Rente.

Mit der Öffnung der Rentenversicherung, die ansonsten ausschließlich Arbeitnehmerschutz bot, wurde Hausfrauen und Selbstständigen die Chance gegeben, sich in der gesetzlichen Rentenversicherung anzumelden. Über die Höhe und Anzahl der Beiträge konnten die Selbstversicherer selbst bestimmen. Selbstständige erhielten darüber hinaus das Recht, der Rentenversicherung als Pflichtmitglied beizutreten. Dann mussten sie allerdings einkommensgerechte Pflichtbeiträge entrichten, also in der Regel in voller Höhe, weil sie keinem Arbeitgeber unterstanden. Mit dieser Regelung hatten Selbstständige die Möglichkeit, auch zum Teil recht umfangreiche Ausfall- und Ersatzzeiten, zum Beispiel für Kriegsdienst, Gefangenschaft oder Schul- und Hochschulausbildung bei der Rente anrechnen zu lassen.

Daneben räumte das Reformgesetz Versicherten außerordentlich großzügige Nachentrichtungsmöglichkeiten ein. So konnten sie nachträglich für alle Jahre zurück bis 1956 freiwillige Beiträge entrichten, wobei diese mit den günstigeren Werten der früheren Jahre bewertet wurden. Rund 1,5 Millionen Versicherte nutzten die Chance, sich mit relativ hoher Rendite in die Rentenversicherung »einzukaufen«. Den Rentenkassen flossen dadurch rund 14 Milliarden DM zu, aber da vor allem ältere Versicherte diese Chance nutzten, standen den zusätzlichen Einnahmen sehr schnell nicht unbeträchtliche Rentenausgaben gegenüber.

Mit der Rente nach Mindesteinkommen sollten die Geringverdiener, unter ihnen in erster Linie langjährig erwerbstätige Frauen, bessergestellt werden. Während ihrer Berufstätigkeit hatten sie jahrelang unter der Lohndiskriminierung gelitten. Bis 1990 machten wiederum fast 1,5 Millionen Rentner von dieser Regelung Gebrauch und sicherten sich damit eine Rente nach Mindesteinkommen, die auf 75 Prozent des Durchschnittsverdiensts angehoben wurde.

Frauen, Künstler und die Wiedervereinigung

Aber damit nicht genug. In den folgenden Jahren wurde die Dauer-Baustelle Rentenversicherung durch immer neue Regelungen und Gesetze weiter bearbeitet. So dauerte es bis 1977, ehe der Versorgungsausgleich eingeführt wurde. Danach wurden bei einer Ehescheidung die während der Ehe erworbenen Versorgungsanrechte als partnerschaftliche Lebensleistung angesehen und deshalb auf beide Ehegatten gleichmäßig verteilt. Über den Versorgungsausgleich müssen seitdem die Familiengerichte in Deutschland entscheiden, viele Fälle beschäftigen aber bis zum heutigen Tage die Gerichtsbarkeit bis hin zum Bundesverfassungsgericht.

Ein weiterer Schritt zur eigenständigen sozialen Sicherung der Frau war das »Gesetz zur Neuordnung der Hinterbliebenenrenten sowie zur Anerkennung von Kindererziehungszeiten in der gesetzlichen Rentenversicherung« von 1986.

Auch selbstständige Künstler und Publizisten gehörten zu den Reform-Gewinnern. Sie hatten seit 1972 zwar das Recht, auf Antrag pflichtversichert zu werden, mussten dann aber die Beiträge in vollem Umfang selbst zahlen. 1983 schaffte das »Gesetz über die Sozialversicherung der selbstständigen Künstler und Publizisten« (KSVG) neue Verhältnisse. Seitdem werden sie in der Rentenversicherung der Angestellten und in der gesetzlichen Krankenversicherung pflichtversichert – und müssen wie Arbeitnehmer nur den halben Beitrag zahlen. Der andere Beitragsanteil wird durch die Künstlersozialkasse (KSK) übernommen, die das notwendige Geld aus einem Zuschuss des Bundes und der so genannten Künstlersozialabgabe der »Vermarkter« gewinnt. Die KSK wurde der Landesversicherungsanstalt Oldenburg-Bremen zugeordnet und hat ihren Sitz in Wilhelmshaven. Sie entscheidet über die Versicherungszugehörigkeit der Künstler und Publizisten und kümmert sich um den Einzug der Beiträge.

Vor allem den »Vermarktern« der Leistungen von Künstlern und Publizisten ist die Künstlersozialabgabe seit Jahren ein Dorn im Auge. Immer wieder versuchen sie, ihren Zahlungsverpflichtungen gegenüber der Rentenversicherung zu entgehen oder die gesetzlichen Grundlagen dafür infrage zu stellen. Erst 2008 wurde ein neuer Anlauf, das bisherige Gesetz zu Fall zu bringen, vom Bundesrat gestoppt.

Renten aus West und Ost

Als sich am 9. November 1989 die Mauer zwischen Ost und West öffnete, prallten auch zwei völlig verschiedene Rentensysteme aufeinander. Wie in fast allen wirtschaftlichen und politischen Bereichen wurde auch beim Rentensystem das bisherige Ost-Verfahren durch das West-Vorgehen ersetzt. Die westdeutsche Rentenversicherung tat sich zum damaligen Zeitpunkt mit zusätzlichen Zahlungen leicht, denn seit 1984 hatten sich die Finanzen wieder konsolidiert. Dank der günstigen wirtschaftlichen Entwicklung stiegen die Rücklagen und erreichten 1991 den Wert von 43 Milliarden DM. Das entsprach einer Schwankungsreserve für drei Monatsausgaben, und das, obwohl der Beitragssatz zur Rentenversicherung im April 1991 noch einmal auf 17,7 Prozent gesenkt worden war.

Doch die finanziellen Reserven wurden durch die Vereinheitlichung des deutschen Rentenrechts und die Stützung der Leistungen in den neuen Bundesländern stark in Anspruch genommen. Die Transferleistungen innerhalb der Rentenversicherung beliefen sich im Jahr 1992 auf knapp fünf Milliarden DM und erhöhten sich bis zum Jahr 2001 kontinuierlich zu einer Gesamtsumme von knapp 160 Milliarden DM. Wurde die Rente im Bereich Ost im Jahr 1992 noch zu rund 80 Prozent durch Beiträge gedeckt, waren dies im Jahr 2001 nur noch rund 60 Prozent. Finanziert wurde der Transfer zunächst aus der vorhandenen Vermögensrücklage, dann durch den Abbau der Schwankungsreserve und anschließend durch eine massive Erhöhung des Bundeszuschusses.

Und immer mehr Gesetze

Auch nach den großen Rentenreformgesetzen blieb die Zeit natürlich nicht stehen, und deshalb wurden in den letzten Jahren immer neue Regelungen und Vorschriften für die maladen gesetzlichen Rentenversicherer verabschiedet. Längst haben Normalbürger die Übersicht verloren, auch wenn Gesetzgeber und Gerichte, Rentenversicherungsträger, Verbraucherschützer, Versicherte und Rentner immer mehr Transparenz durchgesetzt haben.

Zunehmend finden auch Interessengruppen in der Öffentlichkeit Gehör, die an der Leistungs- und Zukunftsfähigkeit der gesetzlichen Rente Zweifel und Kritik äußern. Und die nächsten Reformen und Änderungen stehen bereits an. Das Problem sehen viele Experten in Niedriglöhnen und Arbeitslosigkeit. Nach Angaben der Hans-Böckler-Stiftung haben Männer der Jahrgänge 1942 bis 1946 im Osten wie im Westen noch 38,8 bzw. 34,3 Jahre als Vollzeitbeschäftigte in die Rente eingezahlt. Doch bei den jüngeren Antragstellern werden diese Zahlen deutlich sinken. Von den Männern, die 2006 in Rente gegangen sind, kamen nur rund 78 Prozent auf 35 und mehr Versicherungsjahre. Bei den Frauen waren es sogar nur 37 Prozent, die diese Versicherungsdauer vorweisen konnten. So halten Kritiker die Vorschläge für die Zahlung einer Mindestrente nach 35 Versicherungsjahren auch für kaum geeignet, um dem höheren Armutsrisiko entgegenzuwirken.

Andere Völker, andere Renten

Immer wenn an den Kapitalmärkten satte Renditen bei der Geldanlage zu erwirtschaften sind, gerät die gesetzliche Rentenversicherung mit ihrer schwachen Verzinsung der gezahlten Beiträge unter Druck.

Erst im August 2008 war es wieder mal so weit. Da rechnete das von Banken finanzierte Institut für Altersvorsorge vor, dass ein Standardrentner des Jahrgangs 1950, der noch im Jahr 1970 eine Beitragsrendite von mehr als fünf Prozent erwarten konnte, sich heute mit knapp zwei Prozent zufrieden geben muss. Und in einem Beispiel rechneten die Wissenschaftler vor, dass ein Rentner des Jahrgangs 1930 mit genau denselben Beitragszahlungen wie zur gesetzlichen Rentenversicherung mit einem gemischten Depot aus Aktien und Rentenpapieren eine Monatsrente von 2.205 Euro erzielt hätte. Mit der gesetzlichen Rente komme er hingegen nur auf 1.181 Euro. Ein Mischsystem aus zwei Dritteln gesetzlicher Vorsorge und einem Drittel Aktiendepot hätte indessen 1.888 Euro erbracht. Die Reaktion der Deutschen Rentenversicherung kam prompt – die kritisierte staatliche Rentenkasse kritisierte »methodische Schwächen« und »fragwürdige Renditeberechnungen«.

Dabei wollte das Institut mit seiner Studie in erster Linie für mehr private Vorsorge werben. Eine Mischung mit kapitalgedeckten Anlagen senke das Risiko der gesetzlichen Rente und steigere die Rendite. Rentenexperten wie der Finanzwissenschaftler Bernd Raffelhüschen plädieren bereits seit Jahren für eine Mischung aus gesetzlichem Umlagesystem und Kapitalerträgen. Seine Einschätzung: »Das Umlagesystem ist robust gegenüber Finanzmarktkri-

6 ➤ Rentenversicherung – ein historischer Überblick

sen, aber anfällig für demografische Veränderungen. Bei Kapitalerträgen ist es umgekehrt. Um uns vor beiden Risiken zu schützen, müssen wir beide Systeme kombinieren.«

Nach Angaben von Stiftung Warentest bezieht ein Rentnerehepaar in Deutschland durchschnittlich rund 85 Prozent seines Einkommens aus der gesetzlichen Rente. 5 Prozent kommen aus der betrieblichen Altersvorsorge und 10 Prozent aus privater Vorsorge. Die Berliner Verbraucherschützer: »Wenn die gesetzliche Rente sinkt, muss sich dieses Verhältnis verschieben, damit der Lebensstandard im Alter nicht fällt.«

Als Vorbilder einer risikoarmen, sicheren Altersversorgung werden in der Regel Rentensysteme genannt, die nach einem Drei-Säulen-Prinzip funktionieren. Dazu gehört die Schweiz mit einem klaren Modell aus Umlage- und Kapitaldeckungsverfahren, obligatorischer und freiwilliger Versicherung. Erste Säule ist die Alters- und Hinterlassenenversicherung (AHV) als Grundsicherung. Alle müssen einzahlen, Arbeiter und Angestellte genauso wie Selbstständige und Beamte oder Bürger, die von ihrem Vermögen leben. Der einheitliche Beitragssatz beträgt rund zehn Prozent des Einkommens, bei den Arbeitern und Angestellten trägt der Arbeitgeber die Hälfte. Anders als in Deutschland gibt es keine Beitragsbemessungsgrenze, aber die Höhe der Rente ist nach oben begrenzt. Das Maximum liegt aktuell bei 2.210 Franken. Ehepaare dürfen nur höchstens 3.000 Franken bekommen. Da auch Millionäre nur diese Höchstrente bekommen, aber zehn Prozent ihres Einkommens einzahlen müssen, findet damit eine Umverteilung von oben nach unten statt. Aus dieser gesetzlichen Rentenversicherung bezieht ein Schweizer Rentnerehepaar im Durchschnitt nur 42 Prozent seines Einkommens. Der Rest kommt aus der betrieblichen Altersvorsorge und aus der privaten Vorsorge. Die berufliche Vorsorge ist für Beschäftigte obligatorisch, der Arbeitgeber zahlt mindestens die Hälfte der Beiträge. Und die private Vorsorge wird vom Staat steuerlich mit umgerechnet rund 3.700 Euro jährlich gefördert.

Knappen, Bauern und Matrosen

Für Arbeitnehmer in jahrhundertealten Traditionsberufen gab und gibt es zum Teil noch immer besondere Regelungen bei der Rentenversicherung. Und so haben diese Berufsgruppen dann auch gleich eigene Rentenversicherungsträger. Vor einigen Jahren wurden jedoch die Einrichtungen für Bedienstete der Bahn und die Seekasse aufgelöst bzw. in die Aufgaben der Deutschen Rentenversicherung Knappschaft-Bahn-See integriert. Daneben gibt es noch landwirtschaftliche Alterskassen, die sich um die Alterssicherung von Landwirten und ihren mitarbeitenden Familienangehörigen kümmern.

Generell werden Renten aus der knappschaftlichen Rentenversicherung unter den gleichen Voraussetzungen gezahlt wie aus der allgemeinen Rentenversicherung: nur für langjährig unter Tage beschäftigte Bergleute gibt es noch einige Sonderregelungen. Die Deutsche Rentenversicherung Knappschaft-Bahn-See betreut heute noch 5 Prozent aller Rentenversicherten.

Auch für Landwirte gibt es Rentenzahlungen wegen Erwerbsminderung, Alter und Tod, dazu Heilbehandlung zur Erhaltung, Besserung und Wiederherstellung der Erwerbsfähigkeit, Beitragszuschüsse sowie Betriebs- und Haushaltshilfe zur Aufrechterhaltung des Unternehmens der Landwirtschaft.

Teil III
Zusatzrente vom (Ex-) Chef

»Die richtige Rentenstrategie zu wählen ist wie die richtige Kopfbedeckung auszusuchen. Sie finden die, die am besten zu Ihnen passt und bleiben dabei.«

In diesem Teil ...

Rund 40 Millionen Arbeitnehmer in Deutschland versuchen, mit ihren regelmäßigen Einnahmen gut über die Runden zu kommen. Sie sind sogar bereit, Teile von Lohn oder Gehalt freiwillig und in der Regel Monat für Monat zur Seite zu packen, um die eigene finanzielle Versorgung zu sichern.

Mit einigen Euros in der Spardose ist es dabei allerdings nicht getan. Vor allem die Finanzierung von Ausfallzeiten ohne eigenes Einkommen kostet Geld und die Altersvorsorge schlägt noch kräftiger zu Buche. Um Arbeitnehmern, aber auch Selbstständigen bei der finanziellen Vorsorge zu helfen, haben sich Staat und Arbeitgeber in den vergangenen Jahren einiges ausgedacht.

Um die staatlichen und betrieblichen Fördermittel, mögliche Steuervorteile und andere Hilfen müssen Sie sich als Arbeitnehmer und als Selbstständiger allerdings schon selbst kümmern.

Viele Wege zur Betriebsrente

In diesem Kapitel
- Wie die betriebliche Altersvorsorge funktioniert
- Welche Formen der betrieblichen Altersvorsorge es gibt und worin sie sich unterscheiden
- Welche Probleme beim Stellenwechsel und bei Insolvenz des Arbeitgebers auftauchen können

Die betriebliche Altersversorgung ist älter als das deutsche Sozialversicherungssystem. Ihren Ursprung hat sie in der Industrialisierung, denn während dieser Zeit nahm die Anzahl der Fabriken und lohnabhängigen Arbeiter zu. Aus diesem Grund wurden auf der Basis der Freiwilligkeit bereits Mitte des 19. Jahrhunderts für die in Not geratenen Arbeiter und deren Familien die ersten Versorgungswerke gegründet. Sozialpolitisch verantwortungsvolle Arbeitgeber bewahrten so ihre ehemaligen Arbeiter vor der Armut nach dem Ausscheiden aus dem Betriebsleben.

Vorreiter der betrieblichen Altersversorgung waren die Versorgungswerke von Unternehmen wie Gute-Hoffnungs-Hütte (1850), Krupp und Friedrich Henschel (1858). Weitere große deutsche Unternehmen wie Siemens (1872) und BASF (1879) folgten in den 60er und 70er Jahren des 19. Jahrhunderts. Von einer betrieblichen Altersversorgung kann man aber erst ab dem Zeitpunkt sprechen, ab dem erkannt wurde, dass die Versorgungsleistungen für Arbeitnehmer nicht nur aus persönlichen oder karitativen Gründen gewährt werden sollten, sondern durchaus auch im Interesse des eigenen Betriebs lagen.

Durchgeführt wurde die Altersversorgung überwiegend mithilfe betrieblicher Pensionsfonds, oftmals wurden Leistungen auch unmittelbar aus dem Vermögen der Betriebe bezahlt. Im Übrigen gab es hierfür besondere Einrichtungen, so genannte Unterstützungskassen, die aber vor allem der Krankenversicherung dienten.

Schon in den Märchen der Gebrüder Grimm spielt die betriebliche Altersversorgung eine Rolle. Gleichzeitig macht das Märchen klar, dass die Vorsorge-Ratschläge von egoistischen Profis nicht immer zum gewünschten Erfolg führen. Die Rede ist von »Hans im Glück«, einem treuen Arbeiter, der nach sieben Jahren wieder nach Hause zurückkehren wollte und von seinem Arbeitgeber einen Klumpen Gold für seine Dienste erhielt. Aber das Riesenstück des wertvollen Metalls »so groß als Hansens Kopf« (an den heutigen Marktpreis des Goldklumpens mag man gar nicht denken), war Hans zu schwer – und er tauschte den Goldklumpen gegen ein Pferd ein. Als der Gaul allerdings mit ihm durchging, ließ er sich von einem Bauern für das Pferd eine Kuh aufschwatzen. Mit der Kuh kam er jedoch nicht zurecht, und so nutzte er das Angebot eines Metzgers zum Tausch gegen ein Schwein. Doch damit nicht genug

– geschäftstüchtige Handelspartner traf Hans auch weiterhin. Und so tauschte er das Schwein erst gegen eine Gans und die Gans dann gegen einen Schleifstein. Der fiel ihm zwar beim Trinken in den Brunnen, aber Hans war dennoch glücklich.»Mit leichtem Herzen und frei von aller Last sprang er nun fort, bis er daheim bei seiner Mutter war.« Das Vorsorgemodell mit der betrieblichen Altersversorgung muss allerdings, zumindest in Grimms Märchen, als gescheitert angesehen werden.

Besonders in den Jahren des jungen deutschen Wirtschaftswunders stiegen viele Betriebe in die zusätzliche Altersversorgung mit Betriebsrenten ein, um am Arbeitsmarkt besonders attraktiv zu erscheinen. Allerdings wuchsen zahlreichen Unternehmen die finanziellen Belastungen aus schon zugesagten Betriebsrenten über den Kopf, und sie schlossen ihre Versorgungssysteme für neue Mitarbeiter. Die Zahl derer, die überhaupt noch die Möglichkeit hatten, eine betriebliche Rente zu erhalten, wurde in den 1980er und 1990er Jahren immer kleiner.

Rechtlich war die betriebliche Altersversorgung bis 1972 lediglich durch das allgemeine Vertragsrecht geregelt, 1974 wurde das Gesetz zur Verbesserung der betrieblichen Altersversorgung verabschiedet. Bis 2001 war diese Altersversorgung in der Regel eine größtenteils unternehmensfinanzierte Zusatzversorgung.

 Seit Anfang 2002 haben Arbeitnehmer grundsätzlich einen Rechtsanspruch auf eine eigenfinanzierte betriebliche Altersversorgung.

Ganz sicher zum Rentenziel

Die herrlichen Zeiten, als die Betriebsrenten noch vom Arbeitgeber finanziert wurden, gehören längst der Vergangenheit an. In vielen Fällen müssen Sie sich als Arbeitnehmer um die nötigen finanziellen Einlagen selbst kümmern, nur in einigen Branchen und Unternehmen beteiligt sich das Unternehmen noch an der finanziellen Vorsorge für die spätere Betriebsrente.

Zumindest vier bedeutende Fragen wurden durch das Betriebsrentengesetz allerdings geregelt:

✔ Unverfallbarkeit der Ansprüche

✔ Anpassungspflicht

✔ Schutz vor Insolvenz

✔ Altersgrenze

Bis zu diesen neuen gesetzlichen Vorschriften hatte die betriebliche Altersvorsorge an Bedeutung verloren. Betriebsrenten, die allein das Unternehmen für seine Mitarbeiter finanziert, sind ein Auslaufmodell, und viele Arbeitnehmer hatten keine Lust und keinen Mut, mit eigenen Einzahlungen die Betriebsrente zu finanzieren.

Da die Mobilität in den Berufen deutlich größer geworden ist, bleiben nur noch wenige Arbeitnehmer mehr als zehn Jahre bei einem Arbeitgeber. Selbst große Traditionsunternehmen mussten schließen, und darüber hinaus waren Mitarbeiter mit einmal vereinbarten Zusagen über eine mehr oder minder niedrige Betriebsrente, die nicht mehr erhöht wird, nicht mehr zufrieden. Auch dank der neuen gesetzlichen Regelungen ist aber inzwischen im Bereich der betrieblichen Altersvorsorge wieder mehr Sicherheit eingekehrt, und bei allen Wegen zur Betriebsrente wächst das Kapital mittlerweile kräftig an.

Fünf Durchführungswege

Betriebsrenten können auf fünf verschiedenen Durchführungswegen organisiert werden:

✔ Direktzusage

✔ Unterstützungskasse

✔ Direktversicherung

✔ Pensionskasse

✔ Pensionsfonds.

Hinter Direktzusagen und Unterstützungskassen verbergen sich interne Lösungen des Arbeitgebers, der seine Zusagen dabei nicht oder nicht voll mit Kapital unterlegen muss. So kann der Betrieb das Versorgungskapital zwischenzeitlich auch für andere Zwecke und Investitionen verwenden. Deshalb kommt bei diesen beiden Varianten der Insolvenzsicherung besondere Bedeutung zu.

Bei den drei anderen Varianten überweist der Arbeitgeber die Sparbeiträge für die späteren Betriebsrenten an externe Versorgungsträger. Das hat den Vorteil, dass Sie diese Rentenansprüche leichter zu einem anderen Arbeitgeber mitnehmen können.

Arbeitgeber bieten die Direktzusage und Unterstützungskasse für die Masse der Arbeitnehmer selten an, da sie sie in der Regel stärker belasten als die anderen Varianten.

 Mit einer freien Auswahl der Durchführungswege können Sie in der Regel nicht rechnen. Der Arbeitgeber gibt vor, welche Variante im Unternehmen angeboten wird.

Direktzusage: Der Chef entscheidet

Bei der Direktzusage verpflichtet sich Ihr Arbeitgeber im Arbeitsvertrag, Ihnen im Alter oder bei Invalidität direkt eine finanzielle Unterstützung zu gewähren. Damit das Unternehmen später seine Pensionszusage auch halten kann, muss es Rückstellungen bilden, die sich in der Bilanz des Betriebs steuermindernd auswirken. Die versprochenen Leistungen muss das Unternehmen irgendwann einmal in einer Art Umlageverfahren aus den laufenden Erträgen finanzieren.

Bei der Direktzusage handelt es sich in der Regel um zwei Modelle:

✔ **Statische Versorgungszusage**: Dabei wird Ihnen für jedes Jahr, das Sie dem Betrieb angehören, ein fester Betrag als Rente zugesagt.

✔ **Dynamische Zusage:** Ein bestimmter Prozentsatz des Gehalts wird für jedes Jahr der Betriebszugehörigkeit als spätere Rente vereinbart. So ergeben sich daraus beispielsweise bei einem Rentensatz von 0,7 Prozent des Gehalts nach 14 Jahren Betriebszugehörigkeit 9,7 Prozent als zusätzliche Altersabsicherung.

Letztlich handelt es sich bei den Rücklagen des Arbeitgebers für die spätere Rentenzahlung um »aufgeschobenes Gehalt«. Um Missbrauch zu vermeiden, gilt als Obergrenze für die über eine Direktzusage pro Jahr versprochenen Mittel 75 Prozent des aktiven Gehalts eines Arbeitnehmers.

Üblicherweise beginnt die Zahlung der Altersrente aus einer Direktzusage mit dem Rentenbeginn des Arbeitnehmers, also (derzeit nach) dem 65. Geburtstag. Der Arbeitnehmer kann sich aber auch bei Rentenbeginn eine große Summe auf einmal auszahlen lassen. In beiden Fällen muss die Auszahlung aber voll versteuert werden, während in der Beitragsphase keine Steuern gezahlt werden müssen.

Direktzusagen erfordern bei den Unternehmen einen großen Aufwand, denn sie müssen nach versicherungsmathematischen Grundsätzen entsprechende Rückstellungen bilden, um im Versorgungsfall die zugesagten Leistungen an ihre Betriebsrentner zahlen zu können.

Selbst bei großen Konzernen sind Direktzusagen an ihre Mitarbeiter inzwischen stark umstritten. Vor allem in der internationalen Börsenwelt gelten die Verpflichtungen, die die Unternehmen mit einer Direktzusage eingehen, als nicht gedeckter Posten in der Bilanz und als finanzielles Risiko.

Weltweit tätige börsennotierte Konzerne versuchen seit Jahren, ihre Pensionsverpflichtungen umzumünzen – und auszulagern. Eine Lösung haben Unternehmen in der Gründung so genannter Pensionstrusts gefunden, in die Kapital für die Direktzusagen übertragen wird. An den Zusagen des Arbeitgebers gegenüber den Mitarbeitern ändert sich durch diese Trusts allerdings nichts.

Unterstützungskasse: Nicht mehr allein

Schon seit mehr als 150 Jahren gibt es in Deutschland Unterstützungskassen (U-Kassen) als rechtlich selbstständige Versorgungseinrichtungen: Unternehmen können eigene Unterstützungskassen gründen, so wie Krupp 1858 oder BASF 1872. Unterstützungskassen können dabei viele verschiedene Rechtsformen haben, von der Stiftung oder der GmbH bis zum eingetragenen Verein. Aktuell gibt es in Deutschland rund 5.000 Unterstützungskassen.

Einige Beispiele:

✔ BVV Versorgungskasse des Bankgewerbes: Die Kasse dient der Pensions- und Hinterbliebenenversorgung der Mitarbeiter deutscher Banken und anderer Finanzdienstleister (www.bvv-vers.de)

✔ Ufba e.V.: Unterstützungskasse zur Förderung der betrieblichen Altersversorgung. Rund 3.500 Unternehmen aus allen Branchen gestalten die betriebliche Altersversorgung über die Ufba (www.ufba.de)

7 ➤ Viele Wege zur Betriebsrente

✔ Versorgungskasse genossenschaftlich orientierter Unternehmen (VGU) e.V. mit mehr als 1.000 Mitgliedsunternehmen

✔ Metallrente-Unterstützungskasse: Sie wird von IG Metall und Metall-Arbeitgebern betrieben (www.metallrente.de)

Unterstützungskassen gelten als »verlängerter Arm des Arbeitgebers« und unterliegen teilweise ähnlichen Vorschriften wie die Direktzusage. Arbeitgeber, die ihre Betriebsrente allein über eine U-Kasse finanzieren, bezahlen ihre Zusage über Zuwendungen an die U-Kasse. Steuern oder Sozialabgaben muss der Arbeitgeber dafür nicht abführen. Die Zuwendungen an eine U-Kasse müssen, im Gegensatz zur Direktzusage, nicht einmal in der Bilanz des Unternehmens auftauchen. Stiftung Warentest urteilt: »Dieser Vorteil für Arbeitgeber sichert Unerstützungskassen möglicherweise noch sehr lange ihre Position in der betrieblichen Altersversorgung.«

Auch Arbeitnehmer können für ihre Betriebsrente steuer- und sozialabgabenfrei in die U-Kasse einzahlen. Der Betrag, der sozialabgabenfrei ist, entspricht bei allen Formen der betrieblichen Altersversorgung vier Prozent der Beitragsbemessungsgrenze der Rentenversicherung, erhöht sich also jährlich mit dem Anstieg dieser Grenze.

Bei der Auszahlung der Betriebsrente hält das Finanzamt die Hand auf, denn alle Einzahlungen waren ja steuerfrei. Bei einer Einmalzahlung fällt die Steuer auf einen Schlag an, bei der Rentenzahlung häppchenweise.

Dabei haben die Versorgungsberechtigten gegenüber der U-Kasse keinen direkten Rechtsanspruch auf Leistungen. Stattdessen besteht dieser Rechtsanspruch gegenüber dem Arbeitgeber, der der U-Kasse genügend Geld zukommen lassen muss, damit die zugesagte Betriebsrente gezahlt werden kann.

Verbraucherschützer und die Arbeitsgemeinschaft betriebliche Altersversorgung (aba) weisen darauf hin, dass Leistungsempfänger einer U-Kasse noch nie leer ausgegangen sind und dass die Rechtsprechung sich bisher immer als ausgesprochen arbeitnehmerfreundlich erwiesen hat.

Als ausgesprochen nachteilig für Arbeitnehmer gilt die geringe Flexibilität der Betriebsrenten aus einer Unterstützungskasse beim Jobwechsel. Nur bei branchenübergreifenden U-Kassen oder bei einem Arbeitsplatzwechsel innerhalb einer Branche können Sie Ihre Betriebsrente in einer neuen Firma problemlos fortsetzen. Möglich ist auch die Übertragung von einer U-Kasse auf eine andere. In anderen Fällen ist die Übertragung aber schwierig, wenn nicht gar unmöglich. Wenn Sie bei Ihrer Gehaltsumwandlung kein Vertrauen in eine U-Kasse haben, können Sie vom Arbeitgeber deshalb eine Alternative verlangen, zumindest eine Direktversicherung.

Direktversicherung: Versorgung außerhalb des Unternehmens

Direktversicherungen sind Lebens- oder Rentenversicherungen, die Ihr Arbeitgeber für Sie abschließt. Die Beiträge kann der Arbeitgeber allein bezahlen oder Sie als Arbeitnehmer oder beide zusammen. Für den Arbeitgeber ist die Direktversicherung der bequemste Durchführungsweg einer betrieblichen Altersversorgung, denn die Versicherungsgesellschaft übernimmt die gesamte Abwicklung und auch die Risiken.

Wenn Sie Teile Ihres Gehalts in Beiträge für eine betriebliche Altersversorgung umwandeln wollen, können Sie seit 2002 von Ihrer Firma verlangen, dass sie Ihnen mindestens eine Direktversicherung anbietet. Für Sie ist die Direktversicherung in Bezug auf den Wechsel des Arbeitgebers am flexibelsten.

Direktversicherungen gibt es in vielen Varianten, üblich ist in der Regel die klassische Form mit einem Garantiezins. Die Sparbeträge können bei einer fondsgebundenen Direktversicherung auch in Investmentfonds fließen.

Direktversicherungen in einem Gruppenvertrag für mehrere Mitarbeiter eines Unternehmens sind zudem oft kostengünstiger als Einzelverträge. Manchmal verzichten Versicherer für Gruppenverträge auf die sonst übliche Gesundheitsprüfung. Auch eine Erweiterung des Schutzes, zum Beispiel auf Berufsunfähigkeit, ist bei einer Direktversicherung oft einfacher möglich.

Seit 2002 dürfen Sie als Arbeitnehmer Direktversicherungen auch fürs Riester-Sparen nutzen und Beiträge aus Ihrem Nettoeinkommen zahlen. Aber steuerlich ist das von Nachteil, denn Sie müssen dabei sowohl für die Einzahlungen als auch für Auszahlungen Kranken- und Pflegeversicherungsbeiträge abführen. Besser ist es, die Riester-Förderung mit einem privaten Vertrag zu nutzen.

Pensionskasse: Versicherer für Betriebsrenten

Pensionskassen (PK) sind eigentlich Versicherungsunternehmen, die eben nur betriebliche Altersversorgung anbieten. Viele von ihnen haben die Rechtsform eines Versicherungsvereins auf Gegenseitigkeit oder einer Aktiengesellschaft. Die meisten dieser Pensionskassen gibt es erst seit einigen Jahren. Der Durchführungsweg der betrieblichen Altersversorgung über Pensionskassen hat sich allerdings schnell durchgesetzt, aktuell sind PK die am zweithäufigsten angewandte Methode.

Auch bei der Pensionskasse als externem Versorgungswerk verlässt Ihr Beitrag das Unternehmen. Damit ist der Bestand Ihrer Betriebsrente nicht mehr direkt vom Zustand des Unternehmens abhängig. Ihre Beiträge aus Entgeltumwandlung an eine Pensionskasse gelten steuerlich als Einkommen, weil das Geld den Betrieb verlässt und Sie dafür rechtsverbindliche Ansprüche erwerben.

Pensionskassen gelten als besonders sicher. Sie unterliegen der Versicherungsaufsicht durch die BaFin und dürfen zum Beispiel ebenso wie Versicherungen nur höchstens 35 Prozent des Kapitals in Aktien anlegen.

7 ➤ Viele Wege zur Betriebsrente

Verbraucherschützer stellten bei aktuellen Tests fest, dass vor allem Versicherungsvereine auf Gegenseitigkeit hohe Renten fest anbieten. Welche Anbieter allerdings in Ihrem Unternehmen zum Zuge kommen, entscheidet der Arbeitgeber. Deshalb sollten Sie sich die Unterlagen zu Ihrem Vorsorgevertrag bei einer Pensionskasse vor Ihrer Entscheidung sehr genau anschauen. Vor allem Zusatzleistungen, die Ihnen von einer Pensionskasse angeboten werden, sollten Sie kritisch unter die Lupe nehmen. So können Sie beispielsweise Angehörige besser und preisgünstiger mit einer Risiko-Lebensversicherung absichern.

Ende 2008 boten nach Angaben von Stiftung Warentest verschiedene, für alle Unternehmen offene Versicherungsvereine am meisten Rente. Bei den Modell-Untersuchungen wurden Männer und Frauen im Alter von 37 Jahren unterstellt, die einmal pro Jahr aus ihrem Bruttogehalt per Entgeltumwandlung 2.100 Euro Beitrag einzahlen. Der Vertrag beginnt bei de Modellrechnung Mitte 2008 und läuft über 30 Jahre. Die vertraglich zugesagte Mindestrente, die sich noch um Überschussanteile erhöhen könnte, betrug bei den Versicherungsvereinen bis zu 568 Euro, bei den Aktiengesellschaften hingegen maximal 365 Euro.

Bei den zugesagten oder garantierten monatlichen Renten der Pensionskassen ist allerdings Vorsicht angebracht. So sagen vor allem die Versicherungsvereine hohe Renten zu, können sich allerdings auch täuschen. Die Versicherungsgesellschaften hingegen garantieren nur wenig Rente, aber diese Zahlungen sind auf jeden Fall sicher, selbst wenn die Kasse zahlungsunfähig wird. Im schlechtesten Fall muss dann der gesetzliche Sicherungsfonds Protektor einspringen und für die garantierten Leistungen aufkommen. Die Vereine gehören Protektor nicht an.

Pensionskassen im Überblick:

- ✔ Allianz Pensionskasse AG, www.allianz.de
- ✔ Alte Leipziger Pensionskasse AG, www.alte-leipziger.de
- ✔ Ara Pensionskasse AG, www.wuerttembergische.de
- ✔ BVV Versicherungsverein des Bankgewerbes aG, www.bvv-vers.de
- ✔ Debeka Pensionskasse AG, www.debeka.de
- ✔ Delta Lloyd Pensionskasse AG, www.deltalloyd.de
- ✔ Deutsche Steuerberater-Versicherung, www.ds-versicherung.de
- ✔ Dresdener Pensionskasse VVaG, www.dresdener-pensionskasse.de
- ✔ Gothaer Pensionskasse AG, www.gothaer-pensionskasse.de
- ✔ Hamburg-Mannheimer Pensionskasse AG, www.hamburg-mannheimer.de
- ✔ Kölner Pensionskasse VVaG, www.koelner-pensionskasse.de
- ✔ Metallrente GmbH, www.metallrente.de
- ✔ Nürnberger Pensionskasse AG, www.nuernberger.de

✓ Optima Pensionskasse AG, www.optima-pensionskasse.de

✓ Pensionskasse für die Deutsche Wirtschaft, www.pkdw.de

✓ Pro bAV Pensionskasse AG, www.axa.de

✓ R + V Pensionskasse AG, www.ruv.de

✓ Signal Iduna Gruppe Pensionskasse AG, www.signal-iduna.de

✓ Sparkassen Pensionskasse AG, www.s-pension.de

✓ Swiss Life Pensionskasse AG, www.swisslife.de

✓ Vereinigte Pensionskassen VVaG, www.vereinigte-pensionskassen.de

✓ Versorgungskasse Deutscher Unternehmen VVaG, www.versorgungskasse.de

✓ Victoria Pensionskasse AG, www.victoria.de

✓ Winsecura Pensionskasse AG, www.winsecura.de

Pensionsfonds: Mehr Risiko inklusive

Selbstverständlich wollten sich die großen Versicherer und Finanzdienstleister den lukrativen, gebührenträchtigen Markt der betrieblichen Altersvorsorge auch bei spekulativeren Anlageobjekten nicht entgehen lassen. Und da gerade der Aktienmarkt vor einigen Jahren wieder dicke Renditen versprach, wurde der fünfte Durchführungsweg der betrieblichen Altersversorgung mit Pensionsfonds gestartet.

Prinzipiell funktionieren Pensionsfonds ähnlich wie Pensionskassen. Aber Pensionsfonds dürfen das Sparkapital, das Sie zur Verfügung stellen, uneingeschränkt in börsennotierte Geldanlagen wie Aktien oder Aktienfonds investieren. Deshalb eröffnen Pensionsfonds höhere Chancen, bringen aber auch größere Risiken mit sich.

Vor allem für jüngere Arbeitnehmer könnte ein Pensionsfonds attraktiver erscheinen als die anderen Durchführungswege der betrieblichen Alterversorgung. Sie haben auch die Zeit, um einen Börsencrash in Ruhe auszusitzen.

Sicher vor Hartz IV und Insolvenz

Wie die gesetzliche Rente spielt auch die Betriebsrente bei der Frage, ob und wie viel Arbeitslosengeld II Sie bekommen, keine Rolle. Nur bei Betriebsrenten, die aufgelöst und kapitalisiert werden können, kann die Bundesagentur für Arbeit prüfen, ob eine Verwertung wirtschaftlich sein könnte.

Der Insolvenzschutz für die Betriebsrenten hängt davon ab, welchen der fünf Durchführungswege der Arbeitgeber gewählt hat:

✓ Firmen, die eine Direktzusage, eine Unterstützungskasse oder einen Pensionsfonds anbieten, sind gesetzlich verpflichtet, Mitglied im Pensions-Sicherungs-Verein (PSV) zu werden. Beim Pensionsfonds tritt der PSV allerdings erst an zweiter Stelle für die Betriebsrente ein. Zwar kann der Arbeitgeber pleite sein, aber der PSV übernimmt die Zahlung erst dann, wen auch der Fonds nicht mehr zahlen kann.

✔ Mit Direktversicherungen hat der Arbeitgeber nichts zu tun, denn die Zahlungen für die Betriebsrente hat eine Lebensversicherung bekommen. Geht ein Unternehmen pleite, ist das Geld der Kunden durch Protektor, den Sicherungsverein der Lebensversicherer, geschützt. In Ausnahmefällen, zum Beispiel, wenn der Arbeitgeber noch kein unwiderrufliches Bezugsrecht für den Arbeitnehmer vereinbart oder die Ansprüche des Arbeitnehmers verpfändet oder beliehen hatte, kommt der PSV für Renten und Anwartschaften auf.

✔ Pensionskassen sind nicht durch den PSV gesichert. Pensionskassen können dem Sicherungsfonds der Versicherungen Protektor beitreten, die namhaften sind es bereits.

Bevor Sie einen Vertrag mit einer Pensionskasse unterschreiben, sollten Sie auf jeden Fall in Erfahrung bringen, ob sie Mitglied im Sicherungsfonds Protektor ist.

Um eine Pleite der Firma abzuwenden, dürfen Arbeitgeber ausnahmsweise in die von ihnen finanzierte betriebliche Altersversorgung ihrer Mitarbeiter eingreifen. Dabei müssen sie sich an genaue Vorgaben des Bundesarbeitsgerichts halten. Wie stark die Arbeitnehmer getroffen werden, hängt davon ab, wie schlecht es dem Unternehmen geht:

✔ **Erhebliche wirtschaftliche Belastungen:** Wenn die Firma unter erheblichen wirtschaftlichen Belastungen leidet, darf sie die Anwartschaft auf den bereits vom Arbeitnehmer erworbenen Teil einfrieren. Weitere Steigerungen der zugesagten Betriebsrente gibt es dann nicht mehr.

✔ **Gefahr nachhaltigen Substanzverlustes:** Wenn für die Firma die Gefahr nachhaltigen Substanzverlusts droht, können die noch kommenden Jahre bei der Rentenberechnung ausgeklammert werden.

✔ **Wirtschaftliche Notlagen:** Am härtesten trifft es die Arbeitnehmer, wenn der Arbeitgeber Betriebsrentenansprüche kürzt, die sie bereits erworben haben. Das ist nur in wirtschaftlichen Notlagen des Unternehmens möglich.

Je weiter Versicherte von der Rente entfernt sind, desto einfacher ist ein Eingriff möglich. Betriebsrentner sind deshalb am besten geschützt, an laufenden Renten darf normalerweise nichts geändert werden.

Da der PSV-Schutz den Arbeitgeber Geld kostet (als Jahresbeitrag des Arbeitgebers kommen fünf bis zehn Prozent der gesamten bAV-Beiträge zusammen), favorisieren die meisten Unternehmen Direktversicherungen und Pensionskassen als Durchführungsweg der betrieblichen Altersversorgung, denn sie erfordern keine PSV-Beiträge.

Arbeitgeberwechsel ohne Probleme

Seit 2005 können Sie als Arbeitnehmer ihre Betriebsrente beim Arbeitsplatzwechsel mitnehmen und bei Ihrem neuen Arbeitgeber fortsetzen. Das gilt aber nur für Betriebsrenten über eine Pensionskasse, einen Pensionsfonds oder eine Direktversicherung. Verträge, die vor 2005 geschlossen wurden, fallen nicht darunter und generell auch keine Betriebsrenten aus Unterstützungskassen und Direktzusagen.

Seit 2005 sind Firmen dazu verpflichtet, Angestellte bei berechtigtem Interesse über die voraussichtliche Höhe ihrer Zusatzrente zu informieren. Deshalb sollten Sie vor einem Jobwechsel in jedem Fall in Erfahrung bringen, welche Rentenansprüche Sie schon haben und wie viel Geld Sie mitbekämen. Nach dem Verlassen einer Firma haben Sie genau ein Jahr Zeit, um Ihre Betriebsrentenansprüche abzuholen und bei Ihrem neuen Arbeitgeber einzuzahlen.

Der Übertragungswert entspricht dem Wert der unverfallbaren Anwartschaft auf betriebliche Altersversorgung. Maximal darf ein Arbeitnehmer einen Betrag in Höhe der jährlichen Beitragsbemessungsgrenze in der gesetzlichen Rentenversicherung mitnehmen. Im Jahr 2008 konnte ein Arbeitnehmer also die Übertragung von bis zu 63.600 Euro verlangen.

Die Kosten der Mitnahme Ihrer Ansprüche auf eine Betriebsrente müssen Sie übernehmen. Sie werden in der Regel vom übertragenen Kapital abgezogen.

Wenn Sie Ihre Ansprüche auf eine Betriebsrente nicht mitnehmen können oder wollen, lassen Sie sie bei Ihrer alten Firma stehen. Meistens können Sie die Betriebsrente mit privaten Beiträgen weiter auffüllen, aber die Einzahlungen dafür sind weder steuer- noch sozialabgabenfrei. Dafür wird der Anteil der Betriebsrente, den Sie aus der privaten Tasche bezahlt haben, später nur gering besteuert.

Auch Betriebsrenten steigen

Selbstverständlich macht die Inflation auch vor Ihrer Betriebsrente nicht Halt. Aber während sich die Rentner, die ihre Betriebsrente von einer Pensionskasse, einer Direktversicherung oder einem Pensionsfonds bekommen, um Erhöhungen nicht kümmern müssen, sind die meisten anderen Betriebsrentner auf das Wohlwollen ihrer ehemaligen Arbeitgeber angewiesen.

Laut Gesetz, nämlich § 16 des Gesetzes zur Verbesserung der betrieblichen Altersversorgung, sind Arbeitgeber bei Direktzusagen und Unterstützungskassen lediglich verpflichtet, alle drei Jahre die Rentenhöhe zu prüfen. Aber dabei kommen nicht nur Ihre Belange als Rentner zum Tragen, sondern auch die wirtschaftliche Lage des Arbeitgebers.

Nach Angaben des Bundesverbands der Betriebsrentner wird dann gebetsmühlenartig die schlechte wirtschaftliche Lage als Begründung angeführt, die Renten nicht zu erhöhen. Über ihre Entscheidung müssen die Arbeitgeber die Betriebsrentner nicht einmal unaufgefordert informieren.

Als Betriebsrentner fordern Sie Ihren alten Arbeitgeber am besten alle drei Jahre auf, die Erhöhung Ihrer Rente zu prüfen. Wenn der Arbeitgeber ablehnt oder nur ein dürftiges Angebot unterbreitet, sollten Sie innerhalb von drei Monaten Widerspruch einlegen. Reagiert die Firma nicht auf den Widerspruch, bleibt Ihnen nur noch der Gang zum Arbeitsgericht. Die Firma ist dann in der Beweispflicht und gezwungen, genau zu begründen, warum es nicht möglich ist, die Betriebsrente zu erhöhen.

Statt Rentengeld Überstunden sammeln

Eigentlich haben die Überstunden, die Sie ab und zu oder sogar regelmäßig bei Ihrem Arbeitgeber leisten, nichts mit Betriebsrenten zu tun, aber in mehr und mehr Unternehmen kann die geleistete Mehrarbeit, auf so genannten Wertkonten gesammelt, in die betriebliche Altersversorgung einfließen. In anderen Betrieben wird das Wertkonto dazu genutzt, als Mitarbeiter bereits früher als zum gesetzlichen Rentenbeginn in den Ruhstand zu gehen.

So stellen die Wertkonten keinen sechsten Durchführungsweg zur betrieblichen Altersversorgung dar, sondern sind rechtlich im Gesetz zur sozialrechtlichen Absicherung flexibler Arbeitszeitregelungen (Flexi-Gesetz) geregelt. Die Wertkonten sollen eine individuelle Gestaltung der Lebensarbeitszeit bis zum Eintritt in den Ruhestand ermöglichen.

Bei den Wertkonten wird zwischen Kurzzeit- und Langzeitkonten unterschieden. Nach Angaben des Wirtschafts- und Sozialwissenschaftlichen Forschungsinstituts (WSI) der gewerkschaftsnahen Hans-Böckler-Stiftung werden in über 70 Prozent der Betriebe Arbeitszeitkonten geführt. Oft handelt es sich dabei um Kurz- oder Gleitzeitkonten, mit denen Arbeitszeitschwankungen kurzfristig ausgeglichen werden. Sie beziehen sich deshalb zumeist auf einen monatlichen oder jährlichen Zeitraum.

Immer häufiger bieten Unternehmen aber auch Langzeitkonten an, auf denen Mitarbeiter Zeit oder Geld ansparen können. Damit können Arbeitnehmer zum Beispiel aus dem Arbeitsleben aussteigen und sich eine Ausbildung oder ein Sabbatical finanzieren. Sie können die geleistete Mehrarbeit allerdings auch dazu nutzen, um vorzeitig in den Ruhestand zu gehen und ihr Arbeitszeitpolster in der Zeit bis zur ersten Rentenzahlung aufzubrauchen.

Wenn Ihr Arbeitgeber Insolvenz anmelden muss und sich in de Pleite verabschiedet, können auch die angesparten Arbeitszeiten verloren gehen. Im Jahre 2008 war nach wissenschaftlichen Umfragen nur jedes vierte Zeitwertkonto gegen Insolvenz gesichert. Nach dem neuen Flexi-Gesetz, das am 1.1.2009 in Kraft trat, werden die Guthaben gegen Insolvenz geschützt.

Für die eigene finanzielle Vorsorge bietet sich die Umwandlung des Zeitwerts auf einem Wertkonto in den Anspruch auf eine Betriebsrente an. In einigen Unternehmen können die Mitarbeiter bereits ihre Guthaben auf einem Zeitwertkonto in Beiträge für die Betriebsrente umwandeln. Einzahlungen bis 2.544 Euro pro Jahr sind aktuell steuer- und sozialabgabenfrei. Im Gegenzug werden für die Betriebsrenten allerdings diese Abgaben fällig. Für die Umwandlung kommen alle fünf Wege der betrieblichen Altersversorgung infrage.

Natürlich besteht grundsätzlich auch bei einem Wechsel des Arbeitgebers die Möglichkeit, das angesparte Wertguthaben auf den Folgearbeitgeber zu übertragen. Aber eine solche Übertragung kann in der Regel nur klappen, wenn das Konto in Geld geführt wird und der neue Arbeitgeber auch Zeitwertkonten anbietet.

Finanzielle Vorsorge – ein Stück Firma

Über die Beteiligung der Mitarbeiter an ihrem eigenen Arbeitgeber streiten Experten aller politischen Richtungen und Lager bereits seit Jahren. Schon bisher gibt es mehrere Möglichkeiten, die Angestellten am Erfolg (oder Misserfolg) einer Firma zu beteiligen:

✔ **Erfolgsbeteiligung**: Zusätzlich zu Ihrem Gehalt bekommen Sie eine Prämie. Bei einer investiven Gewinnbeteiligung wird das Geld nicht in bar ausgezahlt, sondern bleibt im Unternehmen. Daraus entsteht im Laufe der Jahre ein Mitarbeiterguthaben. Die Beschäftigten dürfen dann eine Zeitlang nicht über ihr Kapital verfügen, es wird nachgelagert versteuert und bleibt zunächst sozialabgabenfrei.

✔ **Direkte Beteiligung**: Als Möglichkeiten bieten sich bisher stille Beteiligungen, Genussrechte, indirekte Beteiligungen, die Übernahme eines GmbH-Anteils oder Belegschaftsaktien.

Weitere Impulse für eine verstärkte Mitarbeiterbeteiligung will die Bundesregierung durch die verbesserte steuerliche Förderung von Vermögensbeteiligungen sowie eine Änderung des Investmentgesetzes erreichen. So sollen sich Arbeitnehmer durch neue Mitarbeiter-Fonds indirekt an mehreren Unternehmen einer Branche beteiligen können. Die Fonds müssen garantieren, dass sie nach einer Anlaufphase von zwei Jahren mindestens 75 Prozent der Mittel in jene Betriebe investieren, von deren Mitarbeitern das Geld kommt. Nach Aussagen der Bundesregierung will eine Reihe von Kreditinstituten dazu Fonds anbieten.

Noch vor der endgültigen Verabschiedung und Umsetzung des Gesetzes kritisierten Verbandsvertreter und Verbraucherschützer, dass es schon heute genügend Möglichkeiten gebe, Aktien und Fondsanteile zu erwerben. Die neuen Mitarbeiter-Fonds seien für die Beschäftigten sogar riskanter, weil sie damit ihr gesamtes Geld auf eine Branche oder eine Firma konzentrierten. Das oberste Gebot beim Vermögensaufbau und der finanziellen Vorsorgeplanung, nämlich das Kapital möglichst breit zu streuen, wäre bei derartigen Mitarbeiter-Fonds allerdings verletzt. Die Anleger würden sich zu stark am Erfolg und Misserfolg der eigenen Branche beteiligen.

Arbeitgeber und Staat in der Pflicht

In diesem Kapitel

▶ Warum private finanzielle Vorsorge ohne Hilfe nicht klappt

▶ Wie der Staat die finanzielle Vorsorge unterstützt

▶ Was Arbeitgeber zur Vorsorge beitragen können und müssen

Ganz allein schafft es keiner. Zwar mögen sich einige Menschen immer noch einbilden, dass sie völlig eigenständig und ohne jede fremde Hilfe durchs Leben gehen können, aber der Wunsch, eine passende Partnerin oder einen geeigneten Partner zu finden, eine Familie zu gründen, einen Kreis echter Freunde aufzubauen, dominiert sicherlich auch Ihr Leben. Und Philosophen aller Länder, Denkrichtungen und Ideologien sind seit Jahrhunderten mit der Erklärung und Deutung dieses Wunsches beschäftigt.

Erst die Wünsche des Menschen, innerhalb eines Paares und in einer Gruppe etwas darzustellen, sich selbst zusätzliche Entfaltungschancen zu eröffnen, sich ungefährdet, bequem und sicher mit und gegenüber anderen Menschen zu fühlen, lässt den Wunsch nach Vorsorge, auch nach privater finanzieller Absicherung und Entwicklungsperspektive entstehen.

Sehr schnell bemerken die handelnden Personen dabei, dass sie nur gemeinsam mit anderen oder gestützt von ihrem Umfeld die nötige Kraft entwickeln können. Und da der kleine persönliche Kreis von Freunden und Verwandten nicht in jeder Lebenssituation ausreicht, werden eben weiterreichende Beziehungsringe aufgebaut oder akzeptiert. Da die meisten Menschen von ihrer täglichen Arbeit leben, gehört de Arbeitgeber oder seine Agenten dazu. Auch dem Staat, von der Dorfgemeinschaft und den amtlichen Einrichtungen und Behörden kommt dabei Bedeutung zu.

An deren Hilfe und Unterstützung in verschiedenen Phasen unseres Lebens haben Sie sich schon lange gewöhnt. Auch bei der finanziellen Vorsorge spielen sie eine wichtige Rolle.

Vater Staat an Ihrer Seite?

Ohne Vater Staat geht vieles in der Gesellschaft nicht. Er kümmert sich um Landesverteidigung und innere Sicherheit, sorgt für die schulische Bildung des Nachwuchses, kümmert sich um Straßenbau und Kulturleben, um Rechtsprechung und viele weitere Aufgaben.

Dafür sammeln Kommunen, Länder und Bund zwar auch Steuern jeder Art bei Ihnen ein, aber Ihr finanzielles Wohlergehen wird gleichzeitig durch gezielte Steuer- und Abgabevergünstigungen sowie finanzielle Fördermittel wirksam unterstützt. Und wenn Ihre Bemühungen, die private finanzielle Vorsorge in jeder Lebensphase selbst zu sichern, mal nicht funktionieren, hilft der Staat ein bisschen aus.

Nach den aktuellsten Angaben des Statistischen Bundesamtes vom September 2008 erhielten Ende 2006 rund 8,3 Millionen Menschen Hilfe aus den staatlichen Mindestsicherungssystemen. Dazu gehören beispielsweise Hartz IV-Leistungen wie Arbeitslosengeld II und Sozialgeld, Grundsicherung und Leistungen für Asylbewerber. 2006 kostete die Unterstützung der Bedürftigsten den Staat fast 46 Milliarden Euro.

Trotz des rein statistisch Jahr für Jahr wachsenden Volksvermögens im Billionen-Bereich sieht sich der Staat zur Erhaltung des sozialen Friedens regelmäßig aufgefordert, gerade für die Ärmsten und Benachteiligten der Gesellschaft die finanziellen Leistungen zu verbessern. So wurden zum Beispiel für das Jahr 2009 folgende Änderungen der Sozialleistungen angekündigt oder bereits umgesetzt:

- ✔ **Kinderförderung**: Eltern erhalten ab Anfang 2009 für das erste und zweite Kind jeweils zehn Euro mehr Kindergeld pro Monat. Die Förderung beträgt dann 164 Euro je Kind. Für das dritte Kind erhöhte sich der Zuschuss um 16 Euro auf 170 Euro, auch für das vierte und jedes weitere Kind gibt es 16 Euro mehr (dann 195 Euro).

- ✔ **Kinderfreibetrag**: Der Freibetrag für jedes Kind steigt Anfang 2009 von 3.648 Euro auf 3.840 Euro. Zusammen mit dem Bereuungs- und Erziehungsfreibetrag gelten damit künftig Freibeträge für jedes Kind von insgesamt 6.000 Euro.

- ✔ **Kinderzuschlag**: Paare mit Kindern, die monatlich nur wenig mehr als 900 Euro verdienen, sowie Alleinerziehende mit einem Einkommen knapp über 600 Euro sollen ab Oktober 2009 einen Zuschlag zum Kindergeld bekommen, wenn das Gesamteinkommen der Familie nicht zum Leben reicht. Der Kinderzuschlag wird auf bis zu 140 Euro pro Kind aufgestockt.

- ✔ **Zuschuss zum Schulbedarf**: Hilfebedürftige Schülerinnen und Schüler erhalten ab 2009 eine zusätzliche Leistung für Schulbedarf in Höhe von 100 Euro pro Schuljahr. Den Zusatzbeitrag gibt es bis zum Abschluss der Jahrgangsstufe 10 jeweils zum Schuljahresbeginn.

- ✔ **Kurzarbeitergeld**: Die Bezugsdauer von Kurzarbeitergeld wird befristet für ein Jahr von bislang 12 auf 18 Monate verlängert.

- ✔ **Wohngeld**: Seit Januar 2009 fließen die Heizkosten anteilig in die Berechnung des Wohngeldes ein. Das durchschnittlich gezahlte Wohngeld soll von 92 auf 142 Euro je Haushalt steigen.

Wachsende Ungleichheit

Zu einer wirksamen Veränderung der Einkommens- und Vermögensverteilung führen staatliche Maßnahmen allerdings nicht. Kritiker kommen eher zum Ergebnis, dass sich die Ungleichheit in der deutschen Gesellschaft zum Negativen verändert.

Aktuelle Zahlenangaben zu Armut und Reichtum sind nur schwer zu ermitteln. Vor ihrer Veröffentlichung werden entsprechende Daten in der Regel auch noch politisch bewertet und zwischen Forschern, Statistikern und Behörden hin und her geschoben. So sind auch beim aktuellen »Armut- und Reichtumsbericht« der Bundesregierung aus dem Jahre 2008 manche Daten schon einige Jahre alt.

Nach Angaben der Bundesregierung nahm die Ungleichverteilung der Einkommen in den letzten Jahren deutlich zu. So sank die Lohnquote, also der Anteil der Löhne und Gehälter am Volkseinkommen, zwischen 2002 und 2005 von 71,6 auf 67,0 Prozent. Im Gegenzug stiegen dagegen die Einkommen aus Unternehmertätigkeit und Vermögen. Während die obersten zehn Prozent zwischen 2003 und 2006 als einzige Gruppe einen Einkommenszuwachs von 4,2 Prozent verzeichnen konnten, haben alle anderen Einkommensgruppen real Einkommen eingebüßt.

Nach Angaben des Armuts- und Reichtumsberichts ist das Armutsrisiko in Deutschland seit dem Jahr 2000 dramatisch gestiegen. Im Jahr 2006 lebten rund 14,9 Millionen Menschen unterhalb der Armutsrisikoschwelle. Den meisten Bürgern, die in Armut leben müssen, gelingt, so ein Gutachten von Armutsforschern, der Sprung aus der Armut nicht.

Ungerechter Gesetzgeber

Im offiziellen Armutsbericht erfahren Leser, dass gut sechs Prozent der Bevölkerung als reich gelten können. Ihr Einkommen ist mindestens doppelt so hoch wie das mittlere Einkommen der Bevölkerung. Nach Angaben des Berichts ist die Zahl der Reichen zwischen 2003 und 2006 um einen Prozentpunkt gestiegen. Noch stärker wuchs die Zahl derjenigen, die das Dreifache des mittleren Einkommens verdienen.

Die Wissenschaftler um den Frankfurter Ökonomen Richard Hauser kommen zum Fazit:

> »Die vorliegenden Analysen zeigen ganz deutlich, dass von den wiederholten Steuertarifsenkungen fast ausschließlich die oberen und obersten Einkommensbezieher profitieren konnten. Die breite Masse der Bevölkerung erlitt dagegen für den Zeitraum 2003 bis 2006 reale Nettoeinkommensverluste.«

Kritiker bewerteten den Armuts- und Reichtumsbericht der Bundesregierung aus dem Jahre 2008 daher auch eher als »Armutsbeschönigungsbericht«.

Finanzielle Vorsorge ist für Menschen, die in Armut leben oder von ihr bedroht sind, in der Regel nicht oder kaum zu leisten. Von staatlicher Seite ist für die finanzielle Vorsorge nur wenig oder gar keine Unterstützung zu erwarten.

Steuern sparen fürs Alter

Bei der betrieblichen Altersvorsorge greift der Staat den Arbeitnehmern vor allem durch kräftige Steuerentlastungen sowie Nachlässe bei den Sozialabgaben unter die Arme. Ursprünglich sollten die Arbeitnehmer ab 2009 für ihre Beiträge zur Altersvorsorge wieder Sozialabgaben zahlen, doch inzwischen wurde die geltende Regelung unbefristet verlängert. Seit 2005 folgen die Steuerregeln für alle fünf Varianten der betrieblichen Altersvorsorge demselben Prinzip: Als Arbeitnehmer erhalten Sie daraus im Alter voll steuerpflichtige Kapitalsumme oder Renten. Im Gegenzug zahlen Sie für den Lohn, den Sie für die Altersvorsorge ausgeben, keine Steuern und keine Sozialabgaben.

In die betriebliche Altersvorsorge investierter Lohn ist bis zur Höhe von vier Prozent der Beitragsbemessungsgrenze für die gesetzliche Rentenversicherung steuerfrei. Zusätzlich können Arbeitnehmer, allerdings ohne Ersparnis von Sozialabgaben, 1.800 Euro Lohn im Jahr steuerfrei investieren.

2009 stieg die Beitragsbemessungsgrenze in der Rentenversicherung auf 64.100 Euro. Dies entspricht einem regelmäßigen Monatseinkommen von 5.400 Euro. In den neuen Bundesländern erhöhte sich der Satz 2009 auf 54.600 Euro pro Jahr (monatlich: 4.550 Euro). Damit bleiben 2009 Einzahlungen in die betriebliche Altersvorsorge bis zu 2.592 Euro von Steuern und Sozialabgaben verschont.

Unter dem Strich bedeutet die Befreiung von Steuern und Sozialabgaben eine massive Förderung der Betriebsrente. Wenn Sie davon ausgehen, dass Sie von Ihrem Bruttogehalt rund 30 Prozent an Steuern zahlen und 20 Prozent Sozialabgaben, dann stammen 50 Prozent Ihrer Beiträge zur Betriebsrente aus ersparten Steuern und Sozialabgaben. Bei einer Zahlung von 100 Euro in ein betriebliches Versorgungswerk kämen dann 50 Euro aus den Einsparungen.

Die Förderung wirkt sich dabei je nach Familienstand und Einkommenshöhe unterschiedlich aus. So kommen Alleinstehende auf eine Förderquote von 50 bis 60 Prozent, bei Alleinverdienern einer Familie erreicht die Quote 40 bis 50 Prozent. Bei Einkommen oberhalb der Beitragsbemessungsgrenzen für die gesetzliche Krankenkasse und Pflegeversicherung sowie der gesetzlichen Rentenversicherung geht die Förderquote jeweils etwas zurück, weil entsprechend weniger oder gar keine Sozialbeiträge gespart werden.

Wenn Sie aufgrund Ihrer betrieblichen Altersvorsorge weniger in die gesetzliche Rentenversicherung einzahlen, bekommen Sie später weniger gesetzliche Rente. Aber die Förderung für die Betriebsrente macht den Ausfall bei der gesetzlichen Rente mehr als wett.

Unternehmen auch dabei

Bei der betrieblichen Altersvorsorge sparen nicht nur die Arbeitnehmer, auch für Arbeitgeber ist die Gehaltsumwandlung und die damit verbundene Steuer- und Sozialabgabenbefreiung attraktiv. Denn auch sie sparen die obligatorische Hälfte der von ihnen zu entrichtenden Sozialabgaben für den Betrag, für den auch der Arbeitnehmer keine Abgaben abführen muss.

Das Recht, aber auch die Pflicht, ihren Arbeitnehmern ein Anlagemodell oder mehrere Möglichkeiten für die betriebliche Altersvorsorge anzubieten, lastet auf den Schultern der Arbeitgeber. Vor allem kleinere Betriebe klagen über die zusätzliche Belastung, die sich für sie dadurch ergibt. Andererseits wird es von Arbeitnehmen in der Regel psychologisch als günstig beurteilt, wenn der Chef ein Modell der betrieblichen Altersversorgung anbietet.

Häufig legen Unternehmen deshalb die eingesparten Sozialversicherungsbeiträge bei ihren Arbeitnehmern oben drauf und ergänzen die Vorsorge ihrer Arbeitnehmer entsprechend.

Aber die Verantwortung der Arbeitgeber reicht bei der betrieblichen Altersvorsorge weiter. Versicherte Arbeitnehmer, die durch überhöhte Gebühren oder durch Zillmerung, also die Berechnung der Kosten gleich zu Beginn der Laufzeit des Vertrags, Einbußen erlitten haben, können ihren Arbeitgeber in Regress nehmen. Auch wenn der von der Firma angebotene Vertrag deutlich niedrigere Renditen erzielt als Konkurrenzprodukte, kann das eine Klage rechtfertigen.

Eine Arbeitnehmerin hatte drei Jahre lang insgesamt 6.230 Euro in eine betriebliche Altersversorgung einbezahlt. Beim Ausscheiden aus dem Betrieb sollte sie jedoch lediglich 639 Euro als Versicherungswert erhalten. Mehr als 5.000 Euro seien Provisionen gewesen, teilte ihr Arbeitgeber mit. Dem schob das Landesarbeitsgericht München (Az.: 4 Sa 1152/06) einen Riegel vor: Der Arbeitgeber müsse der Mitarbeiterin den Differenzbetrag ersetzen. Für die steuerlich geförderten Betriebsrenten gelte das »Gebot der Wertgleichheit«. Dem Arbeitnehmer müsse also auch in der Ansparphase immer mindestens so viel zustehen, wie er eingezahlt hat. Im Zweifelsfall haftet der Arbeitgeber, der in der Regel sowohl den Vermittler als auch den Anbieter der Altersvorsorgeverträge ausgewählt hat.

Forderungen können Versicherte drei Jahre lang geltend machen, gerechnet ab dem Ende des Jahres, in dem sie von den Ansprüchen erfahren. Als Abbruch gelten Kündigung und Beitragsfreistellung, aber auch die Mitnahme des Guthabens zu einem neuen Arbeitgeber.

Klauseln im Tarifvertrag

Zwar dürfen Arbeitgeber frei darüber entscheiden, welche und wie viele Anlagemodelle der betrieblichen Altersversorgung sie ihren Mitarbeitern anbieten, aber es gibt dabei einen so genannten »Tarifvorbehalt«. Firmen mit Tarifbindung müssen sich an die Spielregeln halten, die Arbeitgeber- und Arbeitnehmervertreter ausgehandelt haben.

Dieser Tarifvorbehalt wurde mit der Rentenreform 2001 in das Betriebsrentengesetz aufgenommen. Tarifliche Abmachungen gehen in den Unternehmen zahlreicher Branchen vor individuelle Absprachen.

Prüfen Sie vor der Unterschrift unter einen neuen Arbeitsvertrag auch, welche Tarifregelungen für Ihre Branche bei der betrieblichen Altersvorsorge bestehen. Detaillierte Informationen dazu gibt es bei Betriebsrat und Gewerkschaften, aber auch bei regionalen Arbeitgeberverbänden und der Bundesvereinigung Deutscher Arbeitgeberverbände.

Inzwischen gibt es für viele Branchen in den Tarifverträgen, die Arbeitgeber und Gewerkschaften ausgehandelt haben, Vereinbarungen über die betriebliche Altersversorgung. In einigen Branchen wurden darüber hinaus von Arbeitgebern und Arbeitnehmern eigene Versorgungswerke selbst aufgebaut oder mit Finanzdienstleistern ausgehandelt. So lassen sich für die Beschäftigten in der Regel günstigere Konditionen aushandeln, die Betriebe sparen sich Kosten und Verwaltungsaufwand.

Zusätzlich wurden dabei in einigen Branchen, so beispielsweise im Einzelhandel oder in der Chemie, Zuschüsse der Arbeitgeber zur betrieblichen Altersvorsorge vereinbart. Zum Teil wird tariflich festgelegt, welche Teile des Tarifgehalts wie vermögenswirksame Leistungen in Vorsorge umgewandelt werden dürfen. Die Anlageform wählt stets der Betrieb.

Entsprechende Tarifregelungen gibt es beispielsweise in folgenden Industriezweigen und Branchen:

- ✔ Metall und Elektro
- ✔ Einzelhandel
- ✔ Chemie
- ✔ Bau
- ✔ Druck
- ✔ Süßwaren
- ✔ Textil/Bekleidung
- ✔ Hotels und Gaststätten
- ✔ Versicherungen

Ohne Arbeitgeber in die Rente

Neben der gesetzlichen Rentenversicherung werden auch berufsständische Versorgungswerke zur ersten Säule der Altersversorgung gerechnet. Mitglieder einer berufsständischen Kammer werden Pflichtmitglied in einem berufsständischen Versorgungswerk. Als Alterssicherungssystem haben die 86 Versorgungswerke mit ihren rund 720.000 Mitgliedern einen guten Ruf. Verschiedene Studien bescheinigen den Versorgungswerken eine höhere Effizienz als der gesetzlichen Rentenversicherung.

Zu den Pflichtmitgliedern der Versorgungswerke gehören Freiberufler wie

- ✔ Ärzte
- ✔ Apotheker
- ✔ Architekten
- ✔ Ingenieure
- ✔ Notare
- ✔ Psychologische Psychotherapeuten
- ✔ Rechtsanwälte
- ✔ Steuerberater/Steuerbevollmächtigte

✔ Tierärzte

✔ Wirtschaftsprüfer/Vereidigte Buchprüfer

✔ Zahnärzte

Die Beiträge der Mitglieder werden überwiegend für deren eigene Rente angelegt, das System unterscheidet sich also grundsätzlich vom Umlageverfahren, bei dem die Berufstätigen von heute mit ihren Beiträgen komplett die aktuellen Renten bezahlen.

Einige Versorgungswerke arbeiten nach der so genannten »modifizierten Anwartschaftsdeckung«, bei der die Beträge jedes einzelnen Versicherten beim Versorgungswerk angespart werden. Die meisten Einrichtungen wirtschaften allerdings nach dm »offenen Deckungsplanverfahren«, das nicht auf der individuellen Ebene funktioniert, sondern die eingezahlten Beiträge und die ausgezahlten Leistungen innerhalb der Versichertengemeinschaft berücksichtigt.

Sozialversicherungspflichtig Angestellte, die einen freien Beruf ausüben, haben oft die Wahl zwischen gesetzlicher Rentenversicherung oder Versorgungswerk.

Ähnlich wie Lebensversicherungen legen Versorgungswerke die eingezahlten Beiträge unter anderem in Schuldverschreibungen, Aktien, festverzinslichen Wertpapieren und Immobilien an.

Nach Angaben von Stiftung Warentest lagen die Durchschnittsrenten der Versorgungswerke in den letzten Jahren bei knapp 2.000 Euro, also fast doppelt so hoch wie die Durchschnittsrenten in der gesetzlichen Rentenversicherung. Nach Angaben des Versorgungswerks der Rechtsanwälte in Schleswig-Holstein könnte ein Versicherter, der 30 Jahre lang regelmäßig in das Versorgungswerk einzahlt, mit 65 Jahren auf eine monatliche Rente von mehr als 3.500 Euro kommen. Unterstellt wurde dabei, dass der Selbstständige eine dem maximalen Jahresbeitrag in der gesetzlichen Rentenversicherung entsprechende Summe einzahlt, der 2008 rund 12.600 Euro betrug.

Die Höhe der Renten fällt je nach Berufsstand sehr unterschiedlich aus, da die Satzungen der einzelnen Versorgungswerke Beiträge in ganz unterschiedlicher Höhe vorsehen.

Auch Nachteile für Freiberufler

Bei der finanziellen Vorsorge müssen Freiberufler allerdings auch einige Nachteile bei der staatlichen Förderung in Kauf nehmen. So sind Selbstständige von der Riester-Rente ausgeschlossen. Auch Freiberuflerinnen, die Kinder aufziehen und deshalb vorübergehend aus dem Beruf aussteigen, bekommen für die Auszeit keine Leistungen, die denen in der gesetzlichen Rentenversicherung vergleichbar wären.

Nach einer Entscheidung des Bundessozialgerichts vom Januar 2008 (Az.: B 13 R 64/06 R) können sich Mitglieder berufsständischer Versorgungswerke die Kindererziehungszeiten bei der gesetzlichen Rentenversicherung anrechnen lassen. Sobald Sie fünf Versicherungsjahre nachweisen, haben Sie Anspruch auf gesetzliche Rente. So bringt die Erziehung von zwei Kindern, die nach dem 1. Januar 1992 geboren wurden, bereits sechs Jahre.

Um ihre Altersrente zu verbessern, können Selbstständige freiwillig mehr einzahlen. Als Alternative für die zusätzliche Altersvorsorge ist darüber hinaus die Rürup-Rente geeignet.

Bei den meisten Versorgungswerken gibt es Altersgrenzen für die Mitgliedschaft. So legt das Höchstalter für die Aufnahme mittlerweile bei 60 Jahren, da die verbleibende aktive Berufszeit nicht ausreichen würde, um die Summe in das Versorgungswerk einzuzahlen, die dem Gegenwert der auszuzahlende Altersrente entsprechen würde.

Berufsunfähigkeitsrenten zahlen die Versorgungswerke in der Regel erst dann, wenn eine 100-prozentige Berufsunfähigkeit vorliegt und der Freiberufler seine jeweilige Zulassung als Arzt oder Rechtsanwalt zurückgegeben hat. Die Versorgungswerke verzichten darauf, lediglich Einschränkungen der Fähigkeit abzusichern, den versicherten Beruf auszuüben.

Wer als Freiberufler Interesse daran hat, das Risiko einer Teilberufsunfähigkeit abzusichern, muss sich um privaten Versicherungsschutz bemühen.

Rentenschutz zum halben Preis

Eine besondere Rolle unter den Selbstständigen spielen Künstler und Publizisten, die Mitglieder in der Künstlersozialkasse sind. Anders als andere Selbstständige müssen sie den Sozialversicherungsbeitrag nicht komplett aus eigener Tasche zahlen. Für die Kranken-, Pflege- und Rentenversicherung entrichten sie nur den halben Beitrag.

Die anderen 50 Prozent der jeweiligen Versicherungsbeiträge werden von Medienverwertern wie Verlagen, Radio- und Fernsehsendern, Galerien, Museen und Theatern (30 Prozent) sowie dem Staat (20 Prozent) übernommen.

Mehr als 150.000 Freiberufler, zum Beispiel Schauspieler, Journalisten, Schriftsteller und Musiker, sind aktuell in der Künstlersozialkasse versichert. Aber nicht jeder, der sich um eine Mitgliedschaft bewirbt, wird aufgenommen. Antragsteller werden oft abgelehnt, weil sie nicht als künstlerisch oder publizistisch tätig eingestuft werden. Über die Aufnahme muss dann oft das Bundessozialgericht entscheiden.

Das durchschnittliche Einkommen aller Versicherten bei der Künstlersozialkasse lag im Jahr 2008 bei 12.616 Euro, also rund 1.050 Euro pro Monat. Auf dieser Basis ist eine solide Altersrente mit den entsprechenden Rentenbeträgen nicht aufzubauen. Zusätzliche finanzielle Vorsorge für den Ruhestand ist unumgänglich. Im Gegensatz zu anderen Freiberuflern dürfen die Mitglieder der Künstlersozialkasse die staatliche Riester-Förderung nutzen.

Finanzielle Vorsorge zum Start

Mit dem Existenzgründerzuschuss erhalten Gründer weiter ihr Arbeitslosengeld I sowie einen Zuschuss von 300 Euro für die Sozialversicherung. Für eine wirksame finanzielle Vorsorge reicht der Berag jedoch in der Regel nicht aus. Ein Großteil des Zuschusses wird allein durch den Krankenversicherungsschutz aufgezehrt.

Bei der Rentenversicherung haben von der Arbeitsagentur unterstützte Existenzgründer die Wahl: Wenn sie keinen versicherungspflichtigen Beruf ausüben, sind sie nicht zur Mitgliedschaft in der gesetzlichen Rentenversicherung verpflichtet. Sie können sich also überlegen, ob sie einen Antrag auf Pflichtversicherung stellen, ob sie freiwillig Beiträge in die Rentenkasse zahlen oder ob sie auf den gesetzlichen Schutz komplett verzichten.

Wenn Sie auf die Pflichtmitgliedschaft verzichten, sollten Sie das gesparte Geld privat für Ihre finanzielle Vorsorge anlegen.

Erfolgsmodell Riester

In diesem Kapitel

▷ Wie die Riester-Rente funktioniert und staatlich gefördert wird
▷ Wer die Riester-Förderung bekommt und welche Riester-Verträge es gibt
▷ Was das neue Wohn-Riester-Modell bringt

An Theodor Blank, Hans Katzer, Walter Arendt oder Herbert Ehrenberg erinnert sich, von einigen Polit-Profis mal abgesehen, in Deutschland wahrscheinlich kein Mensch. Seit 1957 waren die genannten Herren als Bundesminister für Arbeit und Sozialordnung tätig, aber in punkto finanzielle Vorsorge haben sie keine größeren Erfolge oder bemerkenswerte Ergebnisse hinterlassen. Und von ihrem Nachfolger Norbert Blüm, der das Ministeramt von 1982 bis 1998 verwaltete, ist wohl nur das mantrahaft wiederholte »Die Rente ist sicher« in Erinnerung geblieben. Erst Walter Riester, der 1943 geborene Fliesenleger und Gewerkschaftsfunktionär, der das Amt von 1998 bis 2002 bekleidete, schaffte den Sprung in Lexika und Wörterbücher – mit der Riester-Rente werden auch noch in Jahrzehnten Millionen von Rentnern eine zusätzliche Altersversorgung von Banken, Versicherungen und Fondsgesellschaften kassieren.

Einen besonders guten Start legte die Riester-Rente bei ihrer gesetzlichen Einführung nicht gerade hin. Alles viel zu kompliziert, monierten die Dauerkritiker. Und die Kreditwirtschaft scheute den Zustrom von Kleinsparern, die vor dem Vertragsabschluss auch noch intensiv beraten werden wollen. Anfangs stürzten sich nur die Versicherungsgesellschaften auf den neuen Markt der staatlich geförderten Altersvorsorge. Sie gelten ja ohnehin als solide und risikoarm – und gerade bei der Altersvorsorge wollen die Bundesbürger, wie allgemein bekannt, jedes Risiko vermeiden und ihre mühsam zusammengesparten Euro garantiert wachsen sehen.

Erst als die Zahl der Riester-Verträge Jahr für Jahr um Millionen wuchs, wachte auch die Fondsindustrie auf und ging in die Offensive. Allein zwischen 2004 und 2006 konnte die Fondsbranche ihren Marktanteil nach Angaben des Bundesministeriums für Arbeit und Soziales verdoppeln. Zwar hat die Zahl der Riester-Verträge die Zehn-Millionen-Grenze längst überschritten, aber noch immer ist weiteres Wachstum vorprogrammiert. Mehr als 30 Millionen Bundesbürger haben Anspruch auf die Riester-Förderung und verschenken Jahr für Jahr die staatlichen Zulagen und die steuerliche Förderung. Falls Sie noch zur Gruppe der »Riesterlosen« gehören, sollten Sie sich schnellstens von Ihrem Kreditinstitut beraten lassen und einen Riester-Vertrag abschließen. Aber vergessen Sie nicht, die verschiedenen Angebote vor Ihrer Unterschrift genau zu vergleichen.

Vorweg ein kurze Zusammenfassung, was »Riestern« eigentlich ist: Mit Riester-Sparverträgen können sich Arbeitnehmer jährliche Zuschusszahlungen und Steuervergünstigungen für die private Altersvorsorge sichern. Bei jedem zertifizierten Riester-Vertrag werden am

Ende der Laufzeit mindestens die eingezahlten Beiträge plus staatliche Zulagen wieder ausgezahlt. Der eigene Beitrag kann bei vielen Riester-Angeboten verändert und ganz ausgesetzt werden. Auch bei längerer Arbeitslosigkeit müssen Riester-Sparverträge nicht aufgelöst werden (Hartz-IV-Schutz).

Staatliche Förderung gleich doppelt

Am Anfang stand mal wieder, wie soll es bei Renten anders sein, eine Rentenreform und eine Kürzung der gesetzlichen Rente. Um die neu entstandenen Lücken in der Altersversorgung des Einzelnen zu schließen, wurde die Riester-Förderung beschlossen und gesetzlich verankert.

Anspruch auf die Altersvorsorgezulage à la Riester haben folgende Gruppen:

✔ rentenversicherungspflichtige Arbeitnehmer, auch im öffentlichen Dienst

✔ nicht erwerbstätige Ehepartner von geförderten Ehepartnern

✔ rentenversicherungspflichtige Selbstständige und Freiberufler wie Handwerker, Landwirte, Publizisten und Künstler

✔ Beamte, Richter und Soldaten

✔ Empfänger von Arbeitslosengeld I oder II sowie Krankengeld

✔ nicht erwerbstätige Mütter oder Väter in den ersten drei Lebensjahren des Kindes

✔ Wehr- und Zivildienstleistende

✔ Pflegepersonen

✔ geringfügig Beschäftigte, die auf die Versicherungsfreiheit verzichtet haben

✔ Bezieher von Vorruhestandsgeld, wenn sie zuvor pflichtversichert waren.

An die deutsche Staatsbürgerschaft ist der Anspruch nicht gekoppelt, auch Ausländer, die in Deutschland unbeschränkt einkommensteuerpflichtig sind, können die Riester-Förderung einfordern.

Wenn sich aus beruflichen oder privaten Gründen die Anspruchsvoraussetzungen verändern, können Sie Ihren Anspruch auf Riester-Förderung verlieren. Wenn Sie nicht weiter gefördert werden, müssen Sie überprüfen, ob es günstiger ist, den Riester-Vertrag zu kündigen oder ruhen zu lassen.

Viele Kinder – viele Zulagen

Direkte Zulagen und steuerliche Vorteile – das Riester-Förderkonzept bietet beides. Aber selbstverständlich sind die steuerlichen Vorteile für Sparer, die ohnehin wenig Steuern und Sozialabgaben zahlen, eher uninteressant. Im Mittelpunkt der Riester-Förderung stehen ohnehin die direkten finanziellen Zuschüsse, die der Altersversorgung gutgeschrieben werden. Da das Riester-Modell stufenweise eingeführt wurde, stiegen die jährlichen Zulagebeträge in Stufen. Inzwischen ist die höchste Stufe erreicht – seit 2008 beträgt die Grundzulage 154 Euro pro Jahr. Diese Grundzulage bekommen alle, die einen förderfähigen Vorsorgevertrag abgeschlossen haben und jedes Jahr vier Prozent ihres sozialversicherungspflichtigen Vorjahreseinkommens eingezahlt haben. Die Obergrenze für die Eigenleistung beträgt 2.100 Euro pro Jahr. Dieser Höchstbeitrag gilt für ganz Deutschland – und entspricht in etwa der Beitragsbemessungsgrenze der gesetzlichen Rentenversicherung im Jahre 2000.

Aber auch Geringverdiener, die nicht so viel Geld für ihre Altersvorsorge zurücklegen können, müssen sich nicht die Haare raufen und verzweifeln, denn die volle Grundzulage bekommen auch sie, wenn sie pro Jahr einen Sockelbetrag von mindestens 60 Euro in einen Riester-Vertrag einzahlen. Und das sind pro Monat gerade einmal fünf Euro!

Besonders attraktiv ist die Riester-Förderung für die Eltern von Kindern, denn die Kinderzulage beträgt inzwischen pro Jahr 185 Euro, wenn das Kind 2008 oder später geboren wurde, sogar 300 Euro. Die Zulagen sind also insbesondere für Familien mit mehreren Kindern und geringerem Einkommen interessant.

Gezahlt wird die Kinderzulage für jedes Kind, für das ein Anspruch auf Kindergeld besteht, also in der Regel maximal bis zum 25. Lebensjahr des Kindes. Grundsätzlich wird die Kinderzulage der Mutter zugerechnet. Nur wenn beide Elternteile es gemeinsam beantragen, kann die Kinderzulage auch dem Riester-Konto des Vaters gutgeschrieben werden.

Wenn Eltern bei ihren Planungen für die eigene Altersvorsorge die nächsten Jahre und Jahrzehnte in ihre Berechnungen einbeziehen wollen, müssen sie bedenken, dass die Kinderzulage entfällt, wenn die Anspruchsvoraussetzungen für das Kindergeld nicht mehr gegeben sind.

Eine besondere Zulage für junge Riester-Sparer gibt es seit 2008 für alle Menschen unter 25 Jahren. Sie bekommen den einmaligen Berufseinsteiger-Bonus von 200 Euro ganz automatisch.

Riester-Zulagen ohne eigene Beiträge

Auch Selbstständige, Hausfrauen und Hausmänner, die nicht gesetzlich rentenversicherungspflichtig sind, können staatliche Zulagen zu einer Riester-Rente kassieren, wenn ihr Partner die Riester-Voraussetzungen erfüllt und damit unmittelbar zulagenberechtigt ist.

Ganz despektierlich sprechen Fachleute bei abgeleiteten Zulagenansprüchen von »Anhängselverträgen«. Dazu muss der unmittelbar förderberechtigte Partner einen Riester-Vertrag auf seinen eigenen Namen abgeschlossen haben – und die Partner müssen verheiratet sein. Die volle Riester-Grundzulage bekommen beide Ehepartner, wenn derjenige mit dem Hauptvertrag den jährlichen Mindestbetrag zahlt, der sich an seinem oder ihrem Einkommen orientiert.

Etwaige Kinderzulagen fließen bei derartigen Doppel-Verträgen automatisch an die Mütter, weil Frauen in der Regel oft größere Rentenlücken aufweisen. Aber die Partner können auch eine individuelle Vereinbarung treffen und die Kinderzulagen unter sich aufteilen.

Wenn sich ein Ehepaar trennt, also als »steuerlich getrennt lebend« eingestuft wird, ist allerdings Schluss mit der abgeleiteten Riester-Förderung.

 Selbst nicht förderberechtigte Selbstständige wie Ärzte, Architekten oder Rechtsanwälte können sich trickreich um die Riester-Zulagen bemühen. Dafür genügt es, die Ehefrau oder den Ehemann zumindest auf Minijob-Basis einzustellen. Eigentlich darf der Mini-Jobber zwar nicht riestern, aber die Riester-Fähigkeit kann er erwerben, indem er freiwillig einen kleinen Betrag in die gesetzliche Rentenkasse einzahlt.

Der Arbeitgeber, also Ehepartner, muss pauschal 15 Prozent des Lohns für die Rentenversicherung aufbringen. Der Mini-Jobber zahlt aus eigenem Geld 4,9 Prozent, zusammen wird der Beitrag von 19,9 Prozent zur gesetzlichen Rentenversicherung erreicht. Damit entsteht der Riester-Anspruch. Und somit kann dann auch der Ehepartner einen »Anhängselvertrag« abschließen – und ebenfalls die Zulagen kassieren.

Zusätzliches Papier für das Finanzamt

Für das Riester-Sparen gibt es nicht nur direkte finanzielle Zuschüsse, sondern auch steuerliche Erleichterungen. So können Beiträge zur Riester-Rente im Rahmen des so genannten Sonderausgabenabzugs von der Steuer abgesetzt werden. Die Höhe des Steuerabzugs ist allerdings auf 2.100 Euro pro Jahr beschränkt. Vor allem für diejenigen, die viel Steuern bezahlen müssen, lohnt sich der Sonderausgabenabzug.

Doppelt gemoppelt gilt allerdings nicht, denn die Steuererleichterung wird mit den Zulagen verrechnet. Und ganz unkompliziert ist die Beantragung von Riester-Zulagen und Steuerabzug ebenfalls nicht. So bekommen Anleger für ihren Riester-Vertrag nur Geld vom Staat, wenn sie einen entsprechenden Antrag stellen. Allerdings schicken Banken, Versicherungen und Fondsgesellschaften ihren Riester-Kunden die entsprechenden Formulare zusammen mit einer Bestätigung über ihre im Vorjahr gezahlten Beiträge zu. Inzwischen gibt es auch einen Dauerzulagenantrag, sodass der Antrag nicht jedes Jahr neu gestellt werden muss.

Wer die Riester-Zahlungen von der Steuer abziehen möchte, muss den Sonderausgabenabzug in der Steuererklärung jedes Jahr neu stellen. Dazu haben die Finanzbehörden extra ein neues Formular, »Anlage AV«, entwickelt, die gemeinsam mit der Bescheinigung über die gezahlten Riester-Beiträge des Vorjahres beim Finanzamt einzureichen ist. Von der Steuerersparnis, die sich daraus ergibt, werden dann die gezahlten direkten Zulagen abgerechnet. Wenn eine positive Differenz dabei übrig bleibt, wird sie von der Steuerschuld abgezogen.

Airbag bei Riester-Verträgen

Auf die finanzielle Sicherheit der Anleger hat der Gesetzgeber bei der Einführung der Riester-Rente besonderen Wert gelegt. Und in diesem Zusammenhang gleich festgelegt, dass Banken, Versicherer und Investmentgesellschaften Riester-Verträge erst nach Kontrolle und Zertifizierung durch die Bundesanstalt für Finanzdienstleistungsaufsicht (BaFIN) anbieten dürfen. Eine Liste aller zertifzierten Riester-Produkte finden Sie im Internet unter www.bafin.de/datenbanken/zertifizierung.xls

Während bei einigen anderen Formen der Geldanlage wie Aktien oder Anleihen bei einem Crash am Kapitalmarkt durchaus der Totalverlust des angesparten Geldes möglich ist, müssen die Anbieter von Riester-Verträgen garantieren, dass zum Zeitpunkt des Rentenieintritts mindestens die Eigenbeträge und die staatlichen Zulagen des Riester-Sparers zur Verfügung stehen.

Nominalgarantie nennen Fachleute das, aber für Riester-Sparer, bei denen es in der Regel um lange Zeiträume für die Geldanlage geht, ist diese Sicherheit nur wenig wert. Selbst bei einer geringen jährlichen Inflationsrate von zwei Prozent ist das Geld nach 35 Jahren nur noch die Hälfte wert. Zumindest dieser Inflationsverlust könnte durch geringe Zinsen ausgeglichen werden.

Selbst vor einer Pleite Ihrer Bank, Versicherung oder Fondsgesellschaft, bei der Sie Ihren Riester-Vertrag abgeschlossen haben, müssen Sie keine Angst haben. Bei Banken springt die Einlagensicherung ein, die Versicherungen haben für diese Fälle eine Auffanggesellschaft, die für die Zahlungen aufkommt, und Investmentgesellschaften müssen Riester-Kapital als Sondervermögen führen.

Dazu müssen Riester-Verträge eine lebenslange oder gleich bleibende Rente zusichern – bei Lebensversicherungen kein Problem, bei Auszahlungen aus Fonds- oder Bankguthaben, die in der Leistungsphase ab einem Alter von 85 mit einer Rentenversicherung verbunden werden, ebenfalls nicht. Auch Riester-Sparer selbst dürfen die Geldanlage während der Laufzeit nicht beleihen oder abtreten. Selbst den Sozialbehörden sind die Hände gebunden, denn auf Sozialleistungen darf das Riester-Vermögen nicht angerechnet werden. Die Riester-Rente ist selbst für die Arbeitsagentur bei der Berechnung des Arbeitslosengeldes II tabu, d.h. die Riester-Rente ist Hartz-sicher.

Knebelung bei Riester-Verträgen verboten

Mit 15 aus der Schule, dann in den Betrieb und mit 65 Jahren in den Ruhestand, natürlich ohne Arbeitgeberwechsel, ohne Zeiten der Arbeitslosigkeit – berufliche Lebensläufe wie diese waren noch im vergangenen Jahrhundert durchaus an der Tagesordnung. Doch in den Erwerbsbiografien von heute sind zahlreiche Wechsel, Phasen der Arbeitslosigkeit, Scheidungen und Zeiten für die Kindererziehung und -betreuung gang und gäbe. Da macht ein langfristiger Altersvorsorge-Vertrag nur mit hoher Flexibilität Sinn.

Bei zertifizierten Riester-Verträgen haben Sparer deshalb das Recht,

- ✔ den Vertrag ruhen zu lassen, also beitragsfrei weiterzuführen
- ✔ den Vertrag mit einer Frist von drei Monaten zu kündigen (unter Rückzahlung der staatlichen Förderung)
- ✔ den Vertragspartner zu wechseln (mit einer Frist von drei Monaten das angesparte Kapital auf einen anderen Riester-Vertrag übertragen zu lassen).

Ungeliebte Informationspflicht

Banken, Versicherungen und Fondsgesellschaften mauscheln mit dem Geld ihrer Kunden oftmals immer noch im Verborgenen, über den exakten Stand von Vermögen und Erträgen sowie die einbehaltenen Kosten informieren die Institute zum Teil ungern und zögerlich.

Bei der Riester-Rente sind die Anbieter gezwungen, Sie jährlich über den aktuellen Stand zu informieren und zwar über

✔ die Verwendung des eingezahlten Geldes

✔ die erwirtschafteten Erträge

✔ das bisher gebildete Kapital

✔ die Höhe der einbehaltenen Kosten für Abschluss, Vertrieb und Verwaltung.

Aber bei ihren Jahresmitteilungen zur Riester-Rente informieren die Anbieter offensichtlich lückenhaft und kaum verständlich, in vielen Fällen sogar fehlerhaft über den Stand der Dinge. Bei einem Test der jährlichen Wertmitteilungen von 28 Riester-Verträgen, den Stiftung Warentest durchführte (siehe Finanztest 8/2008) erhielt keine der Mitteilungen ein »gutes« Urteil, fünf Mitteilungen wurden als »mangelhaft« bewertet. Die Berliner Verbraucherschützer kommen zu dem Ergebnis: »*Das ist nicht nur ärgerlich, sondern kann auch Geld kosten – zum Beispiel, wenn sich schlecht informierte Sparer Förderbeträge entgehen lassen.*«

Bei Ihrem Riester-Vertrag geht es um Ihr Geld und Ihre Altersvorsorge. Also lassen Sie sich von unverständlichen Mitteilungen nicht verunsichern – und nerven Sie lieber mit Ihren Fragen Ihre Bank, Sparkasse oder Versicherung. Wie eine mustergültige Wertmitteilung aussehen sollte, finden Sie im Internet unter www.test.de/riestermuster

Riestern im Betrieb bringt wenig

Die Riester-geförderte Altersvorsorge ist in der Regel Privatsache, aber die staatliche Förderung kann auch in der betrieblichen Altersvorsorge genutzt werden. Doch von dieser theoretischen Möglichkeit machen nur wenige Versicherte Gebrauch, denn die gesetzlichen Regelungen zur betrieblichen Riester-Rente haben einen Riesen-Pferdefuß. Gesetzlich Krankenversicherte müssen nämlich auf ihre über den Betrieb gesparten Riester-Renten Kranken- und Pflegeversicherungsbeiträge zahlen wie für jede andere über die Firma begonnene Altersvorsorge.

Dazu kommen weitere Nachteile bei betrieblichen Riester-Verträgen:

✔ Eine Kapitalentnahme zur Immobilienfinanzierung ist bei einem betrieblichen Riester-Vertrag nicht zulässig.

✔ Der Abschluss eines reinen Zulagenvertrags für den nicht erwerbstätigen Ehepartner ist in der Regel nicht möglich.

✔ Beim Jobwechsel ist nicht garantiert, dass der Anbieter den Vertrag im nächsten Betrieb zu den gleichen Bedingungen fortsetzen kann. Dann muss der Versicherte den Vertrag privat weiterführen oder ruhen lassen. Die private Fortsetzung ist allerdings nicht zu empfehlen, denn nach derzeitiger Praxis erheben die Krankenkassen dann auch Beiträge auf die Rente.

Lohnen kann sich ein betrieblicher Riester-Vertrag eigentlich nur für diejenigen, die auch im Alter privat krankenversichert sind, denn sie müssen auf ihre Riester-Rente keine Extrabeiträge an die Kranken- und Pflegeversicherung bezahlen.

Goodbye Zillmer

Schon vor rund 150 Jahren hatte ein Mathematiker namens August Zillmer ein geniales Abrechnungsverfahren entwickelt, das den Versicherungsgesellschaften noch heute bestens gefällt. Bei dieser Art der Berechnung werden die Abschluss- und Vertriebskosten in den ersten Jahren nach dem Vertragabschluss nahezu unbeschränkt getilgt. Fast alle Anfangsbeiträge des Versicherten gehen an den Vermittler und die Verwaltung, für den Versicherten selbst bleibt kaum etwas übrig. Wenn ein Kunde in den ersten Jahren auf den Gedanken kommen sollte, seinen Vertrag zu kündigen und das eingezahlte Geld zurückzufordern, hat er dank Zillmerung schlechte Karten – und der Großteil seiner Zahlungen ist für Kosten verwendet worden. Doch bei Riester-Verträgen (und neuerdings auch bei konventionellen Kapital bildenden Versicherungen) ist die Zillmerung untersagt. So müssen die Vertriebskosten über mindestens fünf Jahre verteilt abgegolten werden.

Vor Vertragsabschluss müssen Anbieter eines Riester-Vertrages schriftlich und detailliert über die anfallenden Kosten für Abschluss, Vertrieb und Verwaltung, aber auch für einen Wechsel zu einem anderen Anbieter, informieren. Allerdings haben sich gewiefte Finanzdienstleister einiges einfallen lassen, um die geforderte Kostentransparenz zu unterlaufen. Da werden Kosten zerstückelt und in verschiedenen Maßstäben auf vielen Seiten der klein gedruckten Vertragsbedingungen dargestellt. In den Jahresmittlungen während der Vertragslaufzeit müssen die Anbieter dann über die bisher einbehaltenen Abschluss- und Vertriebskosten sowie die angefallenen Verwaltungskosten informieren.

Zwar unterscheiden sich die Lebenserwartungen von Männern und Frauen weiterhin erheblich, aber die Tarife für Riester-Rentenversicherungen dürfen nicht voneinander abweichen. Die individuelle Situation und die Risiken, die daraus entstehen, werden von den Versicherungen normalerweise mitberechnet, bei Riester-Verträgen sind jedoch seit 2006 Unisex-Tarife vorgeschrieben. Die Anbieter müssen bei der Kalkulation also von der gleichen Lebenserwartung beider Geschlechter ausgehen. Sonst müssten Frauen für die Riester-Rente mehr sparen als Männer.

Wenn die Riester-Rente rollt

Wenn die gesetzliche Rente gezahlt wird, fließt auch die Riester-Rente das erste Mal. Frühestens ab dem 60. Geburtstag ist das der Fall, aber im Riester-Vertrag kann auch ein späterer Zeitpunkt festgeschrieben werden. Wie hoch die Riester-Rente ausfällt, hängt vom gewählten Produkt, vom Kapitalmarkt und vom Anbieter ab.

Im Vertrag ist nur die Höhe der lebenslang garantierten monatlichen Altersrente angegeben, die sich aus den Eigenbeiträgen und den Zulagen ergibt. Nicht vertraglich geregelt sind in den Regel die Überschüsse – und die sind abhängig von der Zinsentwicklung (bei Banksparplänen) oder den erzielten Renditen (bei Versicherungen und Fondssparplänen).

Zum Rentenbeginn kann sich der Riester-Sparer auf jeden Fall überlegen, ob er bis zu 30 Prozent des Kapitals einmalig entnehmen möchte. Anleger, die nur geringe Beträge angespart haben, dürfen sogar das gesamte Kapital auf einen Schlag entnehmen. Diese Geringfügigkeitsgrenze wird jährlich neu festgesetzt, im Jahre 2006 betrug sie monatlich 24,50 Euro.

Ansonsten wird die Auszahlung monatlich (oder wahlweise vierteljährlich oder jährlich) vorgenommen. Bei Rentenversicherungen läuft die Auszahlung von Anfang an in Form einer lebenslangen Rente, bei Fonds- und Banksparplänen zunächst über einen Entnahmeplan. Er läuft bis zum Beginn der »Restverrentung« ab dem 85. Geburtstag. Ab dann folgt eine lebenslange Rente, für die Banken oder Fondsgesellschaften in den Jahren zuvor einzahlen mussten. Da die ersten Riester-Renten ab 2011 ausgezahlt werden, stehen allerdings bei vielen Anbietern die endgültigen Auszahlungskonzepte noch nicht fest. Viele Banken und Fondsgesellschaften haben allerdings schon Vertragspartner unter den Versicherungen ausgewählt, um bei ihnen rechtzeitig die Restverrentung in Form einer lebenslangen Rente zu gewährleisten.

Zinsen und Erträge, die während der Auszahlungsphase anfallen, dürfen sich die Riester-Sparer gesondert auszahlen lassen, sie gehören nicht zum geschützten Vorsorgevermögen. Den Anbieter wechseln können Riester-Rentner allerdings während der Auszahlung nicht mehr. Für die Riester-Renten müssen die Ruheständler zwar keine Beiträge an die Kranken- oder Pflegeversicherung bezahlen, aber die Auszahlungen aus dem Riester-Vertrag sind voll steuerpflichtig. Die Riester-Renten dürfen auch gepfändet werden und werden bei einem Anspruch auf Grundsicherung nach heutiger Rechtssprechung als Einkommen angerechnet.

Mit dem Tod ist dann alles vorbei, die Auszahlung endet. Eheleute können nach dem Tod des Partners das Restkapital aus dessen Riester-Vertrag auf ihren eigenen Riester-Vertrag übertragen lassen. Sie dürfen sogar eigens zu diesem Zweck im Jahr des Todesfalls einen Zulagenvertrag abschließen. Ansonsten fällt das in einem Bank- oder Fondssparplan noch vorhandene Vermögen in die Erbmasse. Bei Rentenversicherungen hängt die Situation im Todesfall davon ab, was der Versicherte bei Vertragsabschluss vereinbart hat, z.B. eine Rentengarantiezeit.

Rente zum Vererben

Natürlich wollen alle Riester-Sparer lange leben – und zumindest nach der anstrengenden Ansparphase mit dem Ruhestand in den Genuss der staatlich geförderten Zusatzrente kommen. Aber längst nicht allen ist das vergönnt, viele sterben bereits zuvor. Das angesparte Kapital eines Riester-Vertrags kann grundsätzlich vererbt werden. Aber die bis zum Todeszeitpunkt des Sparers gezahlten Zulagen und die gewährten Steuervorteile müssen an die Zulagestelle für Altersvermögen (ZfA) zurückgezahlt werden. Nur eine Ausnahme gibt es davon: Wenn der Erbe mit dem verstorbenen Riester-Sparer bis zu dessen Tod verheiratet war, kann er die Zulagen und die staatliche Förderung behalten. Allerdings nur, wenn sie oder er selbst einen Riester-Vertrag abgeschlossen hat – das Gesparte wird dann übertragen. Ob der erbende Partner selbst förderberechtigt war oder ist, spielt dabei keine Rolle.

Keine Rücksicht nimmt allerdings das Finanzamt: Auch bei förderunschädlich vererbten Riester-Konten wird das Vermögen auf den Freibetrag der Erbschaftsteuer angerechnet.

Auch wenn der Riester-Sparer erst in der Auszahlphase stirbt, ist nicht das ganze angesparte Vermögen verloren. Beim Banksparplan bekommt der Erbe das zum Zeitpunkt des Todes noch vorhandene Geld, die Förderung wird, außer bei Ehepartnern, vorher abgezogen. Das gleiche gilt bei Fondssparplänen, aber natürlich kann das Fondsvermögen zum Zeitpunkt des Erbes weniger wert sein als die Summe der Einzahlungen. Nur wenn die Restverrentungsphase des Verstorbenen mit dem 85. Geburtstag bereits begonnen hat, gehen die Erben leer aus.

Komplizierter gestaltet sich die Erbschaftsfrage bei Riester-Rentenversicherungen. Bei diesen Verträgen kann der Riester-Sparer eine Rentengarantiezeit vereinbaren, während der die Erben diese Rente weiterhin bekommen. Allerdings sollten Sie sich vor der Unterschrift unter einen solchen Vertrag darüber klar sein, dass die höhere Absicherung der Erben Geld kostet und damit die eigene Riester-Rente geschmälert wird.

Riester-Probleme im Ausland

Deutsche Riester-Förderung und deutsche Riester-Rente gehören nun mal nach Deutschland. Alles andere wird schwierig oder unmöglich. Aber für viele Sonderfälle und Ausnahmen haben Renten- und Steuerbehörden im Zeitalter globaler Mobilität schon Regelungen gefunden.

Am einfachsten ist die Situation für Riester-Sparer während ihres Auslandsaufenthalts, wenn sie uneingeschränkt steuer- und rentenversicherungspflichtig in Deutschland bleiben. So können beispielsweise Grenzgänger, die in Deutschland arbeiten und in einem Nachbarland wohnen, aber in Deutschland Steuern und Sozialabgaben zahlen, Riester-Zulagen und Steuervorteile kassieren. Auch Arbeitnehmer, die von einem inländischen Arbeitgeber für eine begrenzte Zeit ins Ausland entsandt werden, müssen sich keine Gedanken machen. Zwar kann der Arbeitnehmer, der seinen Wohnsitz ins Ausland verlegt und dort dann auch Steuern bezahlt, keine Steuervorteile geltend machen, aber da er in Deutschland rentenversichert bleibt, kann er zumindest die Zulagen bekommen. Den notwendigen Eigenbetrag muss er dafür natürlich weiterhin entrichten.

Die Zulagen für die Auslandsphase kann der Sparer nach seiner Rückkehr sogar für mehrere Jahre rückwirkend beantragen. Hört sich zwar einfach und logisch an, ist es aber in der Praxis nicht. Auf jeden Fall sollten Arbeitnehmer vor der Abreise die vertraglichen Details mit ihrem Arbeitgeber, ihrem Riester-Vertragspartner und der Zentralen Zulagenstelle (ZfA) klären.

Unerfreulich wird die Situation für Riester-Rentner, die ihren Wohnsitz ins Ausland verlagern und dann dort Steuern zahlen müssen. Denn dann zieht der Anbieter solange 15 Prozent von jeder Rentenzahlung aus Ihrem Riester-Vermögen ab, bis Sie die Förderung komplett zurückgezahlt haben. Pro 1.000 Euro Rente erhalten Ruheständler im Ausland dann eben nur 850 Euro. Das kann sich für Ruheständler, die in Deutschland Steuern zahlen müssten, trotzdem lohnen, wenn die Steuersätze im Ausland niedriger sind als in Deutschland.

Ob diese Regelungen so bleiben, ist ohnehin unsicher. Nach Ansicht der Europäischen Kommission ist die Riester-Rente zu national konstruiert und diskriminiert Bürger anderer Mitgliedsländer. Deshalb hat die Kommission die Bundesregierung bereits verklagt.

Rentenversicherung à la Riester

Wenn irgendwo Versicherung draufsteht, fühlen sich die meisten Deutschen auch sicher – und greifen gern zu. Das ist auch bei der Riester-Vorsorge so, Riester-Rentenversicherungen sind seit dem Start des staatlichen Förderprogramms die Favoriten der Alters-Vorsorger. Vor allem fasziniert die meisten bei den Riester-Rentenversicherungen wohl, dass ihnen bereits beim Abschluss eine bestimmte lebenslange Rente garantiert wird und dass sie ihr Leben lang den Vertragspartner nicht wechseln müssen. Denn die Versicherung, bei der sie den Versicherungsvertrag unterschrieben haben, nimmt auch ihre Zahlungen entgegen, kümmert sich um die staatlichen Fördergelder und zahlt im Alter die monatliche Rente aus.

Wie hoch die Rentenzahlung wirklich einmal sein wird, steht allerdings in den Sternen – und hängt sehr stark von der Qualität des Anbieters ab. Die vermeintliche Sicherheit eines Versicherers als Vertragspartner bringt aber auch einige weitere Nachteile mit sich. Einer davon ist die geringe Flexibilität der Riester-Rentenversicherungen. Ein frühzeitiger Um- oder Ausstieg wird auf jeden Fall bei den Versicherern teuer, denn sie ziehen die relativ hohen Abschluss- und Vertriebskosten bereits in den ersten fünf Jahren ab.

Wenn Riester-Versicherte in den ersten Jahren aussteigen, können sie einen wesentlichen Teil ihrer Rendite oder sogar einen Teil der eingezahlten Beträge verlieren. Kritiker meinen deshalb, dass sich eine Riester-Rentenversicherung eigentlich nur für diejenigen lohnt, die den Vertrag auf jeden Fall durchhalten wollen oder können.

Wenn Sie einen Riester-Rentenversicherungsvertrag abschließen, achten Sie darauf, dass bei Kündigung des Vertrags die Rückerstattung des vollständigen, bereits eingezahlten Kapitals vorgeschrieben ist. Im Vertrag muss darüber hinaus stehen, dass im Fall Ihres Todes während der Ansparphase das Geld an Ihre Erben ausgezahlt wird.

Ein weiterer heikler Punkt bei Versicherungsverträgen ist und bleibt die mangelnde Kostentransparenz. Beim Test der Riester-Jahresmitteilungen mussten Verbraucherschützer im vergangenen Jahr feststellen, dass die meisten Versicherer die Kosten eher verstecken und verschleiern. Stiftung Warentest kam zum Fazit: »*Keine einzige Gesellschaft listet auf, wie viel Geld sie dem Kunden im bisherigen Vertragsverlauf für Abschluss, Vertrieb und Verwaltung insgesamt in Rechnung gestellt hat. Diese Summe ist es aber, die den Sparer am meisten interessiert.*« (Und die der Versicherer deshalb wohl am liebsten verschweigt.)

Wer bereits beim Abschluss des Vertrags Klarheit über die Kosten erlangen möchte, sollte sich diese vollständig auflisten lassen. Und dann noch die Erklärung einfordern, welche Kosten jährlich wieder fällig werden.

Viele Modelle eher schlapp

Bei den Riester-Rentenversicherungen gibt es verschiedene Modelle. Am einfachsten zu verstehen und am übersichtlichsten ist dabei die klassische Rentenversicherung, bei der die Beiträge des Kunden und die damit erwirtschafteten Erträge eher konservativ und damit sehr sicher angelegt werden. Bei den klassischen Riester-Rentenversicherungen ist den Kunden eine garantierte Verzinsung des Sparanteils von 2,25 Prozent sicher. Wohlgemerkt, die garantierten Zinsen werden nur für den Sparanteil fällig, also nicht für Verwaltungs- und Risikokosten. Die garantierte Verzinsung der eingezahlten Beiträge ist deshalb niedriger und erreicht gerade mal 1 bis 2 Prozent.

Dazu können Versicherungskunden von einer Überschussbeteiligung profitieren, aber wie hoch diese sein wird, hängt von der allgemeinen Kapitalmarktsituation und dem Anlagegeschick der Versicherungsgesellschaft ab.

Längst nicht so sicher wie die klassischen Rentenversicherungen sind Rentenversicherungen mit einem Fondsanteil. Zwar wirken diese Varianten auf den ersten Blick lukrativer, aber ihre Garantieleistung beschränkt sich auf den gesetzlich vorgeschriebenen Erhalt der eigenen Beiträge und der Riester-Zulagen zum Rentenbeginn. Bei Rentenversicherungen mit begrenztem Fondsanteil werden lediglich die erwirtschafteten Überschüsse in Fonds investiert, die Beiträge der Kunden werden hingegen klassisch angelegt. Dadurch sollen die Renditechancen erhöht werden, allerdings können Fonds in schlechten Börsenjahren weniger bringen als erhofft.

Noch riskanter sind Rentenversicherungen mit einem hohen Fondsanteil. Dabei legen die Versicherer nicht nur die Überschüsse in Fonds an, sondern investieren auch einen Teil der Versicherungsbeiträge in Fonds. Das Risiko, abschließend nur auf der vorgeschrieben Garantiesumme aus eigenen Beiträgen und Zulagen sitzen zu bleiben, ist bei diesen Versicherungen natürlich noch höher. Daher raten Experten in der Regel davon ab, derartige Rentenversicherungen mit begrenztem oder hohem Fondsanteil abzuschließen. Wer sich auf die Risiken der Anlage in Fonds einlassen möchte, sollte gleich einen kostengünstigeren Riester-Fondssparplan abschließen und kein Hybridprodukt aus Versicherung und Fonds wählen.

Einen Vorteil haben fondsgebundene Rentenversicherungen allerdings: In der Regel legen die Versicherer stets offen, in welche Fonds sie Ihre Überschüsse oder Beiträge gerade investiert haben. Einige Versicherungsgesellschaften bieten ihren Kunden bei fondsgebundenen Rentenversicherungen auch an, selbst über die Auswahl der Fonds zu entscheiden.

Bei einer Riester-Rentenversicherung sollten Sie Ihren Beitrag immer jährlich, also nicht monatlich oder vierteljährlich, überweisen. Denn sonst zahlen Sie Ratenzahlungszuschläge oder verzichten auf Zinsen.

Rentenversicherung in grün

Noch sind ethisch-ökologische Riester-Rentenversicherungen ein Nischenprodukt, aber die anhaltende öffentliche Diskussion über Umwelt, Energie und Nachhaltigkeit, über Klimawandel und CO_2-Belastung haben bereits ökologisch orientierte Riester-Rentenversicherungen entstehen lassen. Dabei werden das Kundengeld und die Überschüsse vollständig nach festgelegten Negativ- und Positivkriterien des Versicherers angelegt. Zu den Negativkriterien gehören beispielsweise Atomenergie, Giftmülltransporte, Suchtmittel und Genmanipulation. Als positiv sieht der Öko-Beirat des Versicherers oeko capital hingegen Klima- und Naturschutz oder Chancengleichheit von Geschlecht, Rasse und Religion an. Bisher ist diese Versicherungsgesellschaft allerdings der einzige Anbieter auf dem Markt der klassischen Rentenversicherung, die Verträge können über die Umweltbank und die GLS Gemeinschaftsbank abgeschlossen werden.

Daneben werden auch Rentenversicherungen mit einem grünen Fondsanteil angeboten, bei denen das Geld, das die Versicherung nicht zur Sicherung der Kapitalgarantie benötigt, in Öko- oder Nachhaltigkeitsfonds angelegt wird. Da es bislang kein Gütesiegel für die grüne Geldanlage gibt, werden bei den ausgewählten Fonds unterschiedliche Ansätze für ein ethisch-ökologisches Investment verfolgt:

- ✔ **Positivkriterien:** Aktien von Unternehmen, die zum Beispiel regenerative Energie gewinnen, besonders umweltschonend produzieren oder Sozialstandards einhalten, werden gezielt gekauft

- ✔ **Negativkriterien:** Aktien von Firmen, die Atomenergie erzeugen, Tierversuche zulassen oder Kriegswaffen herstellen, werden ausgeschlossen

- ✔ **Best-in-Class:** Aktien, von Unternehmen, die in ihrer Branche am umweltschonendsten arbeiten, werden in das Portfolio aufgenommen

- ✔ **Nachhaltigkeitsindizes:** nur Aktien von Unternehmen, die in einem bestimmten Börsen-Index wie NAI (Natur-Aktien-Index) oder DJSI (Dow Jones Sustainability World Index) vertreten sind, werden gekauft.

Starke Unterschiede bei garantierten Renten

Eigentlich sollte man meinen, dass die bei den Riester-Rentenversicherungen garantierten Renten auch bei unterschiedlichen Anbietern die gleiche Höhe erreichen, aber bei Testangeboten mussten Verbraucherschützer feststellen, dass selbst bei identischen Modellfällen erhebliche Abweichungen zu erwarten sind. So bleibt Interessenten an einer Riester-Rentenversicherung nichts anderes übrig, als bei verschiedenen Anbietern nachzufragen und die Vertragsangebote zu vergleichen.

Eine Übersicht einiger Versicherungsgesellschaften, die Riester-Rentenversicherungen anbieten:

- ✔ AachenMünchner Lebensversicherung, www.amv.de
- ✔ Allianz Lebensversicherung, www.allianz.de
- ✔ Alte Leipziger Lebensversicherung, www.alte-leipziger.de

- ✔ Asstel Lebensversicherung, www.asstel.de
- ✔ Barmenia Lebensversicherung, www.barmenia.de
- ✔ Basler Lebensversicherung, www.basler.de
- ✔ Concordia Lebensversicherung, www.concordia.de
- ✔ CosmosDirekt Lebensversicherung, www.cosmosdirekt.de
- ✔ DBV-Winterthur Lebensversicherung, www.dbv-winterthur.de
- ✔ Debeka Lebensversicherungsverein, www.debeka.de
- ✔ Direkte Leben Versicherung, www.direkte-leben.de
- ✔ Generali Lebensversicherung, www.generali.de
- ✔ Gothaer Lebensversicherung, www.gothaer.de
- ✔ Hamburg-Mannheimer Versicherung, www.hamburg-mannheimer.de
- ✔ Hannoversche Lebensversicherung, www.hannoversche-leben.de
- ✔ HanseMerkur Lebensversicherung, www.hansemerkur.de
- ✔ Huk-Coburg Lebensversicherung, www.huk.de
- ✔ Itzehoer Lebensversicherung, www.itzehoer.de
- ✔ LVM Lebensversicherung, www.lvm.de
- ✔ oeco capital Lebensversicherung, www.oeco-capital.de
- ✔ Öffentliche Lebensversicherung Berlin Brandenburg, www.oeffentliche-leben.de
- ✔ Öffentliche Versicherung Braunschweig, www.oeffentliche.de
- ✔ Öffentliche Versicherungen Oldenburg, www.oeffentlicheoldenburg.de
- ✔ Öffentliche Lebensversicherung Sachsen-Anhalt, www.oesa.de
- ✔ PB Lebensversicherung, www.pb-versicherung.de
- ✔ Plus Lebensversicherung, www.plus-versicherungen.de
- ✔ R+V Lebensversicherung, www.ruv.de
- ✔ Signal Iduna Gruppe, www.signal-iduna.de
- ✔ Swiss Life, www.swisslife.de
- ✔ VGH Versicherungen, www.vgh.de
- ✔ Victoria Lebensversicherung, www.victoria.de
- ✔ Volkswohl Bund Lebensversicherung, www.volkswohl-bund.de

Besser den Fondssparplan

Gleich eine Warnung zu Beginn: Riester-Fondssparpläne sollten Sie bei Ihrer finanziellen Vorsorge fürs Alter nur dann ins Kalkül ziehen, wenn Sie noch jünger als 45 oder zumindest 50 Jahre sind. Einfacher Grund: Zwar sind Aktien und Aktienfonds erfahrungsgemäß die Anlagen, die am meisten Rendite abwerfen, aber die starken Kursschwankungen, die in aller Regel die Börsenkurse von Aktien begleiten, erfordern die nötige Zeit, um sie in Ruhe auszusitzen.

So gehen Experten davon aus, dass internationale Aktienfonds, die im Jahr 2008 durchschnittlich einen Wertverlust von mehr als 40 Prozent hinnehmen mussten, Jahre brauchen werden, um wieder das Kursniveau vor der Finanzmarktkrise zu erreichen. Da den meisten Vorsorge-Sparern irgendwann doch die Luft und Lust ausgeht, das Auf und Ab der Börsenkurse distanziert und ruhig zu betrachten, sollten vor allem ältere Arbeitnehmer nicht unbedingt diese Variante des Riester-Sparens bevorzugen. Es sei denn, sie können auch die letzten Jahre vor dem Ruhestand ohne den aufregenden Börsen-Kick nicht leben oder haben sich bereits beim Abschluss des Vertrags darauf eingestellt, am Ende ohnehin nur die garantierten Einzahlungen plus Zulagen wieder zurückzuerhalten.

Zwar haben inzwischen auch Kreditinstitute und Fondsgesellschaften die Reize von Riester-Verträgen entdeckt, aber noch immer sind den deutschen Vorsorge-Sparern Rentenversicherungen deutlich lieber. Allein zwischen April und Juni 2008 wurden nach Angaben des Bundesarbeitsministeriums 484.000 neue Riester-Verträge unterschrieben, davon 383.000 Versicherungen und lediglich 90.000 Fondssparpläne.

Fondssparpläne mit unterschiedlichen Konzepten

Bei den Riester-Angeboten fließen die Anlagebeträge der Sparer wie bei normalen Fondssparplänen in Investmentfonds. Ganz automatisch nutzen Riester-Fondssparer dabei den so genannten Cost-average-Effekt. Da sie immer denselben Betrag anlegen, kaufen sie bei niedrigen Kursen viele Anteile und bei hohen Kursen wenige Anteile. Solange die Kurse langfristig steigen, gehören Fondssparer mit dem Cost-average-Effekt immer zu den Gewinnern.

Bei der regelmäßigen Anlage ist die Auswahl der besten Fonds natürlich von zentraler Bedeutung. Einige Fondsgesellschaften haben dafür extra eigene Fonds aufgelegt. Grundsätzlich ist dabei die Anlage in drei verschiedene Fondsvarianten möglich. Zum einen handelt es sich dabei um reine Aktienfonds, die die größten Chance, aber auch das höchste Risiko bei der Anlage mit sich bringen. Weniger Rendite, aber auch weniger Risiko bringen Rentenfonds mit sich, die hauptsächlich in festverzinsliche Wertpapiere des Bundes, aber auch in Unternehmensanleihen investieren. Außerdem können noch Fonds gewählt werden, die in Immobilien investieren, also offene Immobilienfonds. Bei den meisten Riester-Fondssparplänen überlassen die Anleger die Fondsauswahl den Profis.

Bei Fondssparplänen: Riestern mit Rabatt

Auch bei Fondssparplänen stören die Kosten, die einen Teil des Vorsorgekapitals aufzehren. Bei Riester-Verträgen fallen wie bei herkömmlichen Fondssparplänen beim Kauf der Fondsanteile Ausgabeaufschläge an, die bis zu 5 Prozent betragen. Dazu kommen noch die Verwaltungsgebühren für das Management des Fonds. Auch sie betragen zwischen 0,2 und knapp 2 Prozent pro Jahr. Ebenfalls jährlich werden schließlich noch Depotkosten berechnet.

Allerdings müssen Sie die Fondsanteile nicht direkt bei den Fondsgesellschaften oder Geldinstituten kaufen, sondern können den Vertrag auch über einen freien Vermittler abschließen, der in der Regel weniger Ausgabeaufschlag verlangt.

Auch wer einen Riester-Vertrag hat, kann die Bezugsquelle noch wechseln und sich einen Vermittler aussuchen, der weniger Ausgabeaufschläge verlangt. Aber Vorsicht: Bei der Auswahl eines Produkts sollte ein Rabatt des Vermittlers nicht den Ausschlag geben. Ein gutes Angebot ohne Rabatt kann nämlich rentabler sein als ein mittelmäßiges mit Rabatt.

Fondsvermittler mit Rabatt

Nicht alle, aber zumindest einige Riester-Fondssparpläne gibt es bei freien Vermittlern mit Rabatt auf den Ausgabeaufschlag. Die eingesparten Kosten stärken den Ertrag und lassen die Rentenzahlungen wachsen. Welche Fonds rabattiert werden, müssen Anleger bei den ausgewählten Vermittlern direkt klären. Einige davon in der Übersicht:

✔ AAD Fondsdiscount, www.aad-fondsdiscount.de

✔ AAV Fondsvermittlung, www.fondsvermittlung.de

✔ AVL Finanzdienstleistung, www.avl-investmentfonds.de

✔ Direktfonds 24, www.direktfonds24.de

✔ Dr. Sievert & Partner, www.fonds-for-less.de

✔ DTW Fonds-Service, www.fondsclever.de

✔ FD Fonds-Sparkauf, www.fonds-sparkauf.de

✔ Finanzpartner.de, www.finanzpartner.de

✔ Fonds4you, www.fonds4you.de

✔ Fondsexperte 24, www.fondsexperte24.de

✔ Fondsrabatt Mainz, www.fondsrabatt-mainz.de

✔ Fund-Discount, www.fund-discount.de

✔ Invextra, www.invextra.de

✔ Laransa, www.laransa.de

✔ Martius Finanzdienstleistungen, www.fonds-im-netz.de

✔ Trigonus, www.trigonus.de

✔ VSP Financial Services, www.fondsvermittlung24.de

✔ Wallstreet Online, www.wo-capital.de

Nur wenige Riester-Fondssparpläne im Angebot

Eigentlich lassen sich deutsche wie ausländische Fondsgesellschaften nur ungern neue Kunden entgehen, aber die strengen Vorschriften des Riester-Gesetzes und die damit verbundenen Garantieauflagen haben viele Anbieter davon abgehalten, eigene Riester-Fondssparpläne ins Programm aufzunehmen.

Nur gut eine Handvoll Investmentgesellschaften bieten Fondssparpläne für Riester-Sparer an. Allerdings sind die größten und wichtigsten dabei, vor allem die Fondsgesellschaften, die Sparkassen, Volks- und Raiffeisenbanken sowie den größten privaten Banken in Deutschland gehören:

✔ Allianz Global Investors Kapitalanlagegesellschaft, www.allianzglobalinvestors.de

✔ Cominvest Asset Management, www.cominvest.de

✔ DekaBank, www.dekabank.de

✔ DWS Investment, www.dws.de

✔ Hansainvest, www.hansainvest.de

✔ Postbank, www.postbank.de

✔ Union Investment Privatfonds, www.union-investment.de

Sichere Banksparpläne

Keine Kursrisiken an der Börse, von Anfang an im Plus, garantiert mehr Geld als den gesetzlich vorgeschriebenen Kapitalerhalt, geringe Gebühren? Auch für vorsichtige, meist ältere Riester-Sparer gibt es mit Banksparplänen das geeignete Produkt. Fondssparpläne wären angesichts relativ kurzer Laufzeiten zu riskant, Rentenversicherungen mit ihren satten Gebühren einfach zu teuer. Das Dumme ist nur: Gerade den privaten Banken sind solche Banksparpläne wohl zu unattraktiv, sie können nicht genug daran verdienen. Deshalb sucht man bei diesen Instituten solche Angebote vergeblich. Nur bei Sparkassen und den genossenschaftlichen Volks- und Raiffeisenbanken sind Riester-Banksparpläne im Angebot.

Allerdings auch nicht bei allen. Sie können aber selbstverständlich können Sie einen Vertrag auch bei einer ortsfremden Bank abschließen. Die erforderlichen Unterlagen fordern Sie einfach telefonisch oder per Internet an und schicken sie dann per Post-Ident-Verfahren zurück. Dazu müssen Sie nur den ausgefüllten Vertrag zum nächsten Postamt bringen und dort Ihren Personalausweis vorlegen.

Ganz so einfach ist der Abschluss eines Riester-Banksparplans trotz globalisierter Welt und steigendem Altersdurchschnitt der Bevölkerung trotz allem nicht. So nehmen einige Sparkassen und Volksbanken nur neue Kunden aus ihrem Geschäftsgebiet auf, andere Institute schreiben ein Höchstalter bei Vertragsabschuss vor.

Zinsertrag ist ungewiss

Zwar können auch Fondsgesellschaften und Versicherungen die in Aussicht gestellten Renditen in den nächsten Jahren und Jahrzehnten nicht garantieren, aber von Banken und Sparkassen hätte man das eigentlich erwartet. Da sich die Rendite des Sparplans aber nach der Zinsentwicklung richtet, können gültige Aussagen bei Vertragsabschluss nicht getroffen werden. Langfristig dürfte sich die Verzinsung zwischen drei und sechs Prozent bewegen, Zuschüsse und Steuerersparnis sind da noch nicht mitgerechnet.

Neben der »normalen« Verzinsung bieten einige Institute ihren Kunden bei langfristigen Sparplänen zusätzliche Zinszuschläge und manchmal auch Schlussbonuszahlungen. Was das bringt, ist oft nicht leicht zu erkennen. Kompliziert werden Banksparpläne auch dann, wenn die Grundverzinsung sich nicht an der jeweils gültigen Umlaufrendite orientiert, sondern an eigens konstruierten Referenzgrößen und -zinssätzen.

Erfahrungen aus der Vergangenheit zeigen, dass Kreditinstitute bei der Anpassung von Zinsen nach unten immer sehr schnell sind, sich bei notwendigen Zinserhöhungen dafür jedoch umso mehr Zeit lassen. Allerdings haben höchste Gerichte wie der Bundesgerichtshof in den letzen Jahren dieser Willkür einen Riegel vorgeschoben. Auf jeden Fall sollten Sie bereits beim Vertragsabschluss klären, wie sich die jeweils gültigen Zinssätze bei Ihrem Riester-Banksparplan errechnen, wann Veränderungen des Zinssatzes möglich sind und auf welche Referenzgröße sich diese Veränderungen beziehen.

Mit Abschlusskosten und Provisionen müssen Kunden bei Banksparplänen in der Regel nicht rechnen, allerdings verlangen einige Institute inzwischen geringe jährliche Verwaltungsgebühren.

Detaillierte Angaben über die Auszahlphase bei Ihrem Banksparplan werden Sie in der Regel nicht bekommen, denn darüber haben sich die Sparkassen und Volksbanken abschließend noch keine Gedanken gemacht. Auf jeden Fall ist für die Rentenphase ein Entnahmeplan für die monatlichen Zahlungen bis zum 85. Lebensjahr zu erwarten, daran schließt sich eine Rentenversicherung für die Zahlungen nach dem 85. Geburtstag an.

Überregionale Angebote

Sparkassen und Volksbanken gibt es fast überall, und einige von ihnen bieten innerhalb ihres Geschäftsgebiets auch Riester-Banksparpläne an. Allerdings nur dort – und das Umziehen wegen eines Banksparplans ist dann wohl doch etwas zu viel. Zwar können Sie im Internet unter www.bafin.de nachschauen, ob die örtliche Sparkasse oder Volksbank ein Riester-produkt zur Zertifizierung bei der Behörde eingereicht hatte, aber ob das Institut danach auch ein entsprechendes Produkt auf den Markt gebracht hat, ist keineswegs sicher. Einen Anruf oder Besuch bei Sparkasse oder Volksbank in Ihrer Nähe können wir Ihnen also nicht ersparen.

Es gibt allerdings etliche Geldinstitute, die Riester-Banksparpläne bundesweit anbieten, zum Teil jedoch nur bis zu einem Höchstalter von 55 bis 60:

✔ Ethik Bank, www.ethikbank.de

✔ Sparkasse Schweinfurt, www.sparkasse-sw.de

- Kreissparkasse Ahrweiler, www.kreissparkasse-ahrweiler.de
- Kreissparkasse Bersenbrück, www.ksk-bersenbrueck.de
- Kreissparkasse Halle/Westfalen, www.kskhalle.de
- Kreissparkasse Köln, www.ksk-koeln.de
- Kreissparkasse München-Starnberg, www.ksk-muenchen.de
- Kreissparkasse Tübingen, www.ksk-tuebingen.de
- Landsparkasse Schenefeld, www.landsparkasse.de
- Mainzer Volksbank, www.mvb.de
- Raiffeisenbank Neustadt-Vohenstrauß, www.rb-new-voh.de
- Raiffeisenbank Obermain Nord, www.rbobermain.de
- Sparkasse Bamberg, www.sparkasse-bamberg,de
- Sparkasse Bochum, www.sparkasse-bochum.de
- Sparkasse Detmold, www.sparkasse-detmold.de
- Sparkasse Dortmund, www.sparkasse-dortmund.de
- Sparkasse Fürstenfeldbruck, www.sparkasse-ffb.de
- Sparkasse Gelsenkirchen, www.sparkasse-gelsenkirchen.de
- Sparkasse Günzburg-Krumbach, www.sparkasse-guenzburg-krumbach.de
- Sparkasse Hamm, www.sparkasse-hamm.de
- Sparkasse Höxter, www.sparkasse-hoexter.de
- Sparkasse Menden, www.sparkasse-menden.de
- Sparkasse Münsterland Ost, www.sparkasse-muensterland-ost.de
- Sparkasse Pforzheim Calw, www.sparkasse-pforzheim-calw.de
- Sparkasse Pfullendorf-Meßkirch, www.sparkasse-pm.de
- Sparkasse Schwerte, www.sparkasse-schwerte.de
- Sparkasse Ulm, www.sparkasse-ulm.de
- Sparkasse Unna, www.sparkasse-unna.de
- Städtische Sparkasse Kamen, www.spkkamen.de
- Volksbank Heuchelheim, www.voba-heuchelheim.de
- Volksbank Peine, www.volksbank-peine.de
- VR Genossenschaftsbank Fulda, www.vrgenobank-fulda.de

Eigenes Heim mit Riester-Hilfe

Vom eigenen Haus oder der eigenen Wohnung, die später, vor allem im Ruhestand, schulden- und damit mietfrei bewohnt werden können, träumen viele Deutsche. Doch als Vater Staat vor Jahren über die staatliche Förderung der privaten Altersvorsorge durch die Riester-Zulagen diskutierte und entschied, konnten sich die Politiker und Verbandsvertreter in Berlin auf ein Modell zur Förderung des privaten Wohneigentums nicht einigen.

Erst im vergangenen Jahr fanden Sozial- und Finanzpolitiker sowie die Lobbyisten der Kreditwirtschaft eine Lösung für ein Modell zur Eigenheimförderung mittels Riester-Zulagen. Wer ein Eigenheim baut oder kauft, kann danach künftig auf seinen bestehenden Riester-Vertrag und das damit angesparte Vermögen zurückgreifen, um sein Eigenkapital zu stärken. Und für die Tilgung ihres Darlehens erhalten Wohneigentümer künftig die gleichen Zulagen und Steuervorteile wie für einen klassischen Riester-Vertrag.

Mehr Eigenkapital dank Riester

Vorsorgesparer, die bereits vor Jahren eines Riester-Vertrag, egal welcher Variante, abgeschlossen haben, und die jetzt ein Eigenheim planen oder eine Eigentumswohnung kaufen wollen, dürfen ihr Riester-Konto bei Bank, Fondsgesellschaft oder Versicherung plündern und das Geld als Eigenkapital einsetzen. Einen großen Haken hat der Gesetzgeber allerdings in die Regelung eingebaut: Es müssen nämlich mindestens 10.000 Euro auf dem Riester-Konto liegen, um das Geld für die Stärkung des Eigenkapitals nutzen zu können. Und diese Summe wird bei den meisten Riester-Verträgen im Jahr 2009 noch nicht erreicht sein. Erst 2010 fällt dieser Mindestbetrag weg, dann können auch kleinere Summen genutzt werden.

Auch Riester-Sparer, die ihren Traum von den eigenen vier Wänden bereits vor Jahren umgesetzt haben und heute noch ihr Immobiliendarlehen zurückzahlen müssen, haben nichts von der neuen Riester-Regelung. Eine Entnahme ist nur in unmittelbarem Zusammenhang mit dem Bau oder Kauf eines Eigenheims erlaubt. Ein Hauseigentümer kann also sein Riester-Vermögen nicht Jahre nach dem Bau oder Kauf zur Ablösung eines Baukredits einsetzen. Erst mit Rentenbeginn kann er den Vertrag zur Rückzahlung einer noch bestehenden Restschuld verwenden. Dann müssen diese Tilgungsbeträge allerdings versteuert werden.

Riester-Zulagen für die Tilgung des Baudarlehens

Zulagen und Steuervorteile à la Riester gibt es nur für Darlehen, die der Eigentümer für eine Immobilie aufnimmt, die er nach 2007 angeschafft oder gebaut hat. Dabei gelten die normalen Riester-Regeln für die Höhe der Zulagen. Stiftung Warentest hat ausgerechnet, dass eine Familie mit zwei Kindern, die ein Haus kauft und in 20 Jahren abbezahlt, in dieser Zeit Riester-Zulagen bis zu 13.560 Euro erhält. Und weil die Zulagen gleich aufs Darlehenskonto fließen und sofort die Schuld verringern, spart die Familie bei einem Kreditzinssatz von 5,5 Prozent zusätzlich gut 10.000 Euro Zinsen. Sind die Kinder nach 2007 geboren, erhöhen sich die Zulagen für die Familie sogar auf 18.160 Euro und die zusätzliche Zinsersparnis beträgt 13.500 Euro.

Spezielle Wohn-Riester-Verträge nach diesem neuen Eigenheimrentengesetz werden bereits seit Ende 2008 angeboten.

Mobil trotz Riester-Immobilie

Mit Riester-Zulagen fördert der Fiskus nur selbstgenutztes Wohneigentum, also Einfamilienhäuser und Eigentumswohnungen, aber auch Genossenschaftsanteile. Außerdem muss die Immobilie in Deutschland liegen. Wenn der Eigentümer sein Haus verkauft oder vermietet, muss er die Riester-Zulagen zurückzahlen. Doch einige Ausnahmen gibt es:

✔ Wer seine Immobilie verkauft und innerhalb von vier Jahren ein neue erwirbt, darf die Fördergelder behalten. Dazu zählt auch der Kauf eines lebenslangen Wohnrechts in einem Senioren- oder Pflegeheim.

✔ Wer aus beruflichen Gründen umzieht und daher die eigene Immobilie nicht nutzen kann, darf sie während seiner Abwesenheit befristet vermieten. Aber spätestens zum Rentenbeginn muss er wieder dort einziehen.

Wie wird gesparte Miete versteuert?

Als wichtiges Prinzip der Riester-Förderung gilt die nachgelagerte Besteuerung. Die Beiträge für die private Altersvorsorge sind steuerfrei, dafür sind die Auszahlungen im Rentenalter in voller Höhe zu versteuern. Aber wie soll man die eingesparte Miete von Ruheständlern, die im eigenen Haus oder der Eigentumswohnung leben, steuerlich berechnen?

Kein Problem, deutsche Finanzpolitiker und Steuerexperten finden für jede Aufgabe eine Lösung. Dazu werden alle Förderbeiträge, also Entnahmen und Tilgungsleistungen, auf einem so genannten Wohnförderkonto verbucht und mit 2 Prozent im Jahr verzinst. Ab Rentenbeginn müssen Hauseigentümer dann den rechnerischen Kontostand auf dem Wohnförderkonto versteuern. Entweder zahlen sie die Steuern auf einen Schlag gleich zu Rentenbeginn, dann werden ihnen als Belohnung 30 Prozent des Förderbetrags auf dem Förderkonto gekürzt. Oder sie müssen den Betrag in gleichen Raten bis zum 85. Lebensjahr versteuern. Das hat natürlich den Vorteil, dass der Steuersatz im Alter in der Regel geringer ist als vorher.

Aber für besonders gelungen und verbraucherfreundlich halten Kritiker diese Steuerregelungen nicht. So wirkt der Sofortrabatt von 30 Prozent bei der Einmalversteuerung des Wohnförderkontos auf den ersten Blick zwar attraktiv, aber der entsprechende Progressionssprung bei der Besteuerung dürfte viel davon verzehren. Und Erben einer mit Riester-Förderung erstellten und finanzierten Immobilie dürften sich ebenfalls ärgern. Verstirbt der einst Riester-geförderte Hausbesitzer vor dem 85. Lebensjahr, wird die noch ausstehende Forderung des Fiskus sofort fällig und muss von den Erben bezahlt werden.

Rüruppen – nicht nur für Selbstständige attraktiv

In diesem Kapitel

- Warum finanzielle Vorsorge für Selbstständige ein schwieriges Thema bleibt
- Wie die so genannte Rürup-Rente funktioniert
- Welche Rürup-Verträge am meisten für Selbstständige bringen

---

Ob es wirklich eine gute Idee vom Wirtschaftsweisen Bert Rürup war, 2009 in den Dienst der Finanzberater von AWD zu treten, wissen wir nicht. Zahlreiche Beobachter meinen jedenfalls, dass Image und Ruf des angesehenen Hochschullehrers beim Wechsel zu einem nicht immer ganz unumstrittenen Finanz-Vertrieb durchaus leiden könnten. Dass ein Wirtschaftsprofessor am Ende seiner beruflichen Laufbahn noch etwas für seine finanzielle Altersvorsorge tut, ist natürlich verständlich.

In die deutsche Wirtschafts- und Finanzgeschichte, vor allem bei der Altersvorsorge, wird Bert Rürup wohl als »Erfinder« der Rürup-Rente eingehen, die gesetzlich 2005 eingeführt wurde. Spätestens nach der 2002 gestarteten Riester-Rente war den Verantwortlichen aufgefallen, dass für Selbstständige, die nicht rentenversicherungspflichtig sind, gar keine staatlich geförderte oder steuerbegünstigte Möglichkeit zur Altersvorsorge bestand.

Die Rürup-Rente steht allen Bürgern offen, ist aber vor allem für Freiberufler und Selbstständige geeignet. Die Einzahlungen bei einem Rürup-Vertrag sind steuerbegünstigt durch einen steigenden Sonderausgabenabzug. Sparguthaben bei Rürup-Verträgen ist vor Rentenbeginn nicht pfändbar und Hartz-IV-sicher.

Bei der steuerlichen Aufbereitung der Rürup-Rente hatten sich allerdings einige handwerkliche Fehler eingeschlichen, die erst 2007 korrigiert wurden. Nach der Einführung hatte sich das Rentenmodell deshalb anfangs zum Ladenhüter entwickelt. Zwischenzeitlich haben rund 700.000 Menschen einen Rürup-Vertrag abgeschlossen.

Speziell für Selbstständige

Während sich Arbeitnehmer bei der Riester-Rente über staatliche Zuschüsse und geringe Steuervorteile freuen können, konzentriert sich die Rürup-Rente auf kräftige Steuervorteile in der Ansparphase. Dabei können jedoch nicht nur Selbstständige in den Genuss der Steuervergünstigungen kommen, auch Angestellte und Beamte können sie nutzen.

Die Rürup-Rente ist besonders geeignet für Selbstständige und Freiberufler, aber auch für Top-Verdiener, die mehr Geld für die private finanzielle Vorsorge übrig haben, also beispielsweise für junge Paare ohne Kinder.

Beim Vorsorge-Sparen à la Rürup bietet der Fiskus Steuervergünstigungen für weit größere Summen als beim Riester-Sparen. So erkennt das Finanzamt bei der Rürup-Rente Beiträge von bis zu 20.000 Euro für Alleinstehende (und 40.000 Euro für Verheiratete) an. Von diesem Betrag können Rürup-Versicherte im Jahr 2009 68 Prozent, also 13.600 Euro, als Sonderausgabe steuerlich geltend machen (bei Verheirateten gilt selbstverständlich der doppelte Betrag).

Bis ins Jahr 2025 gilt bei der Rürup-Förderung eine Übergangsfrist, in der nur ein Teil der 20.000 Euro tatsächlich abgesetzt werden können. Die Förderung steigt in dieser Zeit jedes Jahr um zwei Prozentpunkte und erreicht 2025 dann 100 Prozent.

Als Arbeitnehmer können Sie nicht den vollen Betrag von 20.000 Euro für Ihren Rürup-Beitrag nutzen, sondern müssen davon den Betrag abziehen, den Sie zusammen mit Ihrem Arbeitgeber in die gesetzliche Rentenversicherung einzahlen. Erst vom Restbetrag berücksichtigt das Finanzamt dann 68 Prozent im Jahr 2009 als Sonderausgaben.

Seit 1.1.2005 sind die Altersvorsorgeaufwendungen neu definiert. Seitdem gibt es zwei Arten von Vorsorgeaufwendungen: zum einen Altersvorsorgeaufwendungen, also Beiträge

✓ zur gesetzliche Rentenversicherung

✓ in eine landwirtschaftliche Alterskasse

✓ in ein berufsständisches Versorgungswerk

✓ in eine Rürup-Rente

und zum anderen sonstige Vorsorgeaufwendungen, also Beiträge

✓ zur Arbeitslosenversicherung

✓ zu Erwerbs- und Berufsunfähigkeitsversicherungen

✓ zu Kranken-, Pflege-, Unfall-, Haftpflicht- und Todesfallrisikoversicherungen

✓ zu Lebens- und Rentenversicherungen, deren Beginn und erste Prämienzahlung vor dem 1.1.2005 lagen (so genannte Altverträge)

Die steuerliche Förderung à la Rürup ist ausgesprochen kompliziert. Deshalb muss in jedem Einzelfall durchgerechnet werden, was ein Rürup- oder Basisrentenvertrag Ihnen steuerlich wirklich bringt. Vor Abschluss eines solchen Vertrags sollten Sie deshalb auf jeden Fall einen Steuerberater fragen, der sich mit der Rürup-Rente auskennt.

Fast nur Versicherungen

Während es bei der Riester-Förderung auch zahlreiche Banken und Sparkassen als Anbieter von entsprechenden Sparplänen gibt, konzentriert sich das Rürup-Angebot auf drei Varianten:

10 ➤ Rüruppen – nicht nur für Selbstständige attraktiv

- ✔ klassische Versicherungen
- ✔ fondsgebundene Versicherungen
- ✔ Fondssparpläne (allerdings aktuell nur von zwei Anbietern)

Bei der klassischen Versicherung bekommen Sie eine garantierte Verzinsung von 2,25 Prozent auf den Sparanteil Ihres Beitrags, also den Teil, der vom Beitrag übrig bleibt, nachdem der Versicherer die Kosten abgezogen hat. Dazu können Überschüsse kommen, die zum Beispiel jährlich wieder investiert werden und die garantierte Rente erhöhen.

Zu den Anbietern von Rürup-Rentenversicherungen gehören:

- ✔ Allianz Lebensversicherung, www.allianz.de
- ✔ Alte Leipziger Lebensversicherung, www.alte-leipziger.de
- ✔ Asstel Lebensversicherung, www.asstel.de
- ✔ Axa Lebensversicherung, www.axa.de
- ✔ Barmenia Lebensversicherung, www.barmenia.de
- ✔ Concordia Lebensversicherung, www.concordia.de
- ✔ CosmosDirekt Lebensversicherung, www.cosmosdirekt.de
- ✔ DBV-Winterthur Lebensversicherung, www.dbv-winterthur.de
- ✔ Debeka Lebensversicherung, www.debeka.de
- ✔ Delta Lloyd Lebensversicherung, www.deltalloyd.de
- ✔ Deutsche Ärzteversicherung, www.aerzteversicherung.de
- ✔ DEVK Allg. Lebensversicherung, www.devk.de
- ✔ Europa Lebensversicherung, www.europa.de
- ✔ Fortis Deutschland Lebensversicherung, www.fortisversicherungen.de
- ✔ Generali Lebensversicherung, www.generali.de
- ✔ Hamburg-Mannheimer Versicherungs AG, www.hamburg-mannheimer.de
- ✔ Hannoversche Lebensversicherung, www.hannoversche-leben.de
- ✔ HanseMerkur Lebensversicherung, www.hansemerkur.de
- ✔ HUK-Coburg Lebensversicherung, www.huk.de
- ✔ LVM Lebensversicherung, www.lvm.de
- ✔ mamax Lebensversicherung, www.mamax.com
- ✔ Münchener Verein Lebensversicherung, www.muenchener-verein.de
- ✔ neue leben Lebensversicherung, www.neueleben.de
- ✔ oeco capital Lebensversicherung, www.oeco-capital.de

- ✔ Öffentliche Versicherung Braunschweig, www.oeffentliche.de
- ✔ R+V Lebensversicherung, www.ruv.de
- ✔ SDK Süddeutsche Lebensversicherung, www.sdk.de
- ✔ Signal Iduna Gruppe, www.signal-iduna.de
- ✔ Swiss Life AG, www.swisslife.de
- ✔ universa Lebensversicherung, www.universa.de
- ✔ VGH Versicherungen, www.vgh.de
- ✔ Volksfürsorge Deutsche Lebensversicherung, www.volksfuersorge.de
- ✔ Volkswohl Bund Lebensversicherung, www.volkswohl-bund.de
- ✔ WGV Schwäbische Lebensversicherung, www.wgv-online.de
- ✔ WWK Lebensversicherung, www.wwk.de
- ✔ Zurich Deutscher Herold Lebensversicherung, www.zurich.de

Mehr Liebhaber bei den Rürup-Rentenversicherungen finden bisher fondsgebundene Versicherungen, die keine garantierte Verzinsung bieten, aber höhere Erträge durch die Anlage in Fonds versprechen. Wenn die Fonds schlecht laufen, kann der Sparer allerdings Verluste machen.

Anders als bei der Riester-Rente müssen die Anbieter von Rürup-Rentenversicherungen nicht garantieren, dass bei Rentenbeginn zumindest das Eingezahlte zur Verfügung steht.

Rürup-Fondsparplan-Anbieter

Bisher werden Rürup-Fondssparpläne lediglich von zwei Fondsgesellschaften angeboten: DWS (Fondsgesellschaft der Deutschen Bank) und Deka (Fondstochter der Sparkassen). Dabei unterscheiden sich die unterschiedlichen Konzepte der angebotenen Fonds sehr stark, auch bei den jeweiligen Kosten und der Höhe des Risikos.

Die Fondsgesellschaften halten sich bei Rürup-Varianten nach eigenen Aussagen vor allem deshalb zurück, weil der Gesetzgeber reine Fondsprodukte für die Rürup-Rente nicht erlaubt. Zwar darf die Einzahlphase als Fondssparplan laufen, aber in der Auszahlphase schreibt das Gesetz eine Rentenversicherung vor.

Rürup-Nachteile

Leider hat die Rürup-Rente Ihre Nachteile:

- ✔ Besteuerung im Alter
- ✔ Geringe Flexibilität bei Vertragsmodalitäten und Auszahlung

Besteuerung im Alter

Zu den wesentlichen Nachteilen der Rürup-Rente gehört die Besteuerung im Alter, denn die mittelalte und jüngere Generation von heute wird nicht nur die gesetzliche Rente, sondern auch die Basisrente à la Rürup fast vollständig versteuern müssen.

Zu einem wahren »Rendite-Turbo« wird eine Rürup-Rente eigentlich nur für Ältere mit einem hohen persönlichen Steuersatz, die nur noch wenige Jahre bis zur Rente haben. Das liegt daran, dass bei ihnen die Einzahlungen zu einem größeren Anteil steuerfrei sind als später der Anteil der Rente, der steuerpflichtig ist. Ganz anders stellt sich die Situation für jüngere Rürup-Sparer dar, die ab heute noch jahre- oder sogar jahrzehntelang einzahlen und erst nach 2025 in den Ruhestand gehen. Dann werden sie einen großen Teil ihrer Beiträge aus versteuertem Einkommen bezahlt haben – und müssen die Rente ebenfalls voll versteuern. Diese Rentensparer trifft also eine doppelte Besteuerung.

Flexibilität Fehlanzeige

Schon der Gesetzgeber hat bei der Rürup-Rente dafür gesorgt, dass flexible, kundenfreundliche Lösungen kaum möglich sind. Und die Versicherungsgesellschaften haben diesen Trend leider fortgesetzt.

So ist die Rürup-Rente nicht vererbbar, die eingezahlten Beiträge fallen der Versicherungsgemeinschaft zu und die Erben gehen leer aus.

Zumindest für den Ehepartner und zu versorgende Kinder bis 25 Jahre können Sie bei Rürup-Verträgen Hinterbliebenenschutz vereinbaren. Aber diese Zusatzleistung kostet extra und schmälert die garantierte Altersrente.

Zwar haben Sie nach der Antragstellung noch 30 Tage Zeit, um aus einem Rürup-Vertrag wieder auszusteigen, doch danach ist die Kündigung des Vertrags nicht mehr möglich. Letztlich binden Sie sich mit einem solchen Vertrag ein Leben lang. Alternativ können Sie sich allenfalls vom Beitrag freistellen lassen – und auf die Auszahlung der reduzierten Renten im Alter warten. Aber natürlich kann Ihnen dann auch passieren, dass Sie nur eine geringe oder gar keine Rente bekommen, weil Ihre Beiträge weitgehend von den Kosten aufgezehrt werden.

Gesetzlich ist es zwar möglich, den Anbieter zu wechseln, aber fast alle Versicherungsgesellschaften sehen das in ihren Standard-Rürup-Verträgen nicht vor.

Bei den meisten Angeboten müssen Sie im Vertrag vormerken lassen, dass Sie in der Ansparphase den Versicherer wechseln dürfen. Ob sich der Versicherer darauf allerdings einlässt, ist ungewiss.

Zwang zum langen Leben

Am meisten ärgern sich Kritiker der Rürup-Rentenversicherung über die Regeln zur Auszahlung. Frühestens mit 60 Jahren darf der Versicherte in Rente gehen und dann lediglich über regelmäßige, monatliche Rentenzahlungen verfügen. Verträge, die ab 2012 geschlossen werden, dürfen frühestens zum 62. Lebensjahr mit den Zahlungen beginnen.

Zu Rentenbeginn dürfen Rürup-Rentner überhaupt kein Kapital auf einen Schlag entnehmen. Um seine gezahlten Beiträge rentabel zu machen, muss der Rentner stattdessen lange leben. Nach Angaben von Stiftung Warentest kommt ein Rürup-Sparer erst nach acht Jahren Rentenzahlung ins Plus.

Eine einmalige Auszahlung können Sie lediglich bei Kleinstrenten beanspruchen, wenn diese nicht mehr als ein Prozent der monatlichen Bezugsgröße, also dem Durchschnittsgehalt von vor zwei Jahren entsprechen. Dieser Betrag lag 2008 bei 2.485 Euro, die Kleinstrentengrenze also bei 24,85 Euro.

Teil IV
Finanzielle Vorsorge?
Auch eine Privatsache

»Rentenberater? Ausgeglichenheit? Hohe Rendite? Ich glaube, wir vergraben das Geld lieber irgendwo und verfüttern diesen Typen an die Haie.«

In diesem Teil ...

Wenn denn gesetzliche Rente und betriebliche Altersversorgung nicht ausreichen, wird uns wohl nichts anderes übrig bleiben, als das zu erwartende Rentenloch privat zu füllen. Und für Lebenspläne, die wir bereits vor dem Ruhestand in die Realität umsetzen wollen, bleibt uns ohnehin nur die Chance, selbst für die notwendig Finanzbasis zu sorgen.

Dafür hält der Markt viele unterschiedliche Angebote bereit – je nach Risiko und zu erwartender Rendite. Die richtige Formel dafür hatte bereits der amerikanische Komiker Danny Kaye gefunden: »Geld allein macht nicht glücklich. Es gehören auch noch Aktien, Gold und Grundstücke dazu.« Die richtige persönliche Mischung müssen Sie allerdings noch selbst finden.

Ob Sie allerdings beim Thema »Finanzielle Vorsorge« jemals ganz zur Ruhe kommen werden, ist eine andere Frage. Oder, wie es US-Öl-Legende Jean Paul Getty ausdrückte: »Wenn man kein Geld hat, denkt man immer an Geld. Wenn man Geld hat, denkt man nur noch an Geld.«

Wie wird man Millionär?

In diesem Kapitel

▶ Wie Aktien und Anleihen durch regelmäßige Erträge das private Vermögen mehren

▶ Warum gerade Investmentfonds für den Vermögensaufbau geeignet sind

▶ Welche Versicherungen nicht nur Risiken des täglichen Leben abdecken, sondern darüber hinaus zusätzliche Werte erwirtschaften

*B*ei der privaten Vermögensbildung hat die Welt wirklich einiges zu bieten – und viel kann passieren. So wird das Jahr 2008 wohl einerseits als das Jahr der Finanzmarktkrise in die Wirtschafts-Geschichtsbücher eingehen, aber auch die Zahl der Millionäre und Milliardäre erreichte in diesem Jahr in vielen Ländern, so auch in Deutschland, neue Spitzenwerte. Viele Systemkritiker betrachten die Verwerfungen an den Börsen denn auch nicht als ein neues Mysterium der Finanzwirtschaft, sondern als konsequente Entwicklung des kapitalistischen Systems.

Und da, das wusste bereits Karl Marx, regelmäßig an den Kapitalmärkten neue Finanzblasen entstehen, wird die Welt, trotz aller Kontrollen und staatlicher Aufsicht, auch mit dem regelmäßigen Platzen dieser Blasen rechnen müssen. Es ist interessant und fast schon amüsant, bei jeder Spekulationsblase zu beobachten, wie angeblich intelligente und den Anforderungen eines »homo oeconomicus« entsprechende Menschen sich immer wieder den tollsten Hoffnungen hingeben und sich gegen jede Vernunft von ihrer Gier hinreißen lassen.

Erfahrene Kenner des Markts hatten es schon lange geahnt, aber kritische Nachfragen und Kommentare zu den immer weiter wachsenden Blasen an Immobilien-, Wertpapier- und Kreditmärkten galten in den vergangenen Jahren nun mal als miesepetrig, gestrig, verschroben oder übertrieben. Und so versank die internationale Finanzwelt ungebremst in immer mehr Geld, während die Renditeversprechen immer neue Höhen erreichten. Um Seriosität und Sicherheit vorzugaukeln, wurden zunehmend komplizierte Finanzkonstrukte kreiert, die nur noch die wenigsten Akteure überhaupt richtig verstehen konnten. Abhängigkeiten zwischen Rendite und Risiko? Aber nein, das haben wir alles immer im Griff.

 Doch seit der Finanzmarktkrise ist jetzt wieder von alten Tugenden die Rede, von Bescheidenheit, von Demut und Zurückhaltung, von Bodenständigkeit und Vertrauenswürdigkeit: »Höhere Rendite bedeutet höheres Risiko. Heute wissen sie, was wir gemeint haben.«

Mit System zu mehr Geld

Anfang 2007 hatten die privaten Haushalte in Deutschland 4,5 Billionen Euro Geldvermögen aufgebaut. Im Vergleich zum Vorjahr waren das 225 Milliarden Euro mehr, ein Zuwachs von fünf Prozent. Dagegen blieben die Verbindlichkeiten auf etwa demselben Niveau wie im Jahr zuvor. Das Nettogeldvermögen der deutschen Haushalte belief sich damit Anfang 2007 auf 2,96 Billionen Euro. Somit konnte sich jeder Haushalt über ein Geldvermögen von durchschnittlich 115.400 Euro freuen. Abzüglich der Schulden in Höhe von 39.900 Euro waren das immerhin noch 75.500 Euro. Und das war längst nicht alles. Neben dem Geldvermögen gehören natürlich auch die selbst genutzten Wohnimmobilien zum Vermögen. Nach Angaben der Deutschen Bundesbank erreichen Eigenheime und Eigentumswohnungen einen ähnlich hohen Wert wie das Geldvermögen.

In den vergangenen 15 Jahren sind die Ersparnisse der Deutschen nicht nur absolut, sondern auch in Relation zum Einkommen kräftig gestiegen. 1991 betrug das Geldvermögen der privaten Haushalte, so die Bundesbank, rund das Doppelte des verfügbaren Einkommens. Bis heute nahm es auf rund das Dreifache zu. Dabei schwankte in diesem Zeitraum die Sparquote, d.h. die jährliche Ersparnis in Prozent des verfügbaren Einkommens, zwischen 12,9 Prozent (1991) und 9,2 Prozent (2000). Da die private Altersvorsorge in Zukunft einen höheren Stellenwert bekommen dürfte als bisher, ist für die kommenden Jahre anhaltendes Wachstum zu erwarten. Bereits heute ist rund ein Drittel des Geldvermögens der privaten Haushalte für die Altersvorsorge bestimmt. Darüber hinaus dürften auch Teile der übrigen Geldanlagen von den Bürgern für den Ruhestand vorgesehen sein.

Durchdachte Strategien erforderlich

Zwar ist bei den meisten Bürgern die Bereitschaft zum Sparen und Vorsorgen vorhanden, aber kaum einer weiß genau, wofür die monatlichen Einnahmen draufgehen. Doch Finanzplanung wird in unsicheren Zeiten immer wichtiger. Finanzexperten und Wissenschaftler haben für die private Finanz- und Vermögensplanung verschiedene Modelle entwickelt, die es dem Einzelnen leichter machen sollen, sich über die eigenen finanziellen Ziele und Prioritäten klar zu werden.

Alle Modelle beginnen mit einem ersten Topf oder einer ersten Ebene für den laufenden Zahlungsverkehr, auch Liquiditätsmanagement genannt. Für diese kurzfristige Finanzplanung ist ein Girokonto erforderlich, auf dem der Kontoinhaber möglichst immer flüssig sein sollte. Hier darf er allerdings, so der Expertenrat, nicht zu viel Geld liegen lassen. Für kurzfristige, auch ungeplante Ausgaben empfehlen Berater bei Banken und Sparkassen einen »Parkplatz«, der schnellen und problemlosen Zugriff auf das erforderliche Geld erlaubt. Geeignet für die Finanzreserve sind beispielsweise Tagesgeldkonten oder Geldmarktfonds, die nur einige Prozent Zinsen oder Ertrag pro Jahr erwirtschaften. Auch ein normales Sparkassenbuch bringt Zinsen und kann für kleine Rücklagen dienen. Je nach Einkommen sollten Sie in diesem »Reservetopf« drei bis sechs Monatsgehälter zurücklegen.

> **Das Terrassenmodell**
>
> **Terrasse 1:**
> Für den laufenden Zahlungsverkehr
> Finanzprodukt: Girokonto
> Empfohlen: maximal ein Monatsgehalt
>
> **Terrasse 2:**
> Reserve für kurzfristige Ausgaben, vorübergehendes
> »Parken« von höheren Geldsummen
> Finanzprodukte: Geldmarktfonds, Tagesgeld
> Empfohlen: maximal drei Monatsgehälter
>
> **Terrasse 3:**
> Für alle größeren Ausgaben, die Sie mittelfristig planen;
> ein neues Auto, Kapital für einen Immobilienerwerb oder
> die Existenzgründung
> Finanzprodukte: Bundesschatzbriefe, Rentenfonds,
> offene Immobilienfonds (diese europaweit anlegend)
> Empfohlen: je nach Vorhaben – Eigenkapital für Immobilie,
> Kaufpreis eines PKWs
>
> **Terrasse 4:**
> Langfristanlage zum Vermögensaufbau und zur Alters-
> vorsorge
> Finanzprodukte: Aktien/Aktienfonds, Immobilien,
> Kapitallebens- und Rentenversicherungen
> Empfohlen: alles, was über die Terrassen 1 bis 3 fließt

Abbildung 11.1: Das Terrassenmodell: Verteilen Sie Ihr Geld systematisch auf die Terrassen 1 bis 4.

Lebensträume und das eigene Vermögen

Aber mit dem eigenen Geld gerade so über die Runden kommen, möchten wohl die Wenigsten. Ein neues Auto, eine exklusive Urlaubsreise und dann noch die eigenen vier Wände – davon träumen die meisten Bundesbürger. Neben den Töpfen für den laufenden Zahlungsverkehr und kurzfristige Ausgaben braucht jeder einen weiteren, also den dritten Topf für größere Ausgaben, die mittelfristig geplant werden können. Bei der Finanzplanung geht es um den gezielten Auf- und Ausbau von Vermögen, das mittel- und langfristig verfügbar sein soll. Dafür halten die Geldinstitute eine Vielzahl von Finanzprodukten bereit, auch Versicherungsgesellschaften haben dem langfristigen Vermögensaufbau ihrer Kunden großen Stellenwert eingeräumt. Und die Bausparkassen und Immobilienfinanzierer sprechen den Traum des Verbrauchers von den eigenen vier Wänden an.

Vor allem dem langfristigen Vermögensaufbau für die private Altersvorsorge kommt heutzutage eine immer größere Bedeutung zu – für diese Aufgabe wird ein vierter Topf eingerichtet. Noch immer überschätzen drei von vier Befragten die Leistung aus der gesetzlichen Rentenversicherung – ein gefährlicher Trugschluss für die eigene Altersvorsorge. Aus einer Studie der Bertelsmann-Stiftung geht hervor, dass Menschen mit großen Wissenslücken häufig gar nicht vorsorgen. Sie empfinden die Beschäftigung mit dem Thema oft als unangenehm, schwierige finanzielle Entscheidungen bereiten ihnen Unbehagen. Und da keine Frist gesetzt ist, wie zum Beispiel bei einer Steuererklärung, wird die Entscheidung über Vorsorge von vielen immer wieder verschoben.

Rückenwind Zinseszins

An die Mathestunden während des Schulunterrichts denken viele nur mit Grauen zurück. Zumindest in einem Punkt hätte sich das Aufpassen damals allerdings gelohnt. Denn bei der Formel für die Zins- und Zinseszinsberechnung wird schnell klar, dass auch aus ganz wenig im Lauf der Jahre sehr viel werden kann. Und deshalb fasziniert die Zinseszinsrechnung auch heutzutage noch jeden, der an finanzielle Vorsorge denkt. Denn bei jedem Rechenmodell wird aus einem einmal angelegten Betrag oder aus relativ geringen monatlichen Sparraten bei einer vergleichsweise bescheidenen, aber sicheren Verzinsung langsam ein Vermögen. Man braucht dafür nur die nötige Geduld.

Ein Sparer, der Monat für Monat 100 Euro zu seinem Geldinstitut trägt, das ihm dafür fünf Prozent Zinsen pro Jahr zahlt, hat nach fünf Jahren 6.000 Euro selbst gezahlt, aber sein Konto weist ein Guthaben von 6.810,34 Euro auf. Trägt der Sparer das Geld aber doppelt so lange zur Bank, bekommt er am Ende der Laufzeit deutlich mehr als das Doppelte zurück, nämlich 15.502,25 Euro. Wenn er noch geduldiger ist und 20 Jahre lang spart, wächst das Guthaben auf 40.753,79 Euro – das ist fast sechs Mal so viel wie jener Betrag, den er nach fünf Jahren erhalten würde. Wenn Sie die Entwicklung des angesparten Geldbetrages als eine grafische Kurve darstellen, würde Ihnen der immer steilere Verlauf, der sich im Laufe der Zeit ergibt, bestimmt auffallen – und Ihnen deutlich machen, dass eine lange Laufzeit bei der Geldanlage im Laufe von Jahrzehnten für kräftige Sprünge sorgt.

So faszinierend diese Exponentialfunktion des Zinseszinses in der Theorie auch wirkt – in der Praxis der finanziellen Vorsorge und des Vermögensaufbaus funktioniert sie leider nicht so, wie sie sollte und könnte. Hauptverantwortlich dafür ist der negative Zinseszinseffekt, der durch die anhaltende Entwertung des Geldes, auch Preissteigerung oder Inflation genannt, entsteht. Die optimistischen Hochrechnungen der gesetzlicher Rentenversicherung oder von privaten Finanzberatern über die Höhe des Kapitals, das nach jahrzehntelanger Anlage oder lange durchgehaltenem Ansparen zur Verfügung steht, sind deshalb mit Vorsicht zu genießen. Schon einfache Modellrechnungen machen deutlich, dass der Traum vom Reichtum im Alter für die meisten Anleger und Sparer wohl nur ein Traum bleiben wird.

Von einem einmal angelegten Vermögen von 100.000 Euro, bei dem keine regelmäßigen Erträge oder Wertzuwächse erzielt werden, sind bei einer geringen Inflationsrate von zwei Prozent pro Jahr nach fünf Jahren nur noch rund 90.000 Euro übrig, nach 20 Jahren ist der Betrag auf zwei Drittel seines Anfangswertes zusammengeschnurrt und hat nur noch eine Kaufkraft von rund 67.000 Euro. Nur hohe Zinsen oder kräftige Wertzuwächse, die deutlich höher ausfallen als die jährliche Inflationsrate, können dem Zinseszinseffekt zum Durchbruch verhelfen.

Regelmäßige Überprüfung notwendig

Wenn es ums Geld und das eigene Vermögen geht, vergessen selbst Profis mitunter die wichtigsten ökonomischen Grundmechanismen, die jeder Anleger kennen und beherrschen sollte. Dazu gehört das Spannungsverhältnis zwischen den Faktoren Liquidität, Sicherheit und Rendite. Prinzipiell lassen sich alle Anlageprodukte nach diesen Faktoren beurteilen.

Die Liquidität gibt Auskunft über die Verfügbarkeit der Geldanlage. Die angemessene Liquidität sorgt also dafür, dass keine Zahlungsengpässe auftreten. Jeder Anleger möchte immer liquide, also flüssig, sein. Bei der Sicherheit steht der Erhalt des Kapitals im Mittelpunkt, Geldanlagen dürfen also keine Verlustrisiken mit sich bringen. Bei der Rendite hingegen stehen der erzielte Ertrag oder die Wertsteigerung im Mittelpunkt. Diese drei Faktoren der Geldanlage stehen untereinander in einem gegenseitigen Abhängigkeitsverhältnis. So bringt höhere Liquidität in der Regel geringere Rendite mit sich, bei höherer Sicherheit ist mit geringerer Liquidität und weniger Rendite zu rechnen. Und höhere Renditen lassen in der Regel Liquidität und Sicherheit schrumpfen.

In diesem Spannungsfeld bewegt sich jede Vermögensanlage

Sicherheit – das Risiko einer Anlage
(Beispiele: Währungs-, Zins- und Kursrisiko)

Rendite – der erzielte Ertrag (Beispiele: Zins- und Dividendenzahlungen, Wertentwicklung)

Liquidität – die Verfügbarkeit der Geldanlage
(Beispiele: täglich oder erst nach mehreren Jahren)

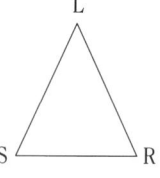

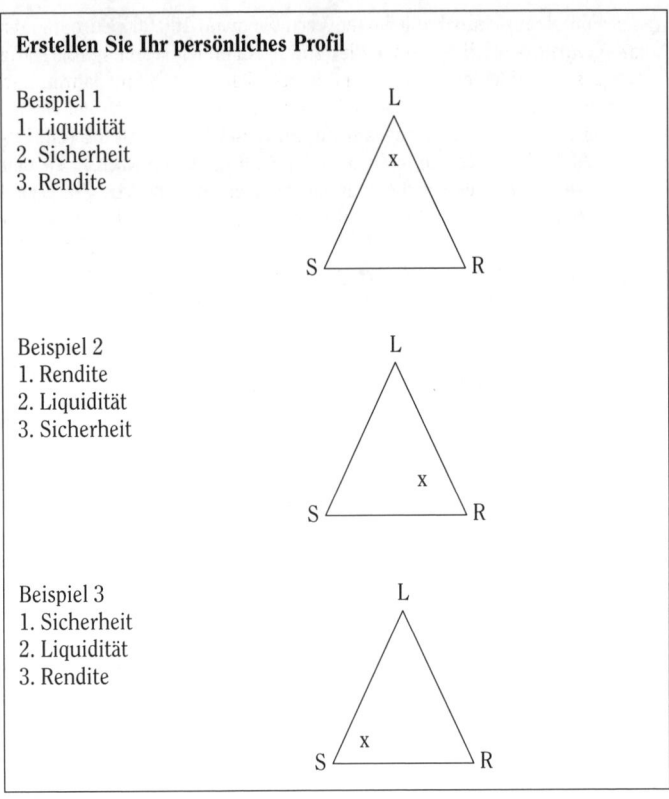

Abbildung 11.2: Finden Sie den Ort im Dreieck, der für Ihr Profil steht.

Da sich die eigene Finanzplanung und das Vermögensmanagement komplex gestalten, sollten Sie sich auf den Rat von Experten stützen und die private Vermögensbilanz in regelmäßigen Zeitabständen, z.B. im Jahresrhythmus, überprüfen. Wie sich die Chancen und Risiken bei der Geldanlage durch die Entwicklung des Kapitalmarkts, durch gesetzliche Vorgaben oder durch die Qualität der angebotenen Produkte und Dienstleistungen verändern, wissen beispielsweise gute Berater bei Banken und Sparkassen ganz genau. Mit ihrer Hilfe können Sie Fehlentwicklungen rechtzeitig erkennen und wirkungsvoll gegensteuern.

fühle entscheiden

so wusste schon der Finanzguru André Kostolany, »reagiert gerade mal Fakten. Alles andere ist Psychologie.« Der Versuch, eine Brücke zwi- ind Finanzwissenschaft zu schlagen, findet ihren Niederschlag in der noch jungen Forschungsdisziplin des Behavioral Finance, zu Deutsch Verhaltensökonomie oder verhaltenswissenschaftliche Finanztheorie. Nicht nur bei den spekulativen Börsengeschäften lassen sich Geldanleger von ihren eigenen Bauchgefühlen steuern, auch bei anderen Finanzentscheidungen spielen psychologische Effekte eine wichtige Rolle. Nur in der Theorie sind Investoren stets rational handelnde Menschen, die mit kühlem Kopf ihre Entscheidungen treffen. Zahlreiche Untersuchungen beweisen, dass Anleger in punkto Finanzen ähnlich reagieren und vorgehen wie in anderen Bereichen ihres Lebens. Der Frankfurter Finanzmarktanalyst Joachim Goldberg erklärt die Abläufe als »Mechanismen wie bei einem Kettenspiel: Eine positive Stimmung ist vorhanden, viel Fantasie ist im Spiel, und jeder möchte dabei sein. Selbst Menschen, die in sonstigen Lebensbereichen normalerweise rational handeln, lassen sich in solchen Situationen von der Euphorie anstecken.«

Um der eigenen Psyche auf die Schliche zu kommen, empfiehlt Prof. Dr. Martin Weber von der Universität Mannheim allen Geldanlegern, ein Anlagetagebuch zu führen, in dem einzelne Entscheidungen begründet und Markteinschätzungen sowie Anlageziele festgehalten werden. Weber: »Die subjektiven Prognosen im Nachhinein mit der tatsächlichen Entwicklung zu vergleichen ist außerordentlich ernüchternd.«

Zu den wissenschaftlich untersuchten Verhaltensweisen gehört beispielsweise die *kognitive Dissonanz*. Danach wollen die harmoniebedürftigen Anleger sich nicht eingestehen, dass sie Fehler machen. Daher werden Informationen so ausgewählt oder interpretiert, dass auch falsche Entscheidungen im Nachhinein als richtig erscheinen. Von dramatischer Bedeutung ist der so genannte *Dispositionseffekt*. Danach verkaufen Anleger gewinnbringende Wertpapiere zu früh und halten Verlustbringer zu lange. Erste Gewinne werden rasch realisiert, um sich ein Glücksgefühl zu verschaffen, bei den »Losern« im Depot überwiegt die Hoffnung, dass diese sich wieder erholen werden. Zu den weiteren »Psycho-Fallen« bei der Geldanlage gehört auch der *Aktivismus*. Weil sie ihre Prognosefähigkeit überschätzen, neigen Anleger dazu, ihr Depot zu oft umzuschichten. Dabei weiß der Börsianer: »Hin und Her macht Taschen leer«. Besonders absurd in der aktuellen globalisierten Welt erscheint der *Heimatfokus (Home bias)*. Danach sind beispielsweise deutsche Anleger zu sehr auf inländische Aktien fixiert und teilen ihr Vermögen nicht sinnvoll international auf. Sie glauben, die Kursentwicklung heimischer Unternehmen besser beurteilen zu können. Dieser Heimatfokus, so das Ergebnis einer Studie der RWTH Aachen, schmälert die Rendite um mehr als einen Prozentpunkt pro Jahr im Vergleich zu international ausgerichteten Depots.

Renditefavorit Aktie

Finanzmarktkrisen und stark sinkende Aktienkurse hat es in den vergangenen Jahren häufiger gegeben, aber bei deutschen Geldanlegern gehörten Aktien ohnehin noch nie zu den Favoriten. Dabei bieten gerade Aktien langfristig eine bessere Rendite als andere Geldanlageformen. Nach Berechnungen von Richard Stehle, Professor für Börsenwesen an der Berliner Humboldt-Universität, hatten die im DAX enthaltenen Aktien in den vergangenen 50 Jahren bis Anfang 2007 eine Rendite von 10,4 Prozent pro Jahr erreicht. Bundesanleihen rentierten im Durchschnitt nur mit 6,7 Prozent. Langfristig wirkt sich ein derartiger Renditeunterschied dramatisch aus. Während aus einem Investment von 100 Euro in Aktien innerhalb von 50 Jahren 14.075 Euro wurden, waren es nach Berechnungen von Stehle bei Anleihen nur 2.456 Euro.

Bei den deutschen Geldanlegern, die auf ihre finanzielle Vorsorge achten, haben Aktien als traditionelle Risikopapiere auch ohne zusätzliche steuerliche Belastung allerdings noch nicht viele Liebhaber gefunden. Aktien haben

✔ keinen sicheren Ertrag

✔ keine feste Laufzeit

✔ und ihre Kursschwankungen sind unkalkulierbar.

Entscheidend bleibt bei der Anlage in Aktien, dass Anleger auch mal Verluste ertragen bzw. aussitzen müssen. Schon bei der Zusammenstellung des Aktiendepots sollten Investoren auf die richtige Mischung achten. »*Sechs bis acht Aktien reichen in der Regel schon*«, sagt Richard Stehle. Dabei komme es auf Qualität an, also auf Bilanz, Marken, Substanz und Management. Nach der alten Börsenweisheit »Lege niemals alle Eier in einen Korb« zähle die richtige Risikostreuung. Darüber hinaus sollten Anleger, die an ihre Altersvorsorge denken, nicht nur in Aktien investieren.

Der Aktienanteil am gesamten Vermögen sollte langfristig sinken. Die Faustformel lautet: 100 minus Lebensalter gleich Aktienanteil im Depot. Während ein 30-Jähriger die Wertschwanungen des hohen Aktienanteils gelassen verfolgen und aussitzen kann, sollte ein 60-Jähriger den Großteil seines Vermögens bereits in schwankungsfreie Anlagen umgeschichtet haben. An der Tatsache, dass gerade Anleger, die langfristig ihre eigene Altersvorsorge finanziell absichern wollen, mit Aktien gut beraten sind, wird sich jedenfalls kaum etwas ändern.

Kuponschneider im Glück

Während Millionen deutscher Sparer Anfang des Jahres auf ihre meist mageren Zinszahlungen warten, freuen sich Aktionäre auf die bevorstehende Dividendensaison. Die Dividende ist der Teil des Gewinns, den eine Aktiengesellschaft an ihre Aktionäre ausschüttet. Ob eine Dividende gezahlt wird und in welcher Höhe, wird vom Management vorgeschlagen und von der Hauptversammlung, also der Versammlung aller Aktionäre, beschlossen. Die Gewinnausschüttung erfolgt meist am Tag nach der Hauptversammlung. Es kann jedoch auch nach einem Geschäftsjahr mit Gewinn auf die Auszahlung einer Dividende verzichtet werden, z.B. wenn das Unternehmen größere Investitionen plant.

Um am Gewinn des letzten Geschäftsjahres beteiligt zu werden, muss ein Geldanleger nicht das ganze Jahr über Aktionär dieses Unternehmens gewesen sein. Entscheidend für den Anspruch auf eine Dividendenzahlung ist, ob der Aktionär am letzten Tag vor dem Zahlbarkeitstag die fragliche Aktie in seinem Wertpapierdepot verbucht hatte. An diesem, dem so genannten Ex-Tag wird die Dividende vom Börsenkurs abgezogen, aber aufgrund anderer Marktfaktoren muss sich das nicht sichtbar auf den Börsenkurs niederschlagen. In Europa ist es üblich, die Dividende nur einmal jährlich auszuschütten. In den USA sind auch quartalsweise Dividendenzahlungen üblich.

Ob sich ein Aktionär über die Zahlung der Dividende wirklich freut, hängt natürlich damit zusammen, zu welchem Kurs er die Aktie des auszahlenden Unternehmens erworben hat.

Dazu ein Beispiel: Ein Aktionär hat eine Aktie zum Kurs von 20 Euro gekauft. Wenn diese Aktie an der Börse einen aktuellen Kurs von 43 Euro aufweist und je Aktie die Dividende von 5 Euro ausgeschüttet wird, beträgt die veröffentlichte Dividendenrendite 11,63 Prozent (5/43 × 100). Die persönliche Dividendenrendite ist allerdings sehr viel höher und beträgt in diesem Beispiel 25 Prozent (5/20 × 100).

Die Dividendenrendite (englisch: dividend yield), die als Dividende/Aktienkurs × 100 definiert ist, ist eine der klassischen Kennzahlen zur Bewertung einer Aktie. Die Dividendenrenditen von DAX-Werten liegen gewöhnlich bei 2 bis 3 Prozent. Die 15 dividendenstärksten DAX-Titel hat die Deutsche Börse in dem Aktienindex DivDax zusammengefasst. Die Zusammensetzung wird jährlich, im September, überprüft. Der Anteil eines Wertes am DivDAX ist auf maximal zehn Prozent beschränkt. Für diesen Index interessieren sich vor allem Investoren mit konservativen, Wert erhaltenden Anlagestrategien, die in erster Linie auf die Ausschüttung von Dividenden setzen und nicht auf Kursschwankungen spekulieren wollen.

In voller Höhe fließen Dividenden allerdings nicht in den Geldbeutel der Aktionäre, denn sie müssen auf Dividenden Steuern bezahlen.

Schon der Berliner Bankier Carl Fürstenberg spottete in seinem bekannten Bonmot: »Aktionäre sind dumm und frech. Dumm, weil sie ihr Geld in Aktien anlegen, und frech, weil sie auch noch eine Dividende dafür wollen.«

Sichere Häfen – mit Untiefen

Zwar locken die Aktienmärkte mit üppigen Renditen, aber längst nicht alle Geldanleger haben Lust auf die starken Kursschwankungen, neudeutsch auch Volatilität genannt, und auf die Unsicherheit, ob Unternehmen, an denen sie sich mit Aktien beteiligen, auch wirklich erfolgreich arbeiten und Gewinn abwerfen.

Viel lieber ist es Menschen, die an ihre finanzielle Vorsorge für größere Anschaffungen, den Ruhestand oder eventuelle wirtschaftliche Notsituationen denken, ihr Geld zu verleihen. Aber während Sie Verwandten oder Freunden in Notsituationen vielleicht durchaus mal mit einigen hundert oder tausend Euro unter die Arme greifen und lediglich erwarten, dass Ihnen das Geld irgendwann zurückgegeben wird, funktioniert die professionelle Kreditvergabe anders.

Kredit, das Wort kommt vom lateinischen credere, also vertrauen, bekommen nur Menschen, Unternehmen, Staaten oder andere Einrichtungen, denen der Geldgeber vertraut. Und dieses Vertrauen wird am Kapitalmarkt dann auch noch mit fest vereinbarten Zinsen bezahlt. Eigentlich logisch, dass die Zinsen und das Vertrauen dabei in einem umgekehrt proportionalen Verhältnis zueinander stehen. Je geringer das Vertrauen und je höher das Risiko, umso höher sind sie Zinsen, die der Kreditnehmer zahlen muss, um an sein Geld zu kommen.

Lieber ganz sicher

Finanzmarktkrise, Bankenpleiten, starke Kursschwankungen an den internationalen Börsen, Rezessionsängste in allen Teilen der Welt – Deutschlands private Geldanleger sind so stark verunsichert wie schon lange nicht mehr. Nach einer Infratest-Umfrage aus dem Jahr 2008 macht sich jeder dritte Bürger Sorgen um seine Ersparnisse. Sicherheit ist die favorisierte Anforderung an Geldanlagen geworden.

Bei der Finanzagentur des Bundes in Frankfurt klingelten 2008 die Telefone rund um die Uhr, in der Spitze erreichten 13.000 Anrufe pro Tag die staatliche Gesellschaft. Und Geschäftsführer Carl Heinz Daube bat die Anleger »um Verständnis, dass trotz aller Bemühungen in bestimmten Phasen nur ein Besetztzeichen zu hören ist.«

Besonders gefragt bei deutschen Anlegern ist die erst im Juli 2008 gestartete Tagesanleihe des Bundes, die einen festen Zins pro Jahr und die absolute Sicherheit der staatlichen Haftung verspricht. Am beliebtesten und am weitesten verbreitet bei deutschen Anlegern sind weiterhin die Bundesschatzbriefe mit einem Mindestanlagebetrag von 52 Euro. Die »Bundesschätzchen« werden nicht an der Börse gehandelt, aber ein Jahr nach Ausgabedatum können die Wertpapiere zu jeder Zeit wieder an den Emittenten zurückgegeben werden (maximal 5.000 Euro je Anleger pro Monat).

Von den Bundesschatzbriefen gibt es zwei Arten: Bei Typ A mit einer Laufzeit von sechs Jahren werden die Zinsen jährlich gezahlt, bei Typ B mit einer Laufzeit von sieben Jahren werden Zinsen und Zinseszins gesammelt und bei Fälligkeit in einer Summe ausgezahlt.

Die Rückzahlung nach sieben Jahren kann vorteilhaft sein, aber auch Nachteile für den Anleger mit sich bringen. So geraten Anleger wegen der geringen Freibeträge von lediglich 801 Euro pro Jahr bei Alleinstehenden (und 1.602 Euro bei Verheirateten) durch die gesammelten Zinsen leicht in die Versteuerungszone. Der verzögerte Zinszufluss bei Typ B kann jedoch auch ein Vorteil sein, wenn Anleger kurz vor ihrem Ruhestand dieses Produkt wählen. Die gesammelten Zinsen werden ihnen dann erst ausbezahlt, wenn sie bereits Rentner sind – mit einem dann oft niedrigeren persönlichen Steuersatz als während ihrer Berufstätigkeit.

Als Kurzfristanlage gibt der Bund Finanzierungsschätze mit einer Laufzeit von ein oder zwei Jahren heraus. Mit einer Mindesteinlage von 500 Euro sind Investoren bereits dabei. Bei diesen Wertpapieren handelt es sich um abgezinste Papiere, d.h. der Anleger bezahlt am Anfang nur den um die Zinsen verringerten Nennwert und bekommt am Ende der Laufzeit diesen in voller Höhe zurück.

Mit einer längeren Laufzeit von fünf Jahren sind die Bundesobligationen ausgestattet, für die ein Anleger mindestens 110 Euro investieren muss. Wenige Monate nach der Emission der Bundesobligationen werden diese Wertpapiere an der Börse platziert und können dort zum jeweiligen Tageskurs ge- oder verkauft werden. Von noch längeren Laufzeiten (zehn Jahre) können Anleger bei den Bundesanleihen ausgehen. Bei Bundesobligationen und -anleihen kann es Anlegern allerdings aufgrund der aktuellen Entwicklung der internationalen Leitzinsen passieren, dass die aktuellen Börsenkurse beim Verkauf unter oder auch über dem

Einstiegskurs liegen. Wer die Papiere bis zur Fälligkeit behält, bekommt sein eingezahltes Geld auf jeden Fall zurück.

 Während die Investmentgesellschaften in der Regel Ausgabeaufschläge kassieren und sich Banken und Sparkassen die Aufbewahrung der Wertpapiere in Depots bezahlen lassen, können Anleger die Bundeswertpapiere ohne zusätzliche Kosten über die Deutsche Finanzagentur (im Internet unter www.deutsche-finanzagentur.de) kostenlos kaufen und dort auch ohne Gebühren lagern.

Selbstverständlich braucht nicht nur der deutsche Staat, also Bund, Länder und Kommunen, ab und zu Geld, um seinen Aufgaben nachzukommen. Fast alle Länder dieser Welt leihen sich Geld und versprechen Zinsen dafür, auch Unternehmen gehören zu den großen Kreditkunden an den Kapitalmärkten.

Aber die Kreditvergabe an Länder oder Unternehmen, die Sie kaum kennen und in ihrer Seriosität nicht einschätzen können, bringt selbstverständlich zusätzliche Risiken mit sich:

✔ **Bonitätsrisiko:** Sie wissen also nicht genau, ob Sie das ausgeliehene Geld überhaupt jemals wiedersehen

✔ **Währungsrisiko:** Wenn Sie das Geld in einer fremden Währung ausleihen, kann Ihnen die Entwicklung der Devisenkurse zusätzliche Gewinne oder starke Verluste bescheren

✔ **Kursrisiko:** Wenn Sie das ausgeliehene Geld vorzeitig benötigen und nicht bis zum Ende der vereinbarten Laufzeit warten können, müssen Sie an der Börse einen Käufer für die Anleihen finden. Und je nach der jeweiligen Zinssituation können Sie eine Anleihe dann unter Umständen nur mit Verlust verkaufen

Wertpapiere vom Alten Fritz

Unter den festverzinslichen Wertpapieren in Deutschland sind Pfandbriefe noch immer der Renner. Aktuell sind Papiere im Volumen von rund einer Billion Euro im Umlauf. Die Traditionspapiere, die einst in Preußen vom »Alten Fritz« eingeführt wurden, gelten als besonders sicher, weil ihre Ausgabe zu 100 Prozent durch Hypothekenkredite oder die öffentliche Hand gedeckt sein muss. Neue Pfandbriefe im Milliardenvolumen stoßen derzeit bei Anlegern auf großes Interesse, auch wenn die Rendite, die Anleger mit ihnen erzielen können, mit vier bis fünf Prozent recht mager aussieht.

Anleger, die sich bei ihrer finanziellen Vorsorge vor allem an dem Ziel Sicherheit orientieren, werden sich auch künftig auf die Solidität der Pfandbriefe verlassen können. Anleger können Pfandbriefe über die Börse kaufen, doch nur ein kleiner Teil des Pfandbriefumsatzes wird dort abgewickelt. Mehr als 90 Prozent der Pfandbriefe werden direkt von den Banken verkauft. Dem Anleger steht dabei ein Riesenangebot von Tausenden verschiedener Pfandbriefe zur Verfügung, doch sollte er sich beim Kauf auf die Papiere konzentrieren, die er notfalls auch wieder an der Börse verkaufen kann. Dies ist vor allem bei so genannten Jumbo-Pfandbriefen der Fall, die mit einem Volumen von mindestens 500 Millionen Euro ausgegeben werden.

Experten, die von einem deutlichen Zinsanstieg in den kommenden Jahren ausgehen, raten Anlegern deshalb, Pfandbriefe nur mit einer kurzen bis mittleren Laufzeit zu kaufen, also maximal bis zu drei oder vier Jahren. Wer Pfandbriefe mit einer längeren Laufzeit kauft, kassiert zwar mehr Zinsen als bei einem zweijährigen Papier, bei steigenden Zinsen drohen aber Kursverluste. Allerdings machen sich diese nur bemerkbar, wenn der Anleger die Pfandbriefe vor Fälligkeit verkauft. Die Papiere gelten neben Bundesanleihen als Grundstock eines gut strukturierten Rentendepots.

Zur Freude der Pfandbrief-Branche kündigte die Bundesregierung noch für die laufende Legislaturperiode eine Erweiterung des Marktes an. Aktuell sieht das deutsche Recht nur Hypotheken-, Schiffs- und öffentliche Pfandbriefe vor. Noch 2009 soll es nach Angaben des Finanzministeriums auch Flugzeugpfandbriefe geben

Für ganz Mutige – Zinseinnahmen ganz privat

Eine kleine, aber wachsende Zahl von Menschen möchte beim Umgang mit Geld und der privaten finanziellen Vorsorge am liebsten gar nichts mit Banken, Sparkassen, Versicherungen und Finanzberatern zu tun haben. Sie verleihen erspartes Geld via Internet ganz privat und kassieren dafür Zinsen von den Kreditnehmern. Dieses Geldgeschäft steckt allerdings voller Risiken, und das Eintreiben des ausgeliehnen Geldes bei nicht mehr zahlungsfähigen Kreditkunden ist sehr aufwändig und schwierig.

Die »steuernachzahlungsgeschädigte« PeggySue (so ihre Mail-Adresse) kann sich freuen. Ihr Kreditwunsch über 2.750 Euro fand bei den privaten Geldgebern der Vermittlungsplattform smava im Internet Gehör. Drei Kreditgeber stiegen mit jeweils 500 Euro ein, fünf mit Teilbeträgen von 250 Euro. 36 Monate soll das Darlehen laufen, als Zinssatz wurden 9,6 Prozent vereinbart. Karsten hingegen stieß mit seinem Kreditwunsch für ein »schönes Cabrio« auf wenig Gegenliebe. 4.000 Euro wollte der junge Mann mit einem Zinssatz von 6 Prozent innerhalb von 60 Monaten an die privaten Geldgeber zurückzahlen, doch wenige Tage vor dem Endtermin hatte sich noch kein Finanzierer gefunden.

»Smava – Kredite von Mensch zu Mensch« heißt die Online-Plattform, auf der innerhalb des ersten Jahres ihres Bestehens mehr als 500 Kredite mit einem Volumen von rund zwei Millionen Euro vermittelt wurden. Eigentlich klingt die Idee für die private Kreditvermittlung als Alternative zum Kleinkredit von Bank oder Sparkasse ganz einfach und einleuchtend. Da sucht ein Mensch einen Kredit für eine Anschaffung oder eine kleine Investition – und findet via Internet Menschen, die genügend Geld haben und dieses sinnvoll, aber auch gewinnbringend anlegen wollen.

In den USA, Großbritannien, in den Niederlanden, Dänemark und einigen anderen Ländern funktioniert die private Kreditvermittlung bereits gut. Und Finanzmarkt-Experten geben den elektronischen Kreditmarktplätzen wie prosper in den USA, zopa in England oder eben smava in Deutschland gute Wachstumschancen.

Einige Studien prophezeien elektronischen Kreditmarktplätzen bis zum Jahr 2010 einen Marktanteil von zehn Prozent des weltweiten Marktes für Konsumentenkredite. Online-Marktplätze wie prosper, zopa oder fairrates in Dänemark gelten bereits als heißer Trend im Internet-Business. Das Kunstwort smava ist eine Abkürzung für »smart value« und soll den »Vorteil symbolisieren, den Anleger und Kreditnehmer beim gleichberechtigten Handel miteinander haben«. Smava setzt auf Prinzipien und Vorgehensweisen, die in vielen Teilen an das klassische Kreditgeschäft der Banken und Sparkassen erinnern.

Smava, so die Verantwortlichen, sei keine Bank, sondern Betreiber des Marktplatzes und Vermittler. Smava arbeitet mit der Bank für Investments und Wertpapiere (biw AG) zusammen. Die Bank vergibt die von den Anlegern ausgewählten Kredite und verkauft diese ohne Preisaufschlag an die Anleger weiter. Deshalb benötigen weder Anleger noch Kreditnehmer eine Banklizenz. Bei der biw AG eingezahlte Anleger-Guthaben sind vom Einlagensicherungsfonds abgesichert, und die Daten der Anleger und Kreditnehmer unterliegen dem Bankgeheimnis. Die von smava und der biw AG genutzten Identifikations- und Sicherungsmethoden entsprechen nach ihren Angaben dem neuesten Stand der Technik und beinhalten die üblichen Schutzmechanismen von Banken und Finanzdienstleistern.

Verbraucherschützer halten private Internet-Kredite vor allem aufgrund des frei verhandelbaren Zinssatzes durchaus für eine gangbare, interessante Alternative der Kreditaufnahme. »Im Idealfall«, so smava-Gründer Rheinboldt, »zahlen die Kreditnehmer weniger Zinsen als bei der Bank, und die Anleger erhalten eine höhere Verzinsung, als wenn sie ihr Geld auf einem Festgeldkonto anlegten« In der Realität gibt es heute allerdings noch sehr wenig Erfahrung im Bereich der privaten Kreditvergabe. Vermutlich braucht man starke Nerven und sollte auf das Geld nicht kurzfristig angewiesen sein.

Investmentfonds – Favoriten mit Ausdauer

»Gemeinsam sind wir stärker«. Zu dieser wahren Erkenntnis gelangten Menschen bereits vor Tausenden von Jahren, als sie ihre Kräfte und Fähigkeiten bündelten, um gemeinsam besser, einfacher und erfolgreicher Pläne umzusetzen und Ziele zu erreichen. Und nach dem gleichen Prinzip wurden in den folgenden Jahrhunderten Staaten und Kirchen, Verbände, Parteien, Vereine und Gewerkschaften gegründet.

Auch vor den Finanzmärkten machte diese Einsicht nicht Halt. So entstanden Banken für die Abwicklung des regionalen, nationalen und internationalen Zahlungsverkehrs. Noch heute funktionieren in Deutschland die Volks- und Raiffeisenbanken nach dem Solidarprinzip, das alle Genossen mitentscheiden, mitverdienen, aber auch mithaften lässt.

Private Geldanleger haben bereits im 19. Jahrhundert ihre Ersparnisse zusammengetragen, um dann gemeinsam die beste, sicherste und lukrativste Anlageform auszuwählen. Spar- und Investmentclubs machen das noch heute so. Da die ersten Anlegergemeinschaften schnell merkten, dass es viele Möglichkeiten gibt, Geld zu investieren, wurden kompetente Fachleute gesucht, die bei den vielfältigen Angeboten nicht die Übersicht verlieren. Und die Investoren stellten fest, dass erfahrene Profis die Qualität des Investments deutlich verbessern. Der Beruf des Fondsmanagers war entstanden, bezahlt wird der Anlageexperte durch eine Managementgebühr.

Investmentfonds aller Art funktionieren auch heute noch nach demselben Prinzip. Viele Anleger tragen ihr Sparkapital zusammen, das Fondsvermögen wird dann investiert. Und zur Investition eignen sich so gut wie alle Formen von Wertpapieren oder Anteilscheinen, aber auch Derivate und Indizes. Zuerst entstanden nur Aktien- und Rentenfonds, die in Eigentumsanteile von Unternehmen oder in festverzinsliche Wertpapiere investierten. Es folgten Offene Immobilienfonds, die das Geld in Immobilien anlegen und gemischte Fonds, die die Wahl zwischen verschiedenen Möglichkeiten haben.

Inzwischen ist eine fast unüberschaubare Menge von unterschiedlichen Fonds und Fondskonzepten entstanden. Da gibt es Aktienfonds, in denen sich nur Aktien eines bestimmten Landes oder einer bestimmten Region oder einer ausgewählten Branche finden. Oder Aktien von Unternehmen, die eine gemeinsame Marktidee verfolgen. Auch bei der Gestaltung der Fonds selbst sind zahlreiche Neuerungen aufgetaucht. So gibt es inzwischen Investmentfonds, die nicht nur die ertragreiche Entwicklung ihres Investments im Auge haben, sondern auch für die Sicherung des Fondsvermögens sorgen. Dazu gehören beispielsweise Garantiefonds, bei denen Anleger sicher sein können, dass sich ihr investiertes Geld nicht vermindert. Auch steueroptimierte Fonds sind bei vielen Anlegern beliebt. Bei diesen Fonds achtet das Fondsmanagement gleich beim Investment des gesammelten Vermögens darauf, dass die Erträge, die regelmäßig ausgeschüttet werden, den Anlegern steuerlich möglichst nicht zur Last fallen.

Da das Fondsvermögen, das bei einigen Fonds ein Volumen von mehreren Milliarden Euro erreicht, auf zahlreiche verschiedene Anlagemöglichkeiten verteilt wird, ist das Risiko eines Verlusts geringer als bei einer Einzelanlage. Aber Fonds, die ein spezielles Konzept verfolgen und zum Beispiel nur in Aktien einer Branche oder eines Landes investieren, müssen im schlechtesten Fall trotz allem mit Verlusten rechnen. Das ist vor einigen Jahren zum Beispiel solchen Fonds passiert, die sich auf vermeintliche Wachstumsbranchen wie die Internetwirtschaft oder Telekommunikation spezialisiert hatten.

Garantiefonds für Angsthasen

Anleger, die für ihre finanzielle Vorsorge Investmentfonds nutzen wollen, kommen nicht dran vorbei, sich mit Fragen der Sicherheit und der dauerhaften, garantierten Ertragsstärke zu beschäftigen. Denn schließlich wollen sie nicht nur das investierte Geld in voller Höhe zurückbekommen, sondern dabei auch eine möglichst ansehnliche Wertsteigerung erzielen.

Die meisten Investmentgesellschaften bedienen die Risikoscheu der deutschen Anleger, die insbesondere nach dem Börsen-Crash vor einigen Jahren und während der aktuellen Finanzmarktkrise zu einer Massenflucht aus Aktien und Aktienfonds führte, mit Produkten, die die Quadratur des Kreises versprechen. Fondsmanager und ihre Marketingspezialisten wissen genau, dass sich sicherheitsbedürftige Investoren nach Garantie und Schutz sehnen. Anleger, so die Begründung, wollen eben beides: das Versprechen, dass ihr eingesetztes Kapital in voller Höhe erhalten bleibt – und gleichzeitig die Möglichkeit, an den Gewinnen der Aktienmärkte beteiligt zu werden.

Im Prinzip funktionieren alle Garantiefonds ähnlich. Das Geld der Anleger wird in Anleihen und Aktien investiert wie bei einem gemischten Fonds. Den größten Teil des Investments stecken die Fondsmanager in risikoarme Rentenpapiere, um die Rückzahlung des Kapitals zu sichern. Mit den anfallenden Zinsen können die Fonds die Kapitalgarantie erfüllen, auch wenn das weiterhin niedrige Zinsniveau zurzeit keine Spitzenerträge ermöglicht. Mit dem übrig bleibenden »Spielgeld« können sich die Fondsmanager um die Wertsteigerung kümmern, die zumeist über den Erwerb von Optionen auf Aktienindizes erreicht wird. Eine Absicherung nach unten kann zusätzlich über Puts, also Verkaufsoptionen, erfolgen.

Die Garantieleistung der Fonds geht auf jeden Fall, so die Kritik von Verbraucherschützern, zulasten der Rendite. Neben einem kräftigen Ausgabeaufschlag von zumeist 3,5 bis 4 Prozent kassieren die Fondsgesellschaften Verwaltungsgebühren, dazu eine Depotbankgebühr und teilweise sogar einen Rücknahmeabschlag. Garantien auf den Rückzahlungsbetrag oder die Mindestverzinsung kosten viel – und zwar umso mehr, je länger die Garantien laufen und je höher das Absicherungsniveau liegt. Dies allein drückt die Rendite oft bereits um zwei Prozentpunkte pro Jahr – zusätzlich zu den sonstigen Kosten und Verwaltungsgebühren. Finanzexperten sind sich allerdings einig, dass Sicherheit an der Börse Geld kostet – wie bei einer Autoversicherung. Wer Vollkaskoschutz haben möchte, um ruhiger schlafen zu können, muss dafür bezahlen.

Erfahrene Anleger können sich ihr Garantiedepot selbstverständlich selbst zusammenstellen. Dabei wird, so Fondsexperten von Stiftung Warentest, einfach ein großer Teil des Kapitals in sichere Anlagen wie Sparbriefe oder Bundeswertpapiere investiert, um den Kapitalerhalt zu sichern. Bei einem angenommenen Zins von vier Prozent und einer Laufzeit von zehn Jahren beispielsweise müsste ein Anleger von 20.000 Euro rund 13.500 Euro in sichere Festzinsanlagen stecken. Das würde reichen, um das Kapital zu erhalten. Der Rest kann dann in Aktien, Aktienfonds oder andere Ertrag versprechende Anlagen investiert werden. Eigentlich tun Garantiefonds ja ohnehin nur das, was Anleger mit einem sinnvoll zusammengesetzten Portfolio tun würden: mit festverzinslichen Papieren das Kapital sichern und ansonsten zusätzliche Renditechancen nutzen. Wer allerdings weder Zeit noch Lust hat, sich mit seiner privaten Geldanlage regelmäßig zu beschäftigen, dürfte in Garantiefonds eine sichere Anlageform mit zusätzlichen Chancen finden.

Fonds fürs gute Gewissen

Klimawandel und seine wirtschaftlichen Folgen, anhaltendes Wachstum bei Wirtschaft und Bevölkerung und die unliebsamen Konsequenzen auf den Energieverbrauch und Ernährung – Wissenschaftler und Forscher, Politiker wie Unternehmer sehen unsere Welt in einer schwierigen Situation, die das Alltagsleben von allen Menschen rund um den Globus erheblich und nachhaltig beeinflussen wird.

Das Anlageverhalten von institutionellen wie privaten Investoren wird durch die Umweltveränderungen stark geprägt. Viele Fondsmanager sind davon überzeugt, dass der Markt der nachhaltigen Geldanlage stark an Bedeutung gewinnt. Dafür spricht, dass die Menschen ei-

stärkeres Bewusstsein für Umwelt und Nachhaltigkeit entwickeln. Außerdem setzt sich langsam die Erkenntnis durch, dass die Renditen nachhaltiger Anlagen keinesfalls hinter herkömmlichen Investments zurückstehen, sondern schon heute vielfach darüber liegen.

Nach Einschätzung von Umweltexperten wird durch die Abwehr des Klimawandels ein lang anhaltender und weitreichender Investitionszyklus in Gang gesetzt. Dieser dürfte schon bald ein Volumen von ca. einem Prozent der weltweiten jährlichen Wirtschaftsleistung erreichen. Das entspricht dauerhaft 320 Milliarden Euro pro Jahr. Anleger können also am wirtschaftlichen Erfolg international tätiger Unternehmen, die die Chancen des Klimawandels rechtzeitig erkannt haben, partizipieren. Das Wachstum der Weltbevölkerung, der Nachholbedarf in den Schwellenländern, die Verknappung vieler Rohstoffe und überalterte Versorgungsinfrastruktur dürften die Nachfrage nach Umwelttechnologie weltweit erhöhen.

Für private Anleger, die mit ihrem Fondsinvestment nicht nur reich werden, sondern darüber hinaus auch noch ein gutes Gewissen haben wollen, ist die Situation noch immer schwierig. Da es bislang kein Gütesiegel für ethische, ökologische und soziale Auswahlkriterien gibt, sind die Konzepte der Fonds in diesem Anlagebereich unterschiedlich und unübersichtlich.

Wege aus der Fonds-Kostenfalle

Dass es selbst den hoch bezahlten Fondsmanagern bei Investmentgesellschaften nur selten gelingt, langfristig den Markt zu schlagen, hat sich schon herumgesprochen. Aber dennoch hoffen die meisten privaten Geldanleger noch immer, nach der Beratung durch ihren Anlageexperten bei Bank oder Sparkasse den ertragsreichsten Fond zu finden. So steckt der Markt für börsengehandelte Indexfonds, im Fachjargon Exchange Traded Funds, oder kurz ETF genannt, noch immer in den Kinderschuhen.

Während in Deutschland noch nicht einmal fünf Prozent des privaten Anlagekapitals in ETFs stecken, ist es in den USA bereits ein Drittel. Dort wurden die Indexfonds 1993 eingeführt, ihren Start in Europa erlebten sie im Jahr 2000. Diese Fonds kommen ohne ein aktives Fondsmanagement aus – sie werden einfach mit den Aktien bestückt, die ein Länder- oder Branchenindex vorgibt. Wenn ein Geldanleger der Meinung ist, dass der deutsche Aktienmarkt gut laufen wird, muss er sich keine Gedanken darüber machen, ob er nun Siemens-, VW- oder Deutsche Bank-Aktien kaufen soll. Auch bei den Investmentfonds mit Anlageschwerpunkt Deutschland muss er nicht nachprüfen, ob der Fondsmanager an alle wichtigen Aktienwerte gedacht hat. Stattdessen kauft er gleich einen Dax-ETF, also einen Fonds, in dem alle Werte des Deutschen Aktienindex vertreten sind.

Anders als bei Investmentfonds gibt es keinen Ausgabeaufschlag, auch die jährlichen Managementgebühren sind mit in der Regel 0,15 Prozent für ein Indexpapier sehr viel niedriger als bei aktiv gemanagten Fonds. Für exotische Märkte wie Brasilien oder China sind diese Verwaltungsgebühren allerdings höher (bis zu 0,75 Prozent).

Indexfonds, die sich auf Indizes wie den Dax oder den EuroStoxx50 konzentrieren, gelten als ~~s~~genannte »Bread and Butter-Anlage«, d.h. sie sind geeignet für den Einsteiger in Index-
~~brancs~~henorientierte Indexfonds eignen sich als Beimischung für ein ausgewogenes
~~~ als ein zusätzliches spekulatives Investment, um vom Aufschwung eines

einzelnen Wirtschaftsbereichs zu profitieren. Der Kapitalanleger entscheidet sich nur für die Branche, in die er investiert und muss keine einzelnen Werte auswählen.

Mit Indexfonds können Anleger zwar nicht viel falsch machen, denn sie sind automatisch mit von der Partie, wenn ihr ausgewählter Markt gut läuft, aber mehr als die durchschnittliche Indexentwicklung ist eben nicht zu erwarten. Stiftung Warentest kommt zu dem Ergebnis: »Mit einem erstklassigen gemanagten Fonds können Sie fast immer mehr gewinnen als mit einem Indexfonds.« Aber die Auswahl des geeigneten aktiv gemanagten Fonds ist nicht ganz einfach.

Fonds an der Börse

Als erste Börse war die Börse Hamburg/Hannover im August 2002 in den Fondshandel eingestiegen. Doch seit Mai 2006 bieten – neben Discountbrokern und Fondssupermärkten – auch die Börsen München und Frankfurt die Möglichkeit, Investmentfonds ohne Ausgabeaufschlag direkt an der Börse zu kaufen und zu verkaufen.

Noch halten sich die Umsatzzahlen für den börslichen Fondshandel im Vergleich zu den bisherigen Vertriebs- und Handelswegen in engen Grenzen, doch mit dem Börsenhandel in Fonds wird erfahrenen, kostenbewussten Anlegern eine weitere, preisgünstige Möglichkeit zum Kauf und Verkauf ihrer Fondsanteile geboten. Direkten Zugang zur Börse bekommen Anleger beim Fondshandel auch künftig nicht. Kauf und Verkauf von Fondsanteilen funktionieren so wie beim Aktienkauf. Entsprechende Aufträge erteilt der Kunde seiner Bank oder seinem Online-Broker. Über die sofortige Ausführung seiner Order muss sich der Kunde keine Gedanken machen, denn sie wird im Rahmen der Liquiditätsgarantie z.B. bei der Börse München innerhalb von Sekunden erledigt. Zwar gehören zu jedem Geschäft normalerweise zwei Partner, doch beim Fondskauf oder -verkauf sind Anleger nicht darauf angewiesen, dass ein anderer Anleger gerade diese Fonds kaufen oder verkaufen möchte. So genannte Skontroführer sind verpflichtet, die fortlaufende Quotierung der Fonds sicherzustellen.

So kann sich der Kunde während des gesamten Börsentages über den aktuellen Wert seines Fonds an der Börse informieren, denn die Skontroführer veröffentlichen stets handelbare Quotes. Weil an jedem Börsentag zwischen 9 und 20 Uhr Preise für die einzelnen Fonds gestellt werden, kann der Anleger selbstverständlich, wie im Aktienhandel, auf aktuelle Marktentwicklungen umgehend mit Käufen oder Verkäufen reagieren.

Anleger, die weder Zeit noch Lust haben, die börsentäglich aktuellen Markt- und Preisentwicklungen im Auge zu behalten, können an der Börse auf das Limitüberwachungssystem der Makler vertrauen und ihr Fonds-Engagement mit Limiten oder Stop-Kursen managen. Dann werden ihre Fondsanteile automatisch ge- oder verkauft, wenn sie bestimmte, vorher festgelegte Kurse erreichen.

Ganz besonders freuen sich Anleger beim Fondshandel an der Börse über die Gebührenabrechnung. Da keine Ausgabeaufschläge anfallen, sind Transaktionen über die Börse in der Regel günstiger. Die Börsengebühren selbst bewegen sich im Promillebereich vom Auftragswert.

Kosten sparen beim Fondskauf

Fondsvermittler haben sich längst auf einen härteren Preiswettbewerb eingestellt, auch mit den Börsen. So verlangen sie nur noch selten den Ausgabeaufschlag in voller Höhe. Und die Fondsgesellschaften bieten seit Jahren »No-load-Fonds« ohne Ausgabeaufschlag an, bei denen allerdings höhere Managementgebühren fällig werden.

Immer mehr Sparer wählen den Weg zu Direktbanken und Fondsplattformen, die eine üppige Zahl an Fonds und Fondssparplänen mit zum Teil satten Rabatten von 100 Prozent auf den Ausgabeaufschlag, d. h. also gänzlich ohne Aufschlag, anbieten. Auch für unabhängige Finanzmakler, Vermittler und Berater werden die Fondsplattformen immer interessanter. Die Vorteile liegen auf der Hand:

- ✔ Die Plattformen bieten Zugriff auf eine Vielzahl von Fondsgesellschaften mit über 8000 Fonds.

- ✔ Auch mit kleinen Einmalanlagen pro Fonds (ab 100 Euro Einmalanlage) können Anleger dabei sein, selbst bei Fonds, die ansonsten wesentlich höhere Mindestanlagesummen verlangen – bei unregelmäßigen Einzahlungen auf bereits bestehende Depots gibt es bezüglich der Höhe überhaupt keine Beschränkungen.

- ✔ Selbst kleine Sparpläne pro Fonds (ab 25 Euro) sind möglich.

- ✔ Statt vieler Depots bei verschiedenen Fondsgesellschaften und Hausbanken reicht ein einziges Depot, dadurch können deutliche Kostenersparnisse erzielt werden – aber auf jeden Fall ein wesentlich besserer Überblick und eine stark verbesserte Transparenz

- ✔ Bei den Plattformen besteht die Möglichkeit zur Übertragung von Fondsanteilen, die der Kunde bisher bei anderen Depotverwahrungsstellen aufbewahrt hatte.

- ✔ Die Plattformen liefern schnell und einfach Übersichten über das gesamte Depot.

- ✔ Die Depotbewertung erfolgt in Euro – Umrechnungen sind nicht mehr erforderlich. Dazu kommen konsolidierte Steuerbescheinigungen (inklusive einer Erläuterung zum Ausfüllen der Steuererklärung) und ein Freistellungsauftrag für das gesamte Depot. Bei der Depoteröffnung ist nur ein Antrag auszufüllen – unabhängig davon, wie viele Fonds von wie vielen Gesellschaften gezeichnet werden.

- ✔ Transaktionen können – vor allem in volatilen und hektischen Marktphasen – sehr schnell veranlasst werden.

Gefährliche Zertifikate?

Vor 20 Jahren brachte die Dresdner Bank das erste Zertifikat auf den deutschen Markt, doch jahrelang interessierten sich eigentlich nur Profis für diese neuen Wertpapiere, die von den Emittenten mit viel Kreativität zusammengestellt wurden. Prinzipiell sind Zertifikate Schuldverschreibungen einer in- oder ausländischen Bank, vergleichbar mit einer Anleihe. Der Käufer ist Gläubiger der ausgebenden Bank, muss also bei der Auswahl darauf achten, ein möglichst kreditwürdiges Institut zu erwischen. Bei Wertpapierhandelshäusern oder Finanzdienstleistern, die zur Gruppe der Nicht-Banken gehören, ist deshalb Vorsicht geboten. Aber die meisten Zertifikate werden in Deutschland ohnehin von renommierten Großbanken wie Deutsche Bank, BNP Paribas. HSBC Trinkaus oder ABN Amro auf den Markt gebracht.

Dass sich auch bei gut beleumundeten internationalen Finanzkonzernen in den vergangenen Jahren immer größere Risiken ergaben, bemerkten die meisten privaten Anleger nicht. Wer hatte schon mit einem Zusammenbruch von renommierten Häusern wie Lehman Brothers gerechnet? Viele private Anleger, de sich auf die Aussagen und Empfehlungen ihres Beraters verlassen hatten, jedenfalls nicht. Doch Schätzungen zufolge gilt zumindest die Hälfte aller Zertifikate-Inhaber als semiprofessionelle Händler oder zumindest Investoren, die genau wissen, was sie tun. Schon die aktuellen Finanznachrichten hätten ausgereicht, um die höheren Risiken der Lehman-Papiere zu erkennen.

Spätestens jetzt sollte eigentlich jeder Anleger wissen, dass Zertifikate nichts für Menschen sind, die sich wenig Gedanken über ihre Geldanlage machen möchten und den Renditeerwartungen und -aussagen ihrer Finanzberater blindlings vertrauen. Im Gegensatz zu Anleihen bekommt der Käufer bei Zertifikaten als Gegenleistung keine Zinsen, sondern er kauft einen Anspruch auf eine Beteiligung an der Wertentwicklung eines Basiswertes. Bei diesem Basiswert kann es sich um einen Aktienindex, um ein so genanntes Basket, also einen Korb verschiedener Aktien, oder Indizes, Zinssätze, aber auch Wechselkurse handeln.

Ohne nennenswerte Kosten kann der Anleger zum Beispiel ein Dax-Zertifikat erwerben und damit im Verhältnis eins zu eins am Markt für die 30 deutschen Standardwerte teilhaben. Der Wert des Zertifikats folgt exakt dem Kursverlauf des Basiswertes. Fällt der Dax beispielsweise um fünf Prozent von 4.000 auf 3.800, so verliert auch der Zertifikat-Besitzer fünf Prozent, weil der Kurs seines Wertpapiers von 40 auf 38 Euro sinkt.

Indexzertifikate gibt es für alle etablierten Aktienindizes, vom Euro Stoxx 50 und dem amerikanischen S&P 500 bis hin zu exotischen Märkten wie China oder Indien. Selbst Sparpläne auf Indexzertifikate gibt es inzwischen, bei denen mit jeder monatlichen Sparrate neue Zertifikate gekauft werden. Solange die Kurse an der Börse nach oben steigen, ist das Gewinnpotenzial von Indexzertifikaten unbegrenzt. Beim Sturz eines Index muss der Zertifikatbesitzer allerdings entsprechende Verluste hinnehmen.

Immer beliebter werden deshalb Zertifikate, die auch bei gleich bleibenden Kursen Gewinne versprechen oder bei Kursabstürzen einen Sicherheitspuffer enthalten. Zum einen handelt es sich dabei um so genannte *Discountzertifikate*. Wie der Name schon sagt kauft der Anleger hierbei den Index oder die Aktien zu einem Sonderpreis ein – und kann darauf hoffen, dass das Zertifikat einen höheren Wert erreicht. Als Ausgleich für den günstigen Einstieg ist bei Discountzertifikaten allerdings der Gewinn auf einen Höchstbetrag (Cap) begrenzt.

Eine weitere Variante stellen die so genannten *Bonuszertifikate* dar, bei denen dem Käufer bei Fälligkeit ein Bonus gezahlt wird. So können Anleger einen kleinen Gewinn erzielen, selbst wenn der Basiswert des Zertifikats leicht fällt. Wenn der Kurs aber unter die Absicherungsschwelle fällt, wird auch der Bonus gestrichen.

Die meisten Zertifikate haben eine begrenzte Laufzeit, meistens zwischen zwei und zehn Jahren. Aber inzwischen wächst auch die Zahl der Endlos-Zertifikate mit unbegrenzter Laufzeit. Kritiker wie Verbraucherschützer halten den deutschen Zertifikatemarkt für völlig unübersichtlich.

Wer einen Umstieg oder Einstieg plant, sollte sich in jedem Fall über die Chancen und Risiken der Zertifikate ganz genau informieren, möglichst bei Fachleuten, die keine Eigeninteressen bei ihrer Beratung verfolgen. Unerfahrene Anleger sollten sich am besten auf einige simple Basisinvestments wie Index- oder Discountzertifikate konzentrieren.

Teure Ängste

Gold gibt Sicherheit, und es steht traditionell für Reichtum und Macht. Auch die Liebe soll ewig glänzen, und deshalb ist Gold, nicht Silber oder gar das wertvollere Platin, der Stoff, aus dem Eheringe gemacht werden. Gold eignet sich in Krisenzeiten am besten als »Währung der Angst«. Als 2008 Unsicherheit und Panik an den internationalen Finanzmärkten eingekehrt waren und die Kurse an den Börsen mit ihren kräftigen Schwankungen verrückt spielten, wollten auch viele private Geldanleger ihre gefährdeten Rücklagen in Sicherheit bringen und kauften Gold.

Bereits Mitte März 2008 hatte der Preis für das edle Metall einen neuen historischen Höhepunkt erreicht und erstmals die 1.000-Dollar-Marke überwunden. Kurz darauf sackte der Preis dann zwar wieder stark ab, aber bei einer anhaltenden Krise der Finanzwirtschaft versuchen inzwischen immer mehr Anleger, ihr Geld in Sachwerte zu retten – um jeden Preis. Gold gilt als sicherer Hafen, weil der Preis, anders als bei Wertpapieren, zwar nachgeben, aber niemals auf Null fallen kann. Auch wenn der gehortete Goldschatz keine regelmäßigen Erträge abwirft und die weltweite Nachfrage nach Gold für Schmuck stagniert, bleibt die Hoffnung bestehen, dass die Goldpreise in unsicheren Zeiten steigen.

Selbst große Adressen der Finanzwelt ließen sich von der Panik anstecken und flüchteten Hals über Kopf in das Edelmetall. Die Gold-Rallye könnte sogar noch weiter gehen, meinen Charttechniker. Schon bei der nächsten Hiobsbotschaft werde mit einem weiteren Ansturm auf Gold zu rechnen sein, erwarten Marktkenner. Doch je stärker Anleger geballt in diesen einen Markt drängen, desto schwankungsanfälliger wird der Goldpreis.

Der schnelle Ein- und Ausstieg ist bei Gold kaum möglich, viele Anleger mussten in der Vergangenheit viele Jahre darauf warten, dass der Goldpreis wieder alte Höhen erreichte. Zwar müssen Verbraucher auf Gold, im Gegensatz zu Silber oder Platin, beim Kauf keine Mehrwertsteuer zahlen, aber zwischen An- und Verkaufskursen gibt es Differenzen von einigen Prozentpunkten.

Der Ruf des Edelmetalls als sicherer Hafen könnte allerdings bei anhaltenden Kurssprüngen schon bald Schaden nehmen. »Die Rolle als Sicherheitsgeber wird zunehmend verspielt.«, warnte ein Sprecher der Deutschen Schutzgemeinschaft für Wertpapierbesitz (DSW). Finanzanalysten raten deshalb, in Krisenzeiten die Finger am besten ganz vom Goldkauf zu lassen, ob physisch oder börsengehandelt. Wer als Privatmann unbedingt in das Edelmetall investieren wolle, sollte schwächere Preise abwarten und sich dann vorsichtig einkaufen.

Jahr für Jahr werden 75 Prozent der geförderten Goldmenge von 3.600 Tonnen zu Schmuck verarbeitet, 13 Prozent gehen an Dentallabore und Industriebetriebe und aus dem Rest werden Barren und Münzen hergestellt. Die Lagerstätten des edlen Metalls werden immer schwerer zugänglich und die Kosten für den Goldabbau damit immer höher. So muss der weltgrößte Förderer Südafrika in seinen Minen immer tiefer bohren, inzwischen mehr als 3.000 Meter, um auf Gold zu stoßen. Schon heute stammt das weltweite Gold-Angebot zu einem Viertel aus eingeschmolzenem Metall – und in den Schmuckkästchen in aller Welt schlummert noch viel totes Kapital. Fast jedes Gramm, das je gefördert wurde, ist immer noch da. Gold kann fast beliebig oft recycelt werden.

Ferien vom Depot

Finanzielle Vorsorge ist zwar eine wichtige Aufgabe, aber natürlich dürfen Sie dabei ihr körperliches und seelisches Wohl nicht aus dem Auge verlieren. Wer allerdings selbstständig an den Börsen agiert, sollte im Falle eines Urlaubs oder einer längeren Abwesenheit auf gewisse Vorsichtsmaßnahmen nicht verzichten. Sonst drohen bei der Rückkehr möglicherweise unangenehme Überraschungen.

Natürlich gibt es Zocker, die auch unter südlicher Sonne am Strand keine Ruhe finden. Mit Laptop und Handy, über Internetanschluss im Hotel oder örtliche Internetcafés können Börsenprofis selbstverständlich Informationen über die schwankenden Kurse an den Börsen fast überall auf der Welt bekommen – und ihre Spekulationsgeschäfte in der Badehose abwickeln.

Für alle, die sich total entspannen und Ferien vom eigenen Depot machen wollen, folgende Tipps:

- ✔ Geben Sie Personen Ihres Vertrauens, natürlich möglichst mit Sachverstand und nach intensivem Gespräch über Ihr Depot, eine Vollmacht. Oder vereinbaren Sie mit Ihrem Anlageberater, bei welcher Kursentwicklung er Sie am Urlaubsort anrufen soll.

- ✔ Überprüfen Sie vor der Abreise die von Ihnen angegebenen Limits für den Kauf oder Verkauf Ihrer Wertpapiere. Setzen Sie Limits neu oder verlängern Sie die Aufträge, um günstige Einstiegskurse oder beste Verkaufskurse nicht zu verpassen.

- ✔ Geben Sie, um Kursabstürze in unruhigen Märkten zu umgehen, Stop-loss-Orders für die Urlaubszeit. Das sind Orders, die bei Erreichen eines vorgegebenen Kurses zum Verkauf von Wertpapieren führen, um damit den Verlust zu begrenzen.

- ✔ Überprüfen Sie die von Ihnen erteilten Freistellungsaufträge, um unnötige Steuerabzüge bei Dividendenzahlungen während Ihres Urlaubs zu vermeiden.

- ✔ Sichern Sie eventuelle Wertpapierkredite ab. Damit bei sinkenden Kursen die Beleihungsgrenze (in der Regel 50 bis 60 Prozent bei deutschen Standardaktien und 80 Prozent bei Anleihen) nicht unterschritten werden, legen Sie ein Sicherheitspolster an.

Ganz ohne Stolpern ins Ziel

»Kleinvieh macht auch Mist« weiß der Volksmund, und Millionen von deutschen Sparern, die monatlich ein bisschen Geld zur Seite legen wollen, vertrauen weiterhin auf die Sparpläne, die ihnen von ihrer Bank oder Sparkasse angeboten werden. Schon mit ein paar Euro pro Monat sind Geldanleger dabei. Laut Stiftung Warentest sind sie noch immer »Sparers Liebling«, doch bei den Banksparplänen sind in der Regel nur schmale Renditen zu erzielen.

Wie lange die fleißigen Sparer ihre monatlichen Beiträge zahlen wollen, bleibt ihnen überlassen – die längste Laufzeit liegt meistens bei 20 bis 25 Jahren. Bei einer Rendite von drei Prozent kommen nach zehn Jahren, in denen der Sparer selbst 12.000 Euro eingezahlt hat (das entspricht einer Monatsrate von 100 Euro), immerhin 13.979 Euro zusammen. Wer nicht so lange durchhält, kann den Vertrag jederzeit mit einer Kündigungsfrist von drei Monaten beenden.

Doch selbst die schmale Rendite von drei Prozent erreichen Sie längst nicht bei allen Kreditinstituten. Ohnehin fällt die Berechnung der Rendite für die kommenden Jahre schwer, weil alle Banken und Sparkassen lediglich Sparpläne mit variablen Zinssätzen anbieten. Von Sparplänen mit veränderlichem Basiszinssatz raten Verbraucherschützer allerdings ab, denn noch sind diese Verträge unberechenbar, weil die Kreditinstitute frei entscheiden können, wann und wie oft sie den Zins in Zukunft verändern können.

Zwar hat der Bundesgerichtshof entschieden, dass Banken bei langfristigen Sparplänen mit veränderlichem Basiszins und Bonusvereinbarung in den allgemeinen Vertragsbedingungen eine Bezugsgröße nennen müssen, doch auch ein halbes Jahr nach dem Urteil des BGH war Stiftung Warentest im vergangenen Jahr noch kein Kreditinstitut bekannt, das in den Vertragsbedingungen entsprechende Bezugsgrößen nennt. Sparpläne mit fest vereinbarten Zinsen für die gesamte Laufzeit werden zurzeit lediglich von einigen Direktbanken angeboten.

Neben den Zinsen zahlen Kreditinstitute Ratensparern einen Bonus, wenn diese über mehrere Jahre einzahlen. Doch von den Bonushöhen sollten sich Sparer nicht irreführen lassen, auch wenn 50 oder 100 Prozent Bonus auf den ersten Blick verführerisch klingen. Wenn ein Sparer glaubt, er würde auf die eingezahlten Beträge nach zehn Jahren 50 oder mehr Prozent Bonus erhalten, sieht er sich getäuscht. Bei den meisten Instituten wird der Bonus lediglich auf die jährliche Sparleistung gewährt. Zudem sind die Bonuszahlungen bei den Banken und Sparkassen nach Laufzeit gestaffelt.

Um Missverständnissen beim Abschluss eines Ratensparvertrags zu entgehen, sollten sich Kunden von ihrem Institut sagen lassen, wie viel Geld sie mit Zinsen und Bonus am Ende der Sparphase erhalten könnten. Für Sparpläne mit variablen Zinsen handelt es sich dabei allerdings nur um Renditeerwartungen und keine garantierten Erträge.

Erleben angestrebt

Deutsche Verbraucher lieben ihr Auto – und ihre Lebensversicherung. Im Durchschnitt hat jeder Bürger einen Lebensversicherungsvertrag abgeschlossen und zahlt dafür mehr als 900 Euro jährlich an Beiträgen. Bei der finanziellen Vorsorge des Einzelnen spielen vor allem die kapitalbildenden Lebensversicherungen seit Jahrzehnten eine besondere Rolle.

Prinzipiell handelt es sich bei Kapitallebensversicherungen um einen Doppelpack aus zwei Produkten: zum einen eine Lebensversicherung, die beim Tod des Versicherungsnehmers die vereinbarte Versicherungssumme an die Hinterbliebenen auszahlt, zum anderen um einen Sparplan, der einen Teil der eingezahlten Beiträge langfristig am Kapitalmarkt anlegt und zum Vertragsende an den Versicherten ausschüttet.

Kritiker halten diese Versicherung bereits seit Jahren für ein unflexibles, teures und zudem intransparentes Produkt, das nur in Ausnahmefällen für die Versicherten geeignet ist. So wertet die Verbraucherzentrale Nordrhein-Westfalen:

> »Für Kunden sind die Nachteile von Kapitallebensversicherungen beachtlich: Die Unternehmen binden sie in einem unflexiblen Sparvertrag – meist über mehrere Jahrzehnte. Für jemanden, der seine künftige finanzielle Situation nicht absehen kann oder ein unregelmäßiges Einkommen hat, ist das nicht geeignet. Kündigt er, macht er meist einen großen finanziellen Verlust. Ein weiterer Nachteil sind die oft hohen Kosten für Verwaltung und Vertrieb, die ein Kunde kaum erkennen kann. Sie gehen von seinen Beiträgen ab, was die Rendite seiner Sparleistung mindert. Wie groß der Anteil ist, der wirklich gespart wird, erfährt der Kunde nicht.«

Klarheit besteht beim Abschluss einer Kapitallebensversicherung nur über zwei Dinge: die Höhe der Prämie für die Police und die Versicherungssumme, die im Fall des Todes vor Ablauf der Versicherungslaufzeit an die Hinterbliebenen ausgezahlt wird. Wie hoch der Sparanteil des Beitrags verzinst wird, steht bei Vertragsabschluss hingegen nicht fest – zumindest trägt der Kunde aber kein Verlustrisiko, wenn er den Vertrag bis zum Laufzeitende durchhält.

Bei Lebensversicherungen meist magere Renditen

Auch Versicherungsgesellschaften haben selbstverständlich keine Geldvermehrungsmaschinen im Keller stehen, sondern müssen sich bei der Vermögensanlage der Mitgliederbeiträge am Kapitalmarkt orientieren. Nach Angaben des Gesamtverbands der Deutschen Versicherungswirtschaft (GDV) legen die Versicherer das Geld ihrer Kunden in folgenden Bereichen an (Anteile in Prozent, Stand Ende Juni 2008):

✔ Bankanleihen 29,7

✔ Staatsanleihen 27,8

✔ Sonstige Darlehen- und Schuldscheinforderungen gegen Banken 17,7

✔ Sonstige Anlagen 9,8

✔ Aktien 7,8

✔ Unternehmensanleihen 4,6

✔ Immobilien 3,4

Verlassen können sich die Kunden dabei lediglich auf den vertraglich festgeschriebenen Garantiezins, der zwischen vier Prozent bei alten Verträgen und aktuell 2,25 Prozent bei neuen Policen schwankt. Wie viel Zins eine Versicherung in einem Jahr ansetzt, hängt davon ab, wie viel Gewinn sie in jenem Jahr an Kapitalmarkt erzielen konnte. In der Regel geben die Unternehmen diesen Wert im Dezember bekannt. Die Nettoverzinsung der Kapitalanlagen ist nach Angaben des GDV in den vergangenen zehn Jahren stetig gesunken. Noch in den 1990er Jahren betrug sie rund 7,5 Prozent, inzwischen geht die Branche von rund vier Prozent Verzinsung aus.

Ratingagenturen wie map-report kommen beim jährlichen Vergleich der Versicherungsleistungen zu erheblichen Unterschieden der einzelnen Assekuranzen. Das Analysehaus ging in einer Studie zu den Versicherungsleistungen 2008 von einem 60 Jahre alten Mann aus, der vor 30 Jahren einen Vertrag über eine Kapitallebensversicherung mit 100 Prozent Todesfallschutz und einem Jahresbeitrag von 1.200 Euro abgeschlossen hatte. Die durchschnittliche Ablaufleistung lag Ende 2008 bei 90.797 Euro, die Rendite erreichte 5,45 Prozent. Der Sieger kam hingegen auf eine Durchschnittsrendite von 6,64 Prozent.

Ausstieg wird teuer

Jahr für Jahr verschenken Versicherte, so die Verbraucherzentrale Hamburg, hochgerechnet mehr als drei Milliarden Euro, weil sie ihre Kapitallebensversicherung oder private Rentenversicherung vorzeitig kündigen. Dennoch wird jede zweite Lebensversicherung in Deutschland vorzeitig aufgelöst, häufig wegen Einkommenseinbußen durch Arbeitslosigkeit, Scheidung, Krankheit oder auch wegen des Kaufs einer Immobilie.

Bevor ein Versicherter diesen folgenschweren, teuren Schritt vollzieht, sollte er alle anderen Möglichkeiten überprüfen, um sich auch ohne Kündigung der Versicherung einen größeren finanziellen Spielraum zu verschaffen. So kann eine Lebensversicherung beitragsfrei gestellt werden, dann wird die Police nicht weiter bezahlt. Zwar reduziert sich dadurch der Todesfallschutz, aber die bis dahin erworbenen Überschussanteile gehen wenigstens nicht verloren. Sie werden weiter verzinst und beim Ablauf der Versicherung ausgezahlt.

Für kurze finanzielle Schwächephasen lohnt sich unter Umständen die Stundung der Beiträge. Die meisten Versicherungen begrenzen eine solche Stundung allerdings auf ein halbes bis ein ganzes Jahr – und anschließend müssen Sie den gestundeten Betrag inklusive Zinsen nachzahlen.

Eine weitere Möglichkeit zum Ausstieg bietet der Zweitmarkt für Lebensversicherungen, auf dem Sie Ihren Vertrag verkaufen können statt ihn zu kündigen. Aber die Aufkäufer von Lebensversicherungen, die nach Beobachtungen von Verbraucherschützern bis zu rund acht Prozent mehr auszahlen als den Rückkaufswert, wollen längst nicht jeden Vertrag übernehmen. Ehe sie die angebotenen Versicherungsverträge überhaupt prüfen, fordern sie de Einhaltung von einigen Mindestanforderungen (so zum Beispiel einen minimalen Rückkaufwert von mindestens 5.000 Euro oder eine maximale Restlaufzeit von 15 oder 20 Jahren).

Versicherung mit Fonds

Während bei Kapitallebensversicherungen die Versicherungsgesellschaft selbst die Beiträge anlegt und damit für die Wertsteigerung und die Erwirtschaftung eines Überschusses verantwortlich ist, wird bei fondsgebundenen Policen die Arbeit geteilt. Erst einmal jedoch schrumpft Ihr Beitrag, wenn die Assekuranzgesellschaft davon ihre Kosten abzieht. Der Rest wird dann an eine Investmentgesellschaft weitergereicht, die das Geld in Fonds investiert.

Diese Fondspolicen haben mit traditionellen Lebensversicherungen kaum etwas zu tun. Bei Ablauf gibt es keine garantierte Mindestzahlung, die Höhe hängt nur von der Wertentwicklung der ausgewählten Fonds ab. Dazu kommen in der Regel erhebliche Abschluss- und Verwaltungskosten für Versicherung und Fondsgesellschaft. Zur Abdeckung des Kursrisikos der Fonds bieten Versicherungen die Fondspolice inzwischen allerdings auch mit bestimmten Garantieelementen an.

Rentenversicherungen – ganz privat

Ganz anders konstruiert als Kapitallebensversicherungen sind private Rentenversicherungen, bei denen das Risiko eines frühen Todes gar nicht abgesichert wird. Eigentlich ist eine solche Versicherung nichts anderes als ein Sparplan, in den Sie Monat für Monat Ihre Beiträge einzahlen. Bei Ablauf dieser Versicherung beginnt dann die ersehnte monatliche Rentenzahlung bis an Ihr Lebensende.

Und genau das ist dann auch das Problem einer privaten Rentenversicherung. Da die Versicherungsgesellschaft eine Rentenzahlung bis ans Lebensende garantiert, stellt die demographische Entwicklung mit steigender Lebenserwartung ein Problem dar. Und Versicherte, die ein biblisches Alter erreichen, machen bei dieser Versicherungsform natürlich ein blendendes Geschäft.

Prinzipiell gibt es auf dem Markt zwei Varianten für die private Rentenversicherung:

✔ Die so genannte aufgeschobene Rente sieht zwei Phasen vor: Zunächst zahlen Sie regelmäßig Beiträge ein, in der zweiten Phase fließen die Rentenleistungen des Versicherers an Sie zurück. Schön für die Versicherten: Die Rentenzahlungen laufen auch dann weiter, wenn der angesparte Betrag aufgebraucht ist.

✔ Bei der zweiten Variante, auch Sofortrente genannt, wird die Ansparphase übersprungen. Stattdessen zahlt der Versicherte einen größeren Betrag ein, der dann zu einem verabredeten Zeitpunkt als lebenslange Rente gezahlt wird.

Noch vor einigen Jahrzehnten spielten private Rentenversicherungen bei der Altersvorsorge nur eine geringe Rolle. Doch inzwischen gelten sie als Verkaufsschlager und machen bei den Lebensversicherern in der Regel mehr als die Hälfte der neu abgeschlossenen Verträge aus.

Inzwischen gibt es zahlreiche Varianten dieser Versicherungen – und die wirtschaftlichen Erfolge der unterschiedlichen Versicherer differieren stark. So stellte der unabhängige Map-Report 2007 bei einer Überprüfung der Rentenzahlungen von 1990 bis 2007 fest, dass die Summe der gezahlten Renten in einem Musterfall (Sofortrente für einen 65 Jahre alten Mann, Journalist und Nichtraucher, der einmalig 50.000 Euro eingezahlt hatte) zwischen knapp 78.000 Euro und mehr als 90.000 Euro differierten.

Private Rente mit viel Risiko

Eigentlich ist die private Rentenversicherung so etwas wie eine Wette zwischen Ihnen und dem Versicherer. Schon bei Vertragsabschluss sollten Sie im eigenen Interesse, aber auch zugunsten Ihrer Erben auf wichtige Vertragsinhalte besonders achten.

In der Ansparphase, die oft mehrere Jahrzehnte dauert, sollten Sie bei der aufgeschobenen Rente unbedingt eine Beitragsrückgewähr im Vertrag vereinbaren. Falls der Versicherte stirbt, bekommen die im Vertrag genannten Bezugsberechtigten oder die gesetzlichen Erben die bis dahin eingezahlten Beiträge zurück. In der Auszahlphase wird das bis zum Tod des Versicherten noch nicht gebrauchte Kapital ausgeschüttet. Nach dem Tod des Versicherten wird auch die Rentenzahlung gestoppt. Wer für die Hinterbliebenen sorgen möchte, kann zusätzlich eine Garantierente für einen Zeitraum von fünf, zehn oder 15 Jahren abschließen.

Auch in der Auszahlphase gibt es für die Rentenzahlung bei privaten Rentenversicherungen unterschiedliche Modelle. Experten und Verbraucherschützer raten Versicherten bei der aufgeschobenen Rente, auf jeden Fall ein Kapitalwahlrecht in den Vertrag aufzunehmen. Dann können Sie bei Ablauf des Vertrags oder vorher entscheiden, ob Sie das Ersparte lieber als Rente oder als Kapitalbetrag ausgezahlt bekommen wollen. Die Verbraucherzentrale Nordrhein-Westfalen rät: »Auf diese Vereinbarung sollte man in der Regel nicht verzichten. Sinn macht sie deshalb, weil der Kunde erkranken oder sein Geld womöglich später bei anderen Versicherern oder einer Bank lukrativer investieren könnte.«

Für die Auszahlphase bieten Versicherer bei der privaten Rentenversicherung in der Regel zwei Varianten an:

✔ Die dynamische Rente beginnt im ersten Jahr mit der garantierten, meist niedrigeren Rente, die im Laufe der Jahre durch die erwirtschafteten Überschüsse meist steigt. Mit jährlichen Steigerungen von drei bis vier Prozent können Sie bei den meisten Versicherungen rechnen. Auf jeden Fall umgehen Versicherte mit dieser Variante mögliche Rentenkürzungen.

✔ Bei einer konstanten Rente hingegen sind Rentenkürzungen möglich, wenn die Erträge der Versicherung einbrechen. Bei dieser Variante wird der erwartetet Gewinnanteil von Anfang an in der dadurch höheren Rente mitberechnet, aber die Berechnungsgrundlagen können sich während der Auszahlung zu Ihren Ungunsten verändern.

Noch mehr Gewinnrisiken als die traditionellen Rentenversicherungen, bei denen die Versicherungsgesellschaft das Geld ihrer Kunden selbst anlegt, bieten fondsgebundene Rentenversicherungen, die ähnlich wie fondsgebundene Kapitallebensversicherungen funktionieren. Dabei geben die Versicherungsgesellschaften die Sparanteile des Versicherungsbeitrags an Fondsgesellschaften weiter. Die Fonds investieren das Geld dann in Aktien, Anleihen oder Immobilien, immer mit dem Ziel, einen höheren Ertrag zu erwirtschaften als die Versicherung selbst.

Da die Wertentwicklung von Fonds unsicher und kaum vorhersagbar ist, stellen fondsgebundene Rentenversicherungen kein sicheres Standbein für die finanzielle Vorsorge für das Alter dar.

Eigener Herd ist Goldes wert

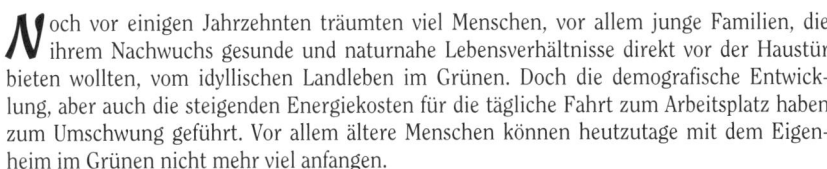

In diesem Kapitel
- Warum die eigenen vier Wände für die meisten noch immer ein Lebenstraum sind
- Wie man den besten Weg zum eigenen Häuschen oder zur Eigentumswohnung findet
- Welche Chancen und Risiken die Vorsorge mit der eigenen Immobilie mit sich bringt

Noch vor einigen Jahrzehnten träumten viel Menschen, vor allem junge Familien, die ihrem Nachwuchs gesunde und naturnahe Lebensverhältnisse direkt vor der Haustür bieten wollten, vom idyllischen Landleben im Grünen. Doch die demografische Entwicklung, aber auch die steigenden Energiekosten für die tägliche Fahrt zum Arbeitsplatz haben zum Umschwung geführt. Vor allem ältere Menschen können heutzutage mit dem Eigenheim im Grünen nicht mehr viel anfangen.

Ältere Menschen suchen bevorzugt barrierefreie Wohnungen in den Städten. Das liegt nicht nur daran, dass die medizinische Versorgung besser ist als auf dem Land. Auch das große kulturelle Angebot in den Städten locke Angehörige der Generation 50plus, ihr Haus im Grünen gegen eine Wohnung in der Stadt zu tauschen. Für jemanden, der 60 Jahre alt ist, macht es einen Unterschied, ob er mit Bus, Bahn oder Taxi schnell zur Oper oder ins Theater fahren kann – oder 40 Kilometer am Abend mit dem eigenen Auto zurücklegen muss. Nicht nur ältere Leute, auch junge Familien wohnen wegen der hohen Kraftstoffkosten heute lieber in der Stadt als im Umland. Viele Menschen haben in der Vergangenheit ihre Eigenheime nur deshalb außerhalb errichtet, weil Bauland dort eben einfach günstiger zu haben war. Doch das Leben auf dem Land rechnet sich bei steigenden Energiepreisen immer weniger.

Schon in jungen Jahren eine Schutzburg

Bereits 52 Prozent der Menschen in Deutschland wohnen in den eigenen vier Wänden, aber auch viele Mieter träumen davon, in die eigenen Wohnung oder das eigene Haus umziehen zu können. Bei einer aktuellen Emnid-Umfrage gaben mehr als 90 Prozent der Mieter, die lieber in der eigenen Immobilie wohnen möchten, als Gründe dafür »Unabhängigkeit vom Vermieter«, »in die eigene Tasche zahlen«, »bleibender Wert, der vererbt werden kann« sowie »gute Altersvorsorge« an.

Aber was ist dran an dieser Argumentation? Welche Gründe sprechen für oder gegen das eigene Haus oder die gemietete Immobilie?

- ✔ **Lebensqualität**
  Mit mehr Freiraum und der Möglichkeit, individuelle Ansprüche und Gestaltungswünsche zu verwirklichen, bringt das Eigenheim oder die Eigentumswohnung mehr Lebens-

und Wohnqualität. Aber der Bau oder Kauf einer Immobilie erfordert in der Regel einen hohen persönlichen Einsatz, auch nach dem Einzug ist für die Instandhaltung der eigenen vier Wände immer etwas zu tun.

✔ **Flexibilität**
Der Name Immobilie sagt schon alles. Eigenheim oder Eigentumswohnung schränken die Mobilität und berufliche Flexibilität, die in der heutigen Arbeitswelt gefordert wird, stark ein. Ein kurzfristiger Verkauf des Eigenheims ist oft kaum möglich und bringt zumeist finanzielle Verluste.

✔ **Staatliche Förderung und Steuervorteile**
Zwar wurde die Eigenheimzulage gestrichen, aber der Staat zahlt noch immer Fördermittel beim Bau einer Immobilie und gewährt zinsvergünstigte Darlehen auf Bundes- und Landesebene. Dazu kommt, dass sämtliche Erträge der eigenen Immobilie (Mietersparnis, Wertsteigerung oder staatliche Zulagen) steuerfrei bleiben. Mieter, die ihr Geld stattdessen in Wertpapieren oder Versicherungen anlegen, müssen in der Regel die Erträge versteuern (vgl. hierzu das Thema Abgeltungssteuer).

✔ **Mietersparnis**
Wer in den eigenen vier Wänden wohnt, muss keine Miete bezahlen. Das mag in jungen Jahren ein schwaches Argument sein, aber im Alter bringt das mietfreie Wohnen in einer dann entschuldeten Immobilie kräftige Vorteile. Die monatliche Entlastung durch mietfreies Wohnen im Ruhestand beträgt nach Angaben des Statistischen Bundesamtes bei einem Einpersonen-Haushalt 519 Euro, bei Ehepaaren erreicht die »Immobilien-Rente« 613 Euro.

✔ **Wertsteigerung**
Wenn Qualität, Preis und Wohnlage stimmen, können Haus- und Wohnungsbesitzer davon ausgehen, dass der Wert ihrer Immobilie auf lange Sicht steigt. Zwar gibt es auch auf dem Immobilienmarkt Wertschwankungen, doch die fallen sehr viel niedriger aus als beispielsweise auf dem Aktienmarkt.

✔ **Kosten**
Bei langfristigen Vergleichsrechnungen sind Mieter in den Anfangsjahren finanziell im Vorteil. So sind die anfänglichen Nebenkosten beim Bau oder Kauf einer Immobilie verloren, die finanzielle Belastung ist jahrelang deutlich höher als bei der Miete. Doch nach ungefähr 18 bis 20 Jahren kehrt sich das Verhältnis um. Dann hat der Eigentümer erstmals einen Vermögensvorteil und nach Tilgung des Kredits baut der Käufer oder Häuslebauer seinen Vorsprung immer schneller aus (Details zum Thema Finanzierung finden Sie in Kapitel 1).

Muskelhypothek mit Schmerzen

Um den Kreditbedarf zu verringern, können Häuslebauer selbstverständlich während des Hausbaus auch selbst zu Hammer und Schaufel greifen. Doch Vorsicht: Viele Bauherren übernehmen sich an dieser »Muskelhypothek« und überschätzen ihre eigenen Fähigkeiten und Kräfte. Mit etwas handwerklichem Geschick können 10 bis 15 Prozent der Baukosten »erarbeitet« werden. Dazu gehören zum Beispiel Erdarbeiten und Arbeiten an den Außenanlagen, Dämm- und Trockenbauarbeiten, Estricharbeiten, Fliesen und Fußböden verlegen, sowie malen und tapezieren. Hobbyhandwerker sollten aber daran denken, dass sie wesentlich länger als Profis brauchen. Eingeschränkt wird der Spareffekt in der Regel auch dadurch, dass der Bauherr das Material teurer einkaufen muss als eine Baufirma. Für die selbst erbrachten Leistungen übernimmt die Baufirma keine Gewährleistung. Wenn die Baufirma bei Mängeln dem Bauherrn eine Mitschuld anlastet, kann es später zu Auseinandersetzungen kommen. Den Umfang der Eigenleistungen und die Termine, bis zu denen sie zu erbringen sind, sollte der Bauherr, gemeinsam mit dem Architekten, schriftlich exakt festlegen. Auch kreditgebende Banken und Sparkassen fordern häufig eine solche detaillierte Aufstellung.

Wer weitere Kosteneinsparungen durch die handwerkliche Hilfe von Verwandten, Freunden und Nachbarn erzielen möchte, sollte dabei der nutwendigen Abgrenzung zur Schwarzarbeit besondere Aufmerksamkeit schenken (Details zu diesem steuerrechtlichen Problem sind in Kapitel 3 dieses Buches zu finden).

Leben in Ruinen

Pfusch am Bau ist leider kein Einzelfall. Zwar führen Baumängelnicht immer gleich zur Stilllegung der Baumaßnahme, aber schon kleine Fehler können unnötige Kosten und großen Ärger verursachen. Nach Beobachtungen von Experten sind es vor allem ungeeignete Konstruktionen, falsches Material und mangelhafte Ausführung, die als Fehlerquellen im Vordergrund stehen. Entscheidende Fehler können Sie schon bei Vertragsabschluss umgehen.

Passenden Partner finden

Wer einen verlässlichen Partner zum Bau des Hauses sucht, sollte schon vorher überprüfen, mit wem er es eigentlich zu tun hat. Ein Rechtsanwalt, eine Verbraucherzentrale oder ein unabhängiger Bauherrenberater können dabei helfen. Von dem potenziellen Vertragspartner können sich Bauinteressenten einige bereits gebaute Häuser zeigen lassen. Der Anbieter sollte anschließend ein detailliertes Preisangebot unterbreiten. Eine Festpreisgarantie hilft dabei, zusätzliche Kosten durch nachträgliche Preiserhöhungen zu vermeiden.

Bevor ein Vertrag unterschrieben wird, sollten Bauherren immer mehrere Angebote einholen, auch bei »Freundschaftsangeboten«. Und Vorsicht vor freihändiger Auftragsvergabe, denn ohne schriftlichen Vertrag ist Ärger meist bereits vorprogrammiert.

Detaillierten Bauplan fordern

Je detaillierter der Vertrag, desto eher lassen sich Streit und zusätzliche Kosten vermeiden. Zum einen muss der Umfang des Baus so genau wie möglich festgelegt werden. Auch Details der zu verwendenden Materialien wie Hersteller, Fabrikate, Typen oder Farben sollten möglichst exakt sein. Formulierungen wie »handelsübliche Fabrikate«, »deutsches Markenprodukt« und »oder gleichwertig« können schnell für Ärger sorgen. Auch der Hinweis auf DIN-

Normen bringt nicht viel, denn oft genügen sie den tatsächlichen Bedürfnissen nicht mehr. Unterlagen wie Pläne, Zeichnungen und Besprechungsprotokolle sollten Bestandteil des Vertrages werden, um ihn möglichst konkret zu machen.

Zeit ist Geld

Baubeginn, Bauzeit und Fertigstellungstermin sollten so konkret wie möglich festgelegt werden, dazu am besten einen Bauzeitplan in den Vertrag aufnehmen. Die Vereinbarung einer Vertragsstrafe kann die pünktliche Fertigstellung fördern.

Nur Geld bei Leistung

Die Kosten des Baus sollten möglichst transparent gemacht werden. Deshalb ist im Bauvertrag detailliert festzuhalten, welche Bauleistungen wie viel kosten und welche Listungen im Vertrag enthalten sind. Im Bauvertrag ist ebenso festzulegen, welche Abschläge und Raten nach welchen Baustufen zu zahlen sind. Für die einzelnen Baustufen ist eine Abnahme zu vereinbaren, zu der Bauherren möglichst einen Fachmann mitnehmen sollten, der ihnen hilft, vorhandene Mängel zu finden und ordnungsgemäß zu protokollieren. Die förmliche Abnahme ist auch wichtig für den Beginn der Verjährungsfrist der Gewährleistungsrechte.

Kontrolle ist besser

Die regelmäßige, möglichst tägliche Kontrolle der Baustelle kostet zwar Zeit, ist aber notwendig. Nur so lassen sich Baumängel rechtzeitig erkennen und schlimme Fehler verhindern oder korrigieren. Der Bauherr kann sofort die Beseitigung vom Bauunternehmen verlangen. Wenn sich die Baufirma weigert, die Mängel zu beseitigen, können Bauherren Druck machen, indem sie Zahlungen zurückhalten.

Rat und Unterstützung finden Häuslebauer u. a. beim Bauherren-Schutzbund (www.bsb-ev.de), beim Verband privater Bauherren (www.vpb.de) oder bei der Verbraucherzentrale Bundesverband (www.vzbv.de).

Lieber gleich eine fertige Immobilie kaufen

Natürlich gibt es Bauherren, die voller Freude und Spannung dem ersten Spatenstich entgegenfiebern. Neue Immobilien haben den großen Vorteil, dass es meist noch möglich ist, sich die Ausstattung, die Aufteilung, die Lage im Haus und die Einrichtung nach seinen eigenen Ideen und Wünschen aussuchen zu können. Grundrisse können flexibel auf den Bedarf der Familie angepasst und gestaltet werden. Von den Kindern bekommt jeder endlich sein eigenes Zimmer, und der Vater hat Platz für die Eisenbahnanlage im Hobbyraum. Ob Parkett, Teppichboden oder Fliesen, auch dies ist in der frühen Bauphase noch wählbar.

Aber andererseits kostet der Bau einer Immobilie Zeit und Nerven. Viele Interessenten denken daher über den Kauf einer bereits fertig gestellten Immobilie nach, denn eine fertige Wohnung oder ein bereits gebautes Haus bieten verschiedene Vorteile:

✔ Zustand und Aufteilung, Nachbarn und Sonnenausrichtung sind bereits vorhanden.

✔ Es besteht kein Fertigstellungsrisiko, z.B. bei Konkurs des Bauunternehmens.

- ✔ Die Bauphase entfällt und das Haus oder die Wohnung kann meist früher bezogen werden als ein vergleichbarer Neubau.
- ✔ In bestimmten Wohnlagen, z.B. in Großstädten, herrscht Mangel an Baugrundstücken; der Erwerb eines Altbaus ist dann die einzige Möglichkeit, in bestimmten Stadtteilen wohnen zu können.
- ✔ Das Wohnumfeld ist in der Regel schon gewachsen (im Gegensatz zu den typischen Neubaugebieten in Großstadtnähe).
- ✔ Man muss das Haus allerdings so kaufen wie es ist. Änderungen beim Grundriss oder der Raumaufteilung sind oft nur mit entsprechenden Umbaumaßnahmen möglich.

Drum prüfe, wer sich lange bindet

Wer beim Erwerb einer Immobilie keine unnötigen Risiken eingehen will, sollte das Objekt auf jeden Fall gründlich besichtigen und sich z.B. entsprechende Baugenehmigungen vorlegen lassen oder diese beim zuständigen Bauamt einsehen. Wer ganz sicher gehen will, nimmt spätestens zum zweiten Besichtigungstermin einen Bausachverständigen mit. Dieser entdeckt auch behelfsmäßig kaschierte Baumängel. Allein auf die Angaben von Immobilienmaklern jedenfalls können sich Käufer einer Wohnung oder eines Hauses nicht verlassen. Immobilienmakler sind nämlich nicht verpflichtet, die Angaben im Exposé nachzuprüfen, wenn diese Angaben vom Verkäufer der Immobilie übernommen wurden und dies im Exposé deutlich hervorgehoben wird (gem. Urteil des Oberlandesgerichtes Frankfurt/Main vom 26.09.2001 – AZ 7U-3/01).

Auf jeden Fall gilt bei einer fertigen Immobilie: Der Käufer erwirbt das Objekt »wie gesehen« oder »wie es steht und liegt«. Somit sind die Ansprüche bei Mängeln gegenüber dem Verkäufer stark eingeschränkt. Es können eigentlich nur arglistig verschwiegene Mängel geltend gemacht werden. Eine rechtliche Auseinandersetzung mit dem Verkäufer dauert meistens lange und ist mit hohen Anwaltskosten verbunden. Der Beweis der Arglist ist auch nicht ganz einfach zu führen.

Nach Abschluss des notariell beurkundeten Kaufvertrags, Zahlung des Kaufpreises und grundbuchlicher Eigentumsübertragung kann der Käufer meistens sofort einziehen oder mit den gewünschten Umbauarbeiten beginnen. Bei den erforderlichen Arbeiten kann schnell das eigene Kostenlimit überzogen werden, denn Umbaumaßnahmen bei Bestandsimmobilien sind meistens sehr teuer. Bei großen Maßnahmen lohnt es sich daher fast immer, einen Architekten oder Fachmann zur Bauplanung und Beratung hinzuzuziehen.

Wenn Sie ein Haus geerbt haben

Natürlich muss man das eigene Haus oder die Eigentumswohnung nicht selbst bauen oder kaufen – viele Mitglieder der so genannten Erbengeneration haben das Glück, eine Immobilie von ihren Eltern oder anderen Verwandten zu erben.

Wenn ein Mensch stirbt, geht im Augenblick seines Todes sein gesamtes Vermögen einschließlich aller Verbindlichkeiten auf den oder die Erben über. Die Erbschaft annehmen muss ein Erbe nicht: nach § 1944 Abs 1 BGB hat ein Erbe sechs Wochen Zeit, um eine Erbschaft auszuschlagen. Eine solche Ausschlagung hat zur Folge, dass der Ausschlagende so behandelt wird, als hätte er im Zeitpunkt des Erbfalls nicht mehr gelebt. Dann treten seine Kinder oder andere Erben an seine Stelle, können die Erbschaft dann allerdings auch ausschlagen.

Um ganz problemlos über den Nachlass verfügen zu können, benötigt der Erbe einen Erbschein als »Zeugnis über das Erbrecht« (nach § 2353 BGB). Diese öffentliche Urkunde wird vom Nachlassgericht (in Baden-Württemberg vom Bezirksnotariat) ausgestellt. Zwar ist es dem Erben selbst überlassen, wann er einen Erbschein beantragt, aber es liegt in seinem eigenen Interesse, möglichst schnell aktiv zu werden, wenn er über Nachlassgegenstände wie Immobilien oder größere Bankguthaben verfügen will.

Erben treten in vielen Bereichen die Rechtsnachfolge des Erblassers an: so rücken sie auch in die Vermieterstellung uneingeschränkt ein. Nur wenn die Erben Eigenbedarf an Wohnung oder Haus haben und diesen nachweisen können, dürfen sie einen bestehenden Mietvertrag kündigen.

Verstirbt ein naher Angehöriger, hinterlässt er in aller Regel in seinem Nachlass auch zahlreiche Versicherungen. Manche dieser Verträge, vor allem die personenbezogenen Versicherungen wie Unfall-, Rechtschutz- oder private Haftpflichtversicherung erlöschen automatisch ohne Kündigung, wieder andere können von den Erben übernommen werden, andere wiederum müssen unter Einhaltung einer bestimmten Frist und Form gekündigt werden.

Bei einer Hausratversicherung zum Beispiel ist im Erbfall der Hausrat des Versicherungsnehmers noch bis zu zwei Monaten nach seinem Tod versichert. Übernimmt der Erbe das Haus oder die Wohnung des Erblassers unverändert innerhalb von zwei Monaten nach Erbfall, so tritt er automatisch in den Versicherungsvertrag ein. Ein Sonderkündigungsrecht aufgrund des Erbfalles steht dem Erben nicht zu, er muss auf die nächste ordentliche Kündigungsmöglichkeit warten. Nur wenn er den Hausrat nicht übernimmt, wird der Vertrag spätestens nach einer Wohnungsauflösung beendet und der Jahresbeitrag anteilig erstattet.

Auch die Wohngebäudeversicherung bleibt fortbestehen. Ein Erbe wird im Rahmen seiner Gesamtrechtsnachfolge (§§ 1922 und 1967 BGB) als neuer Eigentümer im Grundbuch eingetragen. Eine Fortführung der Wohngebäudeversicherung durch den neuen Eigentümer erfolgt automatisch. Eine Kündigung der Wohngebäudeversicherung ist nur zum vereinbarten Vertragsablauf möglich, ein Sonderkündigungsrecht besteht nicht.

Bei Tod des im Grundbuch eingetragenen Eigentümers wird das Grundbuch unrichtig. Der Erbe muss einen Antrag auf Berichtigung stellen. Grundsätzlich muss der Erbe dazu einen Erbschein oder ein bedenkenfreies notarielles Testament vorlegen. Nach dem Tode hat der Erbe zwei Jahre Zeit, binnen derer er die Berichtigung des Grundbuchs wegen der Erbfolge kostenfrei beantragen kann.

Mehr Kopfzerbrechen bereitet Erben in der Regel das Finanzamt, das auf die Erbschaftsteuererklärung wartet. Ganz kategorisch fordert das Gesetz in § 30 Abs. 1 ErbStG die Anzeige der Erbschaft beim zuständigen Finanzamt innerhalb von drei Monaten. Wenn das Finanzamt dann die entsprechenden Formulare an die Erben gesandt hat, besteht noch eine Frist von einem Monat zur Abgabe. Bei Bedarf gewährt das Finanzamt auf Antrag auch eine Fristverlängerung.

Für die Festsetzung der Steuer benötigen die Finanzämter in der Regel nicht viel Zeit, ein Steuerbescheid liegt meistens nach zwei bis drei Monaten vor. Bei einem kleineren Nachlass kann es dagegen auch sechs Monate dauern. Den festgesetzten Betrag müssen Erben in der Regel innerhalb eines Monats bezahlen. Wenn Erben Einspruch einlegen, hebt dies die Zahlungspflicht allerdings nicht vorläufig auf. Eine »aufschiebende Wirkung« müsste vom Finanzamt oder vom Finanzgericht ausdrücklich angeordnet werden.

Dass eine einzige Person Erbe wird, ist in der Realität eher die Ausnahme. Meist existieren zwei, drei oder mehr Miterben, die gemeinschaftlich eine Erbengemeinschaft bilden. Grundsätzlich können nur alle Erben gemeinsam Verfügungen vornehmen und Verbindlichkeiten eingehen. Der gesamte Nachlass wird als Sondervermögen betrachtet, gewissermaßen als ein selbstständiger Fonds. Die einzelnen Miterben haben einen Anteil an diesem Fonds, nicht aber an den einzelnen Nachlassgegenständen. Über diesen Anteil können sie in gewissem Umfang verfügen. Denkbar ist beispielsweise, dass ein Miterbe vorzeitig ausscheiden will, weil er Geld benötigt oder Kontroversen mit den anderen Miterben aus dem Weg gehen möchte. § 2033 Abs. 1 BGB gibt ihm das Recht, über seinen Anteil an dem Nachlass zu verfügen, ihn z.B. zu verpfänden oder an einen Dritten zu übertragen. Vom Gesetzgeber ist die Erbengemeinschaft nicht als Dauereinrichtung gedacht. Nach § 2042 Abs. 1 BGB kann jeder Miterbe »jederzeit« die Auseinandersetzung verlangen.

Bei zahlreichen Erbschaften einigen sich die Miterben freiwillig darauf, wer welche Nachlassgegenstände erhält. In diesen Fällen wird ein »Auseinandersetzungsvertrag« aufgesetzt, in dem die Zuteilung der einzelnen Nachlassgegenstände geregelt wird oder der ihren Verkauf zum Gegenstand hat. Kommt ein solcher Vertrag nicht zustande, muss nach den im Gesetz vorgesehenen Regeln verfahren werden. Die Miterben, die sich nicht einigen können, treffen sich dann vor dem Nachlassgericht wieder, dort wird in der Regel ein Vermittlungsverfahren gestartet, um doch noch zu einer einverträglichen Lösung zu finden.

Rechtzeitig schuldenfrei

Es gibt wohl gelegentlich Glückspilze, die mit ihrem Lottogewinn sämtliche Kosten einer neuen Immobilie auf einen Schlag bezahlen können. Doch die meisten Häuslebauer sind auf Kredite von Banken, Sparkassen und Bausparkassen angewiesen, um das neue Heim zu finanzieren.

Und da sich die Rückzahlung des Darlehens in den meisten Fällen über einen längeren Zeitraum erstreckt, wird nach fünf, zehn oder 15 Jahren in der Regel eine Anschlussfinanzierung erforderlich. Haus- oder Wohnungsbesitzer, deren Kredit bald ausläuft, sollten sich spätestens zwei Monate vor Ende der Zinsbindung auf die Suche nach einem neuen Kredit begeben. Das reicht zeitlich aus, um in Ruhe die Konditionen unterschiedlicher Anbieter zu vergleichen und bei Bedarf stressfrei die Bank zu wechseln.

Selbst Kreditnehmer, deren Hypothekendarlehen bis zum Ende der Zinsbindungsfrist noch zwei oder drei Jahre läuft, können heute schon aktiv werden. Da sich die Zinsentwicklung nicht auf Jahre voraussagen lässt, ist es nicht ausgeschlossen, dass die Zinsen in einigen Jahren wieder deutlich ansteigen. Wer das nicht riskieren möchte, hat die Chance, sich mit einem Forward- oder Vorratsdarlehen günstige Zinsen für die Zukunft zu sichern. Umsonst ist diese Zinssicherung allerdings nicht, denn die Kreditinstitute berechnen bei Vorratsdarlehen einen Zinsaufschlag, der von der Restlaufzeit des alten Kredites abhängig ist. Nach Angaben von Stiftung Warentest ist ein Forward-Darlehen mit einjähriger Vorlaufzeit und anschließend zehnjähriger Zinsbindung im Schnitt rund 0,25 Prozentpunkte teurer als ein sofort beginnendes Zehn-Jahres-Darlehen. Doch diese Aufschläge für die Sicherung des günstigen Zinses schwanken bei den verschiedenen Anbietern erheblich. Zahlreiche Kreditgeber verlangen bei Forward-Darlehen darüber hinaus eine Mindestsumme, die als Kreditbetrag abgeschlossen werden muss. Sie liegt in der Regel zwischen 50.000 und 100.000 Euro. Einige Institute steigen allerdings auch schon bei 25.000 Euro ein.

Kulanz der Banken Fehlanzeige

Aus einmal abgeschlossenen Kreditverträgen kommen Bauherren oder Wohnungskäufer nicht ganz einfach heraus, oder sie müssen eine hohe Vorfälligkeitsentschädigung zahlen. »Die absurd hohen Kosten für eine Kreditablösung in Deutschland zeigen, dass der Markt hier nicht funktioniert«, sagt Verbraucherschutz-Vorstand Edda Müller. In einer Modellrechnung hat der Verbraucherverband die Kosten für die frühzeitige Ablösung eines Hypothekenkredits mit zehnjähriger fester Zinsbindung europaweit verglichen. Danach kostet in Deutschland die Ablösung eines Zehn-Jahres-Kredits über 100.000 Euro nach fünf Jahren bei einer Zinsrate von sechs Prozent 11.000 Euro. In Österreich sind es 5.000 Euro, in Portugal gerade einmal 1.400 Euro. Zwar möchte die EU-Kommission mehr Wettbewerb in die bisher weitgehend abgeschotteten Hypothekenmärkte der EU bringen, aber das wird vermutlich noch dauern.

Selbst Kunden, die bereit sind, den kreditgebenden Banken oder Sparkassen die üppigen Entschädigungszahlungen zu überweisen, können sich nicht sicher sein, ob ihre Kündigung überhaupt angenommen wird. Denn die Kreditinstitute sind nicht verpflichtet, den Kunden aus dem Vertrag zu entlassen. Erst wenn der Kreditnehmer zehn Jahre durchgehalten hat, kann er den Kreditvertrag mit einer Kündigungsfrist von sechs Monaten nach § 489 I Nr. 3 BGB kündigen. Wenn der Häuslebauer mit seiner Immobilienfinanzierung zu einem anderen, günstigeren Anbieter wechseln möchte, muss er ohnehin mit rund 0,5 Prozent der eingetragenen Grundschuld als Kosten rechnen. So hoch sind die anfallenden Notar- und Grundbuchkosten bei einem Wechsel. Mit Kosten in dieser Höhe müssen aber auch alle Kreditnehmer rechnen, die geduldig das Ende ihres alten Kreditvertrages abwarten und erst dann zu einer neuen Bank oder Sparkasse wechseln wollen.

Selbst Kreditkunden, die eine Anschlussfinanzierung bei ihrer bisherigen Bank oder Sparkasse anstreben, sollten sich um günstige Marktkonditionen kümmern. Wer den Anbieter nicht wechseln will, kann dennoch mit günstigen An-

geboten aus dem Kreis der Direktbanken oder Hypotheken-Discounter seine Hausbank unter Druck setzen und sie zu Zins-Zugeständnissen bewegen.

Eigene vier Wände gesichert

Wenn der Traum von den eigenen vier Wänden in Erfüllung gegangen ist, drohen zahlreiche neue Risiken. Hausbesitzer und Wohnungseigentümer können sich gegen die finanziellen Folgen von Unwetter, menschlichem Versagen oder anderen Schicksalsschlägen mit den passenden Versicherungen effektiv absichern.

Eine *Wohngebäudeversicherung* schützt gegen die finanziellen Folgen von Schäden, die durch Feuer, Leitungswasser, Sturm oder Hagel verursacht werden. Versichert sind dabei nicht nur Sachschäden, sondern auch die Kosten für Aufräumarbeiten und bei selbst bewohnten Gebäuden der ortsübliche Mietwert für die Zeit, in der das Haus nicht bewohnbar ist. Die Höhe der Beiträge für diese Versicherung richtet sich nach Standort und Baujahr des Hauses sowie nach der Wohnfläche und der Ausstattung. Die vereinbarte Versicherungssumme, so mahnen Verbraucherschützer, sollte dem tatsächlichen Versicherungswert des Gebäudes entsprechen – sonst ist das Haus unterversichert.

Im Zusammenhang mit der Wohngebäudeversicherung können Hausbesitzer in der Regel eine *Elementarschadenversicherung* abschließen. Sie zahlt bei Schäden durch Überschwemmung, Schneedruck, Lawinen oder Erdbeben. Gerade in häufig von Naturkatastrophen heimgesuchten Regionen allerdings, so zum Beispiel am Rhein, bieten die Versicherungsgesellschaften den Elementarschutz entweder gar nicht oder nur sehr teuer an.

Teure Schäden können entstehen, wenn ausgelaufenes Heizöl ins Erdreich oder ins Grundwasser eindringt. Dafür haftet der Besitzer des Tanks, auch wenn er selbst den Schaden nicht verursacht hat. Vor diesem Risiko schützt die *Gewässerschaden-Haftpflichtversicherung*. Der Beitrag für eine solche Versicherung hängt vor allem von der Größe des Tanks ab und davon, ob er über oder unter der Erde installiert ist. Unterirdische Tanks kommen in der Regel teurer als oberirdische. Experten empfehlen eine Versicherungssumme von mindestens drei Millionen Euro: Ein niedrigerer Schutz reicht im Katastrophenfall unter Umständen nicht aus.

Eigentümer eines unbebauten Grundstücks, eines vermieteten Einfamilienhauses oder eines Mehrfamilienhauses sollten eine *Haus- und Grundbesitzer-Haftpflicht* abschließen. Diese Versicherung zahlt, wenn der Eigentümer seiner Verkehrssicherungspflicht nicht nachkommt und zum Beispiel ein Fremder auf dem nicht gestreuten Bürgersteig ausrutscht. Für ein selbst genutztes Einfamilienhaus ist allerdings keine extra Versicherung erforderlich. Nach Ende der Bauzeit deckt hier die private Haftpflichtversicherung die Risiken ab.

Wohnen im Alter

Am liebsten möchte jeder in den eigenen vier Wänden älter werden und das gewohnte Umfeld behalten. Da ist es sehr beruhigend, dass nur rund fünf Prozent der Menschen über 65 Jahre pflegebedürftig werden. Doch mit zunehmendem Alter nimmt bei Senioren das Risiko zu, hinfälliger zu werden. Deshalb sollten ältere Menschen rechtzeitig einen Wohnort wählen, der ihre persönliche Freiheit unterstützt, aber ihnen im Fall der Fälle auch die Sicherheit bietet, Unterstützung zu finden.

Wer rechtzeitig die Weichen für das Leben im Alter stellt, kann viele Lebensumstände selbst bestimmen und sich für die kommenden Jahre die Voraussetzungen schaffen, die er sich wünscht. Bei der Auswahl des Wohnorts spielen viele unterschiedliche Fragen eine wichtige Rolle:

- ✔ Wohnen Verwandte, also Kinder oder Enkelkinder, oder Freunde in der Nähe?
- ✔ Wer kann mich sonst unterstützen, wenn es erforderlich ist und wenn es mir mal nicht so gut geht?
- ✔ Welche Hilfsangebote für ältere Menschen bieten die Stadt, Kirchengemeinden oder Hilfsorganisationen?
- ✔ Welche Einrichtungen gibt es, die mir helfen, wenn ich das möchte (also zum Beispiel Altenclubs oder -tagesstätten, ambulante Dienste und Sozialstationen, Tagespflegeeinrichtungen)?
- ✔ Entsprechen Lage und Klima des Ortes meinen körperlichen und gesundheitlichen Anforderungen (zum Beispiel: Föhneinfluss, Höhenlage, steile Straßen und Wege)?
- ✔ Wie ist die Verkehrsanbindung des Ortes für Auto, Bahnreisen oder Nahverkehr?
- ✔ Entspricht das örtliche Angebot meinen Vorstellungen bei Einkaufsmöglichkeiten, Kulturveranstaltungen oder Bildungseinrichtungen?

Wer sich nicht voll und ganz auf die eigene Kraft und Leistungsfähigkeit verlassen möchte, kann bei der Auswahl des Wohnsitzes für das Alter selbstverständlich auf die vielfältigen Varianten des betreuten Wohnens oder des Wohnens mit Service zurückgreifen. Ganz nach Wunsch werden hierbei verschiedene Dienstleistungen und Hilfestellungen angeboten – die Palette reicht von der Hilfe beim Putzen der Wohnung über Besorgungsgänge und die Begleitung zum Arzt oder zur Behörde bis hin zur Pflege bei Krankheit. Für die Bereitstellung des Services ist zumeist eine Pauschale zu zahlen, aber die Dienstleistungen werden nur in Rechnung gestellt, wenn sie auch tatsächlich angefordert und abgerufen werden. Selbstständig in der eigenen Wohnung leben, aber im Bedarfsfall nicht auf sich allein gestellt sein – diese Kombination wissen gerade ältere Menschen zu schätzen.

Wieder rein die Stadt

Das Leben im Grünen hat für viele Bundesbürger seinen Reiz verloren. Selbst Lärm, Hektik, schlechte Luft, Stress, Verkehrschaos und Angst vor Kriminalität haben an der Tendenz, wieder in die Stadt zu ziehen, nichts geändert. Schon eine Studie des Deutschen Instituts für Urbanistik (Difu) aus dem Jahr 2005 beschreibt die Rückkehr des Wohnens in die Städte als neuen, generellen Trend. Laut dieser Studie werden insbesondere innenstadtnahe Quartiere wieder als attraktiver Wohnstandort entdeckt. Als Grund für den Wunsch, in der Stadt zu wohnen, wurden bei Befragungen vor allem die Attraktivität der Stadt und des innenstadtnahen Bereichs genannt.

Laut Difu sind in den letzten Jahren gerade in Innenstädten hoch qualifizierte Arbeitsplätze entstanden, die durch Menschen ausgefüllt werden, die eine Trennung von Arbeit und Wohnen ablehnen. So erlebten die innerstädtischen Quartiere eine soziale und kulturelle Aufwertung, das Image wandelt sich zum Positiven. Da die Bevölkerung weiter altert und die Familienbande lockerer werden, werden künftig nach Expertenmeinung Standorte gefragt sein, die es auch Älteren ermöglichen, sich selbst zu versorgen.

Eine Untersuchung der Landesbausparkassen bestätigt den Trend »Lieber Kino als Landleben«: Die Zahl der Baugenehmigungen für Ein- und Zweifamilienhäuser in westdeutschen Innenstädten stieg in den letzten Jahren um 52 Prozent; das ländliche Umfeld hingegen verzeichnete bei Baugenehmigungen ein Minus von 26 Prozent. Anziehend wirken die Innenstädte nicht zuletzt aufgrund ihrer guten Infrastruktur: beispielsweise sind Kultur, Einkaufsmöglichkeiten und umfassende ärztliche Versorgung gewichtige Argumente für ein Leben in der Stadt. Nicht zuletzt schätzen auch Senioren und Familien mit Kindern das dichte Versorgungsnetz und haben die Städte wieder für sich entdeckt.

Sonne satt

Ein eigenes Haus im sonnigen Süden, ruhig gelegen, mit Blick aufs Meer, keine verregneten Herbsttage und Winter ohne klirrende Kälte und meterhohen Schnee vor der Haustür – das wär's. Und vielleicht kann man später, wenn das Rentenalter erreicht ist, aus der Immobilie für die Ferien auch den Dauerwohnsitz machen.

Tausende Bundesbürger haben sich ihren Traum von einem Haus oder einem Apartment unter südlicher Sonne schon verwirklicht. Und viele andere denken immer wieder darüber nach. Die Traumländer sind seit Jahren Spanien, Italien und Frankreich, aber auch Portugal, Griechenland und die Türkei werden häufig genannt. Doch der »große Mallorca-, Kanaren- oder Toskana-Boom« ist nach Beobachtungen von Marktkennern inzwischen vorbei. Vor allem die explodierenden Preise auf den spanischen und französischen Immobilienmärkten haben die Zahl der ernsthaften Interessenten schrumpfen lassen. Ganz einfach und komplikationslos ist ein Immobilienkauf im Ausland ohnehin nicht. So können viele Rechtsvorschriften und Gepflogenheiten aus Deutschland nicht ohne Weiteres auf das Ausland übertragen werden.

In verschiedenen Ländern, so zum Beispiel in Italien, Frankreich und Spanien, sind auch privatwirtschaftliche Kaufverträge ohne notarielle Beurkundung gültig und verbindlich. Für einen Vertrag reicht dort bereits ein normales Blatt Papier aus, selbst wenn nur Vorvertrag oder Kaufoption als Überschrift darauf steht. Von so genannten Vorverträgen, bei denen es sich in der Regel um vollumfänglich verbindliche Kaufverträge handelt, können sich Käufer ohne die Zustimmung des Verkäufers nicht mehr lösen.

Immobilienexperten raten dringend, vor der Unterschrift möglichst alle rechtlichen Aspekte zu überprüfen, zum Beispiel die Frage des Vorhandenseins einer Baugenehmigung oder den Nachweis, dass der Verkäufer bei der Bezahlung von Steuern und sonstigen Abgaben allen

Verpflichtungen nachgekommen ist. Dazu müssen Käufer einer Auslandsimmobilie schon beim Kauf erbrechtliche und erbschaftssteuerliche Aspekte berücksichtigen, um nicht nur Erbschaftsteuer und sonstige Kosten zu sparen, sondern auch Einfluss auf die Erbfolge nehmen zu können. So werden in Italien und Spanien deutsche Erbscheine und Testamente anerkannt, in Frankreich dürfen Immobilien aber nur nach französischem Recht vererbt werden. So können Ehegatten dort von Gesetzes wegen einzig zwischen dem lebenslangen Nießbrauchrecht oder einem Viertel des Immobilienwerts wählen. In jedem Fall werden dort die hohen Erbschaftssteuern von rund 20 Prozent fällig.

Den dauerhaften Umzug ins sonnige Ausland sollten sich Erwerber von Immobilien nicht so einfach vorstellen. Peter Schöllhorn von der Deutschen Schutzvereinigung Auslandsimmobilien warnt: »Nicht überall ist es im Süden während des Winters warm genug. Die medizinische Versorgung muss gewährleistet sein, meist muss ein neuer Bekanntenkreis aufgebaut werden. Sprachkenntnisse sind sehr empfehlenswert, andernfalls lebt man in einer Art Getto.«

Der Staat hilft, wo er kann

Die Eigenheimzulage wurde zwar nach langem politischen Hin und Her gestrichen, doch das bedeutet noch lange nicht, dass Bauherren ganz auf staatliche Förderung und Finanzhilfen verzichten müssen. Bund und Länder unterstützen die Immobilienfinanzierung von Häuslebauern weiterhin mit einer ganzen Reihe von Fördergeldern. So gibt es für Bausparer eine Wohnungsbauprämie, wenn bestimmte Einkommensgrenzen nicht überschritten werden.

Auch bei der Riester-Förderung für die private Altersvorsorge wurden zwischenzeitlich Finanzierungs- und Steuerbeihilfen für die eigenen vier Wände geregelt. Die Details zum Wohn-Riester finden Sie in Kapitel 9.

Ganz unabhängig von der Höhe Ihres Einkommens und Ihrer Familiensituation erhalten Sie für Ihre Immobilienfinanzierung ein zinsgünstiges und langfristiges Darlehen der bundeseigenen Förderbank KfW-Bankengruppe. 30 Prozent Ihrer Gesamtkosten, höchstens 100.000 Euro, können auf diese Weise durch staatliche Förderung finanziert werden. Öffentliche Fördermittel bilden damit eine wichtige Säule für Ihre Immobilienfinanzierung.

Ihr Eigenheim kostet inklusive Grunderwerb und Baukosten 300.000 Euro. Dann beträgt die Darlehenssumme von der KfW 90.000 Euro. Und erst nach Ablauf von fünf tilgungsfreien Jahren beginnen Sie mit der Rückzahlung. Beantragen kann man KfW-Kredite im Normalfall über seine jeweilige Hausbank, der Antrag muss vor Baubeginn gestellt werden.

Das KfW-Darlehen können Bauherren mit anderen öffentlichen Fördergeldern wie der Landesförderung kombinieren. Einige Landesförderstellen bieten jedoch zusätzliche Förderprogramme an, die bereits aus KfW-Mitteln bestehen. Wenn Sie diese erhalten, ist ein weiterer Zuschuss durch die KfW nicht mehr möglich. Da die Fördergelder der Länder aber oft schnell ausgeschöpft sind, lohnt sich laut Finanzexperten ein doppelter Antrag vor Baubeginn.

Ob Sie in Bayern, Schleswig-Holstein oder anderswo leben – jedes Bundesland hat ein eigenes Förderprogramm, um selbst genutztes Wohneigentum zu subventionieren. Zum Beispiel mit zinslosen oder zinsgünstigen Darlehen, einmaligen Baukostenzuschüssen oder Aufwendungshilfen, die laufende Kreditbelastungen senken. Auch die Voraussetzungen für staatliche Fördermittel, wie Einkommenshöhe und Familiengröße, sind ganz unterschiedlich. Das Gesetz zur Reform des Wohnungsbaurechts gibt für alle Bundesländer nur den Rahmen für die staatliche Förderung vor.

Vor allem kinderreiche Familien – dazu zählt man in Deutschland schon mit drei Kindern und mehr - oder Familien mit niedrigem Einkommen werden im Einzelfall auch durch die Bundesländer oder Kommunen gefördert. Im Rahmen der sozialen Wohnraumförderung wird in Bayern beispielsweise der Bau und Erwerb von Eigenheimen mit einem Baudarlehen unterstützt, das auf die Dauer von 15 Jahren zinslos ist. Darüber hinaus hilft ein Ergänzungsprogramm der Bayerischen Landesbodenkreditanstalt.

Neben dem Wohneigentumsprogramm, das auch beim Kauf einer Eigentumswohnung oder dem Erwerb von Genossenschaftsanteilen angezapft werden kann, bietet die KfW weitere Programme, so zum Beispiel für ökologisches Bauen. Davon können alle profitieren, die ihren Neubau mit Energiespartechnik ausstatten wollen. Bei der Modernisierung von Wohnimmobilien, ob Renovierung des Badezimmers, einzelne Energiesparmaßnahmen oder den Bau eines Kinderspielplatzes für Ihre Wohnanlage, hilft das Programm »Wohnraum Modernisieren«. Auch bei der energetischen Sanierung zur Senkung der Heizkosten hilft die Kreditanstalt für Wiederaufbau mit ihrem Gebäudesanierungsprogramm. Für Eigentümer von selbst genutzten Immobilien, die keine Fremdfinanzierung wünschen, besteht alternativ die Möglichkeit, einen Zuschuss aus diesem Programm in Anspruch zu nehmen.

Warum nicht mal Vermieter werden?

Leben in den eigenen vier Wänden ist das eine, die Immobilie als Kapitalanlage für die finanzielle Vorsorge das andere. Doch der Traum von der gut vermieteten Wohnung und den satten monatlichen Mieten, die dann regelmäßig eingestrichen werden können, ist nicht leicht zu realisieren. Noch immer locken Makler, Verkäufer und Bauträger mit den bekannten Argumenten: Mieteinnahmen, Steuervorteile und Wertsteigerungen der Immobilie. Selbst Anleger mit geringem Kapitaleinsatz könnten sich, so die Verkaufswerbung, langfristig ein hohes Vermögen aufbauen und sich im Alter eine attraktive Zusatzrente sichern.

In den vergangenen Jahrzehnten gingen diese Traum-Rechnungen für viele private Investoren allerdings nicht auf, hunderttausende Anleger ließen sich oft übertreuerte Wohnungen als angeblich lukrative Steuersparmodelle aufschwatzen. Aber statt Überschüsse zu kassieren, mussten sie oft kräftig Geld ausgeben, weil die Steuervorteile und die Mieteinnahmen niedriger ausfielen als versprochen oder eingeplant.

Inzwischen war der Ruf der vermieteten Immobilie als rentable und sichere Kapitalanlage stark ramponiert. Anleger wollten sich bei der finanziellen Vorsorge nicht auf Steuervorteile und die Hoffnung auf Wertsteigerungen verlassen. Wichtiger für Immobilienanleger sind ein günstiger Kaufpreis, dauerhaft erzielbare Mieten und langfristig niedrige Kreditzinsen.

Üppige Renditen von mehr als 5 Prozent pro Jahr sind in der Regel auch im besten Fall nicht drin. Dafür bringen vermietete Immobilien in der Regel viel Aufwand, Ärger und Risiken mit sich. Schon die Suche nach einem geeigneten Standort und einer entsprechenden Immobilie kostet viel Zeit und Nerven. Und mit der Anschaffung allein ist es längst nicht getan, denn die Wohnung muss finanziert, vermietet und verwaltet werden. Einnahmen und Ausgaben können Anleger bei Immobilien zudem nie fest kalkulieren. Mieten können sinken oder eine Zeitlang ganz ausfallen, Instandhaltungskosten und Zinsen fallen vielleicht höher aus, dafür die Steuervorteile geringer als geplant.

Nicht zuletzt die Finanzmarktkrise, die wachsende Unsicherheit bei zahlreichen Wertpapieren und die starken Kursschwankungen an der Börse haben das Interesse von Anlegern an vermieteten Immobilien deutlich wachsen lassen. Allerdings gilt weiterhin: Wer eine bequeme, kalkulierbare Geldanlage sucht, sollte um Eigentumswohnungen oder Häuser zum Vermieten lieber einen großen Bogen machen.

Zukunftsmodell Leibrente

In den Planungen und Maßnahmen zur privaten Altersvorsorge spielen eigene Wohnimmobilien weiterhin eine große Rolle. Aber für immer mehr Rentner und Pensionäre wird das Eigenheim mit steigendem Alter und eingeschränkter Mobilität zur Last. Wie in einem goldenen Käfig leben Senioren in großzügigen Häusern, die sie einst für ihre Familie gebaut haben und nun allein bewirtschaften müssen. Große Teile ihres Vermögens haben die Alten in Steinen, Glas und Holz angelegt.

Nach Angaben des Zentrums für Europäische Wirtschaftsforschung (ZEW) beträgt der durchschnittliche Wert des Wohneigentums bei westdeutschen Senioren rund 200.000 Euro. Doch die langsam zerfallenden Gemäuer mit Renovierungsbedarf verursachen hohe Nebenkosten, vor allem für Heizung und Energie. So sitzen viele Eigenheimbesitzer zwar auf einem ansehnlichen Vermögen, sind aber trotzdem knapp bei Kasse, weil sie ihren Alterssitz nicht verkaufen wollen. Dabei wünschen sich mehr und mehr ältere Menschen größere finanzielle Freiheiten, für Reisen oder andere Freizeitvergnügen, für die Unterstützung der Kinder oder die Bezahlung einer Pflegekraft oder Haushaltshilfe.

Zwar würden der Verkauf der eigenen Immobilie und der Umzug in eine Eigentums- oder Mietwohnung die größte finanzielle Entlastung bringen, aber die emotionale Treue zu den eigenen vier Wänden ist groß. Viele Senioren hängen sehr an ihrem Eigenheim, für das sie oft Jahrzehnte gezahlt haben. Während in vielen anderen Ländern ältere Immobilieneigentümer ihr Häuschen zu Geld machen und trotzdem darin wohnen bleiben können, hat sich das Modell der »umgekehrten Hypothek« (reverse mortgage) in Deutschland bisher nicht durchsetzen können.

Die gesetzlichen Grundlagen für das Modell der Leibrente wurden schon im Bürgerlichen Gesetzbuch geregelt, aber der »Verzehr« der eigenen Immobilie ist zwischenzeitlich fast in Vergessenheit geraten. Grundlage einer Leibrente ist ein Kaufvertrag über ein Haus oder eine Wohnung, der Kaufpreis wird allerdings nicht ausgezahlt, sondern verrentet. Während der Verkäufer der Immobilie zeitweilig oder lebenslang in dem verkauften Objekt wohnen bleiben kann, wird der Kaufpreis in Form einer lebenslangen Rente, der so genannten Leibrente, gezahlt.

Die Versuche einiger großer deutscher Banken, umgekehrte Hypotheken oder die Verrentung von Immobilien in Deutschland anzubieten und hoffähig zu machen, sind bisher gescheitert. Die Idee allerdings, bei einer insgesamt alternden Bevölkerung und verstärkt drohender Altersarmut eine neue Möglichkeit der Verrentung auf den Markt zu bringen, halten viele Experten für bestechend.

Einen neuen Versuch hat unlängst eine deutsche Direktversicherung gestartet: mit einem lebenslangen Darlehen auf das Eigenheim, gegen einen marktüblichen Zins, aber ohne Pflicht zur Tilgung. Der Kunde erhält ohne Zinsaufschlag und ohne Zusatzversicherung eine Rentenhypothek bis zu einer Beleihungsgrenze von 50 Prozent des Immobilienwerts. Die Laufzeit ist unbegrenzt, der Kunde kann selbst entscheiden, ob er tilgt oder nicht. Allerdings bietet die Versicherung keine Immobilienverrentung mit monatlichen Zahlungen. Der Kredit für das schuldenfreie Heim ist entweder komplett oder in fünf Teilauszahlungen abrufbar. Allerdings ist das Angebot aufgrund der laufenden Kreditkosten dauerhaft eine teure Lösung – die Zusatzrente, die monatlich übrig bleibt, ist vergleichsweise niedrig.

Den Erben verbleibt, wenn sie die Immobilie nicht übernehmen und den Kredit tilgen wollen, die Differenz zwischen Verkaufserlös und Kreditschuld. Dass die meisten Nachkommen bereits voller Freude auf die geerbte Immobilie warten, ist übrigens ein weit verbreiteter Irrglaube.

Im fremden eigenen Bett

Die eigenen vier Wände bieten Anlegern nicht nur eine attraktive Vorsorgemöglichkeit, sondern eröffnen darüber hinaus in der eigenen Lebensgestaltung zusätzliche Chancen für vergleichsweise wenig Geld. So ist ein Haustausch per Internet schon für viele Urlauber auch in Deutschland zu einer spannenden neuen Erfahrung geworden. Über 13.500 Tauschangebote in 70 Ländern der Welt warten allein in der Online-Datenbank des Branchenführers HomeLink darauf, entdeckt zu werden. Haustausch, so die Verantwortlichen der Tauschbörse, »bietet die Erfahrung, ein anderes Land einmal ganz aus der Sicht von Einheimischen erleben zu dürfen, und ist oft der Beginn von Freundschaften, die über Kontinente hinweg jahrelang Bestand haben.«

Unabhängig voneinander waren vor rund 50 Jahren ein Lehrer in den USA und zwei Militärangehörige in Großbritannien auf den Gedanken gekommen, ihren Kollegen für die Ferien ihre Häuser und Wohnungen zum Tausch anzubieten. Die Wohnungstauschgemeinde wuchs von Jahr zu Jahr und weitete sich durch Mund-zu-Mund-Propaganda immer weiter aus. Die 1990-er Jahre bescherten den Haus- und Wohnungstauschern durch die wachsende Popularität des Internet einen wahren Boom. Inzwischen konkurrieren einige Organisationen, die sich nicht als kommerzielle Ferienhausvermittler betrachten, sondern als gemeinnützige Vereinigungen, die auf dem Wunsch nach Völkerverständigung und Kulturaustausch basieren.

Für eine Jahresgebühr erhalten Interessenten eine zwölfmonatige Mitgliedschaft und damit das Recht, so oft sie wollen und mit wem sie wollen ihr Haus oder ihre Wohnung zu tauschen. Als registriertes Mitglied kann man sein Domizil bei den Tauschbörsen in die internationale Online-Datenbank eintragen lassen, bei einigen Anbietern wird darüber hinaus regelmäßig ein Tauschbuch herausgegeben.

Möglich ist beim Haustausch prinzipiell alles: Der Großteil der Mitglieder tauscht für ein paar Wochen, nach dem Prinzip »Ich wohne bei Ihnen, Sie wohnen bei mir«. Andere Mitglieder tauschen ihre Wohnungen zeitversetzt – eine beliebte Variante, wenn es um Ferienwohnungen geht. Sogar Tauschvereinbarungen über längere Zeiträume sind keine Seltenheit. Beliebt ist bei den Mitgliedern der Tauschbörsen auch das Haushüten: Während das eine Mitglied in den Urlaub verreist, hütet ein anderes Mitglied das Haus und kümmert sich um Garten und Haustiere.

In den mehr als 50 Jahren des Bestehens von HomeLink gab es bislang nach Angaben der Veranstalter noch keinen einzigen Fall von Diebstahl. Das liegt sicher daran, dass Haustausch keine kommerzielle Urlaubsbörse ist, sondern eine gegenseitige Einladung, bei der Vertrauen und Respekt vor dem Eigentum des anderen eine entscheidende Bedeutung haben. Deshalb gibt es auch so gut wie keine Beschwerden über Beschädigungen, weil die Tauschpartner in der Regel sehr achtsam mit dem Eigentum ihrer Gastgeber umgehen. Und schließlich ist Ihr Eigentum sicherer, wenn Ihr Haus oder Ihre Wohnung während Ihrer Abwesenheit bewohnt wird, anstatt leer zu stehen. Zur Sicherheit sollten Urlauber vor dem Haustausch an eine ausreichende Haftpflicht- und Hausratversicherung denken.

Details zu den Haustauschmöglichkeiten in aller Welt finden sich im Internet zum Beispiel unter
www.haus-tausch.de
www.tauschhaus.org
www.haustauschferien.com
www.intervac-online.com
www.haustausch.de

Angst vor dem Ende

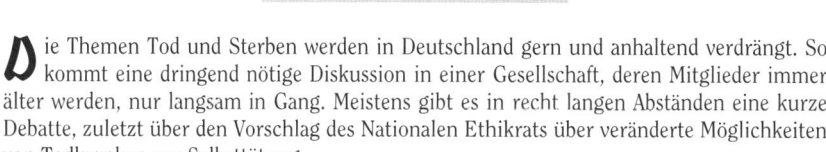

In diesem Kapitel

▶ Wie man sich rechtzeitig auf die eigene Pflegebedürftigkeit im Alter vorbereiten kann

▶ Welche finanzielle Vorsorge für den letzten Lebensabschnitt erforderlich ist

▶ Wie man sich mit einer Stiftung zur Unsterblichkeit verhilft

---

Die Themen Tod und Sterben werden in Deutschland gern und anhaltend verdrängt. So kommt eine dringend nötige Diskussion in einer Gesellschaft, deren Mitglieder immer älter werden, nur langsam in Gang. Meistens gibt es in recht langen Abständen eine kurze Debatte, zuletzt über den Vorschlag des Nationalen Ethikrats über veränderte Möglichkeiten von Todkranken zur Selbsttötung.

Da sich sowohl Politiker wie die gesamte Öffentlichkeit nur ungern mit der Endlichkeit des menschlichen Lebens auseinandersetzen, verschwand auch dieses Thema schnell wieder in der Versenkung. Dabei sind sich Experten einig, dass auf dem Gebiet der Palliativmedizin noch große Defizite zu beseitigen sind, um die wachsende Zahl von Todkranken nicht unnötig leiden zu lassen. So wurde die Schmerztherapie in den letzten Jahren zwar verbessert, hat aber bis heute noch immer nicht den optimalen Stand erreicht. Zu viele Ärzte scheuen vor der Gabe hochwirksamer Morphine zurück, weil sie entweder unbegründet Angst vor Suchtgefahren haben oder die komplizierte Prozedur der Verschreibung fürchten.

Außerdem gibt es in Deutschland weiterhin zu wenig Hospize, in denen Sterbende kompetent von spezialisierten Ärzten und Pflegepersonal betreut werden. Auch Patientenverfügungen sind noch immer nicht hinreichend geregelt: Wenn jemand vorausschauend Anweisungen für seine Behandlung in Extremsituationen gegeben hat, bleibt es oft dem Zufall überlassen, ob sie gefunden und respektiert werden.

Ungeliebte Pflege

Nach Modellrechnungen des Statistischen Bundesamtes wird es bis 2030 rund 58 Prozent mehr Pflegebedürftige und zwölf Prozent mehr Krankenhausbehandlungen in Deutschland geben. In absoluten Zahlen ausgedrückt: Die Zahl der Pflegebedürftigen steigt von heute 2,1 Millionen auf 3,4 Millionen im Jahre 2030.

Derzeit sind rund die Hälfte der Pflegebedürftigen 80 Jahre und älter. Bis 2030, so schätzen die Statistiker, wird sich der Wert auf 65 Prozent erhöhen. Allerdings basieren die meisten Prognosen auf der Annahme, dass die Pflegewahrscheinlichkeit in der Zukunft konstant bleibt. Doch angesichts des medizinischen Fortschritts ist eher mit einer deutlich gedämpften Entwicklung der Pflegebedürftigen in Deutschland zu rechnen.

Pflegebedürftig zu sein ist schon schlimm genug – noch schlimmer aber ist für die meisten die Vorstellung, für diese Pflege auf eine Heimunterbringung angewiesen zu sein. Nach einer Studie des Deutschen Altenpflegemonitors wollen sich nur acht Prozent der über 50 Jahre alten Bürger stationär im Heim pflegen lassen. Themen wie Kosten, Medikamente und Versorgungsqualität erreichen Tiefstnoten. So sind 81 Prozent (2006: 83 Prozent) der Befragten der Ansicht, dass das Personal in der Altenpflege zu wenig Zeit habe. 63 Prozent glauben, dass die Pflege zu teuer sei. Nur 24 Prozent sind der Meinung, Pflegebedürftige würden respektvoll behandelt. Fast jeder Zweite geht davon aus, dass Pflegebedürftige mit Medikamenten ruhig gestellt würden. Nur 23 Prozent haben den Eindruck, dass man in der Pflege gut versorgt sei.

Staatliche Pflegeversicherung für alle

Zumindest um die finanzielle Vorsorge für die Zeit als Pflegebedürftiger müssen sich Menschen schon früh kümmern. Als unvermeidbares Muss gilt dabei die soziale Pflegeversicherung, die 1995 eingeführt wurde. Die Leistungen der Pflegeversicherung sollen dem Pflegebedürftigen helfen, trotz seines Hilfebedarfs ein möglichst selbstständiges und selbstbestimmtes Leben zu führen, das der Menschenwürde entspricht.

Zu den Pflichtversicherten gehören alle Mitglieder einer gesetzlichen Krankenversicherung:

✔ Arbeiter, Angestellte und Auszubildende

✔ Leistungsempfänger von Arbeitslosengeld

✔ Bezieher von Arbeitslosengeld II

✔ Landwirte, ihre mitarbeitenden Familienangehörigen und Altenteiler

✔ Selbstständige Künstler und Publizisten

✔ Teilnehmer an Leistungen zur Teilhabe am Arbeitsleben

✔ Behinderte Menschen, die in anerkannten Werkstätten oder Blindenwerkstätten oder in Heimarbeit tätig sind

✔ Studenten

✔ Rentner der gesetzlichen Rentenversicherung

✔ Personen, die bisher keinen Anspruch auf Absicherung im Krankheitsfall hatten und seit 1.4.2007 in der Krankenversicherung der Versicherungspflicht unterliegen.

Träger der Pflegversicherung sind die Pflegekassen, die bei jeder Krankenversicherung eingerichtet wurden.

Bei einem privaten Versicherungsunternehmen gegen das Risiko Krankheit Versicherte gehören nicht zu den Zwangsmitgliedern einer Pflegekasse. Sie sind aber gesetzlich verpflichtet, zur Absicherung des Risikos der Pflegebedürftigkeit einen privaten Versicherungsvertrag abzuschließen.

Die Ausgaben der Pflegekassen werden durch Beiträge der Mitglieder und der Arbeitgeber finanziert. Seit 1.7.2008 beträgt der Beitragssatz 1,95 Prozent, also jeweils 0,975 Prozent für Arbeitnehmer und Arbeitgeber. Nur im Freistaat Sachsen müssen die Arbeitnehmer mehr zahlen (seit 1.7.2008 1,475 Prozent), weil Sachsen Ende 1993 als einziges Bundesland keinen Feiertag gestrichen hat. Alle anderen Bundesländer hatten das zum Ausgleich der mit den Arbeitgeberbeiträgen verbundenen Belastungen der Wirtschaft getan.

Für kinderlose Mitglieder der Pflegeversicherung, die das 25. Lebensjahr vollendet haben, erhöht sich der Beitragssatz zur Pflegeversicherung um 0,25 Prozent. Diesen Beitragszuschlag muss der Arbeitnehmer allein tragen.

Zuhause ist es am schönsten

Noch werden zwei Drittel der Pflegebedürftigen zuhause versorgt, oft mit massivem Einsatz der Familie. Aber der Trend geht zu professionellen ambulanten Diensten und zu Pflegeheimen, denn in einigen Jahren wird es pro Pflegefall nur noch halb so viele Junge geben, die sich potenziell kümmern könnten. Dann müssen Ältere immer mehr Leistungen zukaufen. Die Pflegekassen gehen bisher davon aus, dass sich jeder Versicherte darum bemüht, eine Pflegebedürftigkeit zu vermeiden oder zu mindern, z.B. durch gesunde Lebensführung und aktive Mitarbeit an Maßnahmen der Rehabilitation.

Als pflegebedürftig gelten Personen, die wegen einer körperlichen, geistigen oder seelischen Krankheit oder Behinderung im täglichen Leben längere Zeit, also mehr als sechs Monate, nicht mehr allein zurechtkommen und deshalb Hilfe brauchen.

Als »Verrichtungen im täglichen Leben« gelten:

✔ Körperpflege wie Waschen, Zahnpflege, Darm- oder Blasenentleerung

✔ Ernährung, also Aufnahme der Nahrung

✔ Mobilität, z.B. selbstständiges Aufstehen und Zubettgehen, An- und Auskleiden

✔ Hauswirtschaftliche Versorgung, z.B. Einkaufen, Kochen, Reinigen, Waschen der Wäsche, Heizen.

Dabei gibt es drei Stufen der Pflegebedürftigkeit, also Pflegestufen. Über die Einstufung entscheidet der medizinische Dienst der Krankenversicherung, der den Versicherten in seinem Wohnbereich untersuchen und beraten soll. Es gibt drei Pflegestufen:

✔ Pflegestufe I für erheblich Pflegebedürftige, die bei der Körperpflege, Ernährung oder Mobilität für wenigstens zwei Verrichtungen mindestens einmal täglich Hilfe benötigen

✔ Pflegestufe II für Schwerpflegebedürftige, die mindestens dreimal täglich zu verschiedenen Tageszeiten der Hilfe bedürfen

✔ Pflegestufe III für Schwerstpflegebedürftige, die rund um die Uhr Hilfe brauchen.

Zur Anerkennung der Pflegebedürftigkeit ist ein Antrag an die Krankenkasse erforderlich, weil dort auch die Pflegekasse angesiedelt ist. Ein Arzt oder Fachpfleger vom Medizinischen Dienst der Krankenkassen (MDK) kommt zur Prüfung. Von seinem Gutachten hängt ab, ob und wie viel die Pflegekasse zahlt. Gegen einen Negativbescheid oder eine zu niedrige Einstufung kann der Versicherte innerhalb von vier Wochen Widerspruch bei der Pflegekasse einlegen.

Unterkunft und Verpflegung auf eigene Rechnung

Irgendwann benötigt jeder von uns Unterstützung, aber der Statistik zufolge tritt die Hilfebedürftigkeit erst spät im Leben ein – bei Männern im Schnitt ab 77, bei Frauen sogar erst ab 82 Jahren. Eine Langzeitstudie von 18.000 Pflegeverläufen ergab, dass nur 41 Prozent der alten Menschen länger als drei Jahre gepflegt werden, vor allem die teure Heimbetreuung währt meist kürzer.

Wenn der Pflegebedürftige seine Pflege selbst durch eine Pflegeperson seiner Wahl sicherstellt, zahlt die Pflegekasse *Pflegegeld* (in Pflegestufe I 215 Euro, in Pflegestufe II 420 Euro und in Pflegestufe III 675 Euro monatlich). Wenn geeignete hauptamtliche Pflegekräfte aktiv werden, wird die *Pflegesachleistung* fällig (je nach Pflegestufe von monatlich höchstens 420 Euro in Pflegestufe I bis zu 1.470 Euro in Pflegestufe III. In besonders gelagerten Einzelfällen kann die Pflegekasse sogar Pflegeeinsätze bis zu einem Gesamtwert von 1.918 Euro finanzieren. Das ist z.B. der Fall, wenn im Endstadium von Krebserkrankungen mehrfach auch in der Nacht Hilfe geleistet werden muss. Pflegebedürftige können diese beiden Leistungen miteinander kombinieren. Zusätzlich kann die Pflegekasse noch Pflegehilfsmittel bezahlen und die Kosten für eine Ersatzpflegekraft übernehmen. Denn auch Pflegepersonen können mal krank werden oder in den Urlaub fahren.

Auch für die Kurzzeitpflege oder die teilstationäre Pflege kann die Pflegeversicherung die Kosten übernehmen. Am meisten zahlt die Pflegekasse für die vollstationäre Pflege, wenn häusliche oder teilstationäre Pflege nicht möglich ist (für Pflegestufe I 1.023 Euro, für Pflegestufe II 1.279 Euro und für Pflegestufe III 1.470 Euro). Wenn ein außergewöhnlich hoher oder intensiver Pflegeaufwand erforderlich ist, kann de Pflegekasse in besonderen Ausnahmefällen 1.750 Euro pro Monat übernehmen. Die Aufwendungen für Unterkunft und Verpflegung müssen die Pflegebedürftigen allerdings selbst tragen.

Zu wenig für die letzten Jahre

Trotz der gesetzlichen Pflegeversicherung droht den meisten Menschen eine erhebliche Finanzierungslücke, wenn sie zu Hause oder im Pflegeheim betreut werden müssen. Nach Angaben des Verbands Deutscher Alten- und Behindertenhilfe kostet ein Heimplatz für einen Schwerstpflegebedürftigen ungefähr 3.000 Euro im Monat. Bei einem Höchstsatz der Pflegekasse von 1.470 Euro und einer gesetzlichen Durchschnittsrente von 1.000 Euro ergibt sich schnell ein Fehlbetrag von 500 Euro pro Monat.

Im Notfall springt dann zwar das Sozialamt ein, aber der Staat kann sich das Geld beim Ehepartner oder den Kindern des Pflegebedürftigen zurückholen.

Pflegekräfte aus dem Ausland

Eine professionelle Pflegekraft, die sich Tag für Tag um einen pflegebedürftigen Menschen kümmert, ist in Deutschland kaum zu finden oder für die meisten schlichtweg unbezahlbar. Die Kosten summieren sich schnell auf rund 6.000 Euro pro Monat. Zumeist sehen sich dann Familienangehörige gezwungen, die Pflegeleistung selbst zu erbringen. Darüber hinaus boomt seit Jahren der Einsatz von ausländischen Hilfs- und Pflegekräften, vorwiegend aus Osteuropa.

Seit einigen Jahren vermittelt die Bundesagentur für Arbeit über ihre Zentralstelle für Auslandsvermittlung (ZAV) osteuropäische Haushaltshilfen an pflegebedürftige Menschen. Dabei gelten folgende Bedingungen:

- ✔ Eine Person mit mindestens Pflegestufe I lebt im Haushalt.
- ✔ Der Arbeitgeber gewährt eine angemessene Unterkunft.
- ✔ Die wöchentliche Arbeitszeit beträgt 38,5 Stunden. Mehrarbeit wird in Geld oder als Freizeit vergütet.

Die Haushaltshilfen, zumeist aus Polen, Slowenien, Ungarn, Bulgarien, Rumänien, der Tschechischen und der Slowakischen Republik können bis zu drei Jahre hier bleiben, jene aus den EU-Beitrittsländern haben nach einem Jahr ununterbrochener Tätigkeit sogar komplett freien Zugang zum deutschen Arbeitsmarkt.

Doch mehr als Putzen, Kochen und Wäschewaschen dürfen die Haushaltshilfen, die in der Regel rund 2.000 Euro monatlich kosten, nicht. Vor allem dürfen die Haushaltshilfen keine pflegerischen Arbeiten übernehmen, die medizinische Kenntnisse erfordern. Beim Füttern, Windeln oder Waschen der Pflegebedürftigen ist die Abgrenzung allerdings schwierig.

Bis voraussichtlich 2011 dürfen in Deutschland nur Haushaltshilfen eingestellt werden. Pflegefachkräfte hingegen können in deutschen Haushalten nur tätig werden, wenn sie von einem osteuropäischen Unternehmen beschäftigt werden und dieses Unternehmen im Heimatland eine Entsendebescheinigung (E 101) erteilt bekommen hat. Die Vermittlung betreiben Agenturen, die ihre Dienste u. a. über das Internet anbieten, z.B. www.ihrepflege.eu, www.diefamilienagentur.com oder www.promedica24.de .

Deutsche Familien, die in ihrem Pflegenotstand keine andere Möglichkeit sehen, eine bezahlbare Pflegefachkraft zu beschäftigen, wandeln am Rande der Legalität. Selbst wenn die Pflegekräfte in Deutschland als Selbstständige gemeldet sind, betrachten Behörden wie Arbeitsagentur oder Deutsche Rentenversicherung ihre Tätigkeit als Schwarzarbeit.

Zusatzversicherungen – aber nicht für jeden

Wenn die staatliche Pflegeversicherung nicht reicht, bleibt eigentlich nur die private finanzielle Vorsorge. Private Pflegezusatzversicherungen helfen dabei, die Lücken der Pflichtversicherung zu schließen. Obwohl die meisten Menschen erst mit weit über 70 Jahren pflegebedürftig werden, raten die Verbraucherschützer von Stiftung Warentest, schon mit Anfang 40 oder noch früher vorzusorgen. Denn je älter ein Versicherungsnehmer beim Vertragsabschluss ist, desto höhere Beträge muss er zahlen. Und bei manchen Versicherungen werden ältere Antragsteller mit Vorerkrankungen ganz abgelehnt.

Pflegezusatzversicherungen gibt es in zwei Varianten: als *Pflegekostentarif* und als *Pflegetagegeldtarif*. Beide Versicherungen werden erst fällig, wenn die Pflegebedürftigkeit offiziell, also durch die entsprechende Einstufung in eine der drei Pflegestufen, nachgewiesen werden kann.

Die Pflegekostenversicherung erstattet nur die nachgewiesenen Kosten für Leistungen, die im Katalog der gesetzlichen Pflegeversicherung enthalten sind. Bei diesen Versicherungen bekommt der Pflegebedürftige weniger oder sogar überhaupt kein Geld, wenn er sich zu Hause von Angehörigen pflegen lässt.

Im Gegensatz dazu zahlt eine Pflegetagegeldversicherung im Pflegefall einen festen Tagessatz, den der Pflegebedürftige frei verwenden kann. Die volle Summe gibt es bei vielen Versicherungen allerdings erst, wenn Pflegestufe III erreicht wird. Über die Verwendung des Tagesgelds kann der Versicherte frei entscheiden. Er könnte damit also auch eine Vertrauensperson bezahlen, die mit ihm spazieren geht, die Blumen pflegt oder zum Vorlesen kommt.

Bei den Pflegezusatzversicherungen gibt es große Unterschiede hinsichtlich Preis, Leistungen und Bedingungen. Professionelle Hilfe bei der Beratung gibt es bei den örtlichen Verbraucherzentralen.

Auszeit für die Pflege

Wenn nahe Angehörige zum Pflegefall werden, wird es eng. Und die berufstätigen Verwandten sind in der Regel völlig überfordert. Mit dem neuen Pflegezeitgesetz (PflegeZG) hat der Gesetzgeber seit Mitte 2008 neue Möglichkeiten eröffnet. »Ziel des Gesetzes ist, Beschäftigten die Möglichkeit zu eröffnen, pflegebedürftige nahe Angehörige in häuslicher Umgebung zu pflegen und damit die Vereinbarkeit von Beruf und familiärer Pflege zu verbessern«, heißt es in Paragraph 1.

So darf jeder Beschäftigte im Falle eines akut auftretenden Pflegebedarfs eines nahen Angehörigen bis zu zehn Tage von der Arbeit fernbleiben. Das soll ihm Zeit geben, sich selbst um die pflegerische Erstversorgung zu kümmern und sich über Pflegeangebote zu informieren. Als nahe Angehörige gelten neben Großeltern, Eltern und Schwiegereltern auch Ehegatten, Lebenspartner, Kinder oder Geschwister. Die Freistellung bedarf nicht der vorherigen Zustimmung des Arbeitgebers, der Beschäftigte ist nur verpflichtet, den Arbeitgeber unverzüglich darüber zu informieren.

Neben der Freistellung bei akuten Pflegefällen sieht das neue Gesetz auch das Recht auf eine längere »Pflegezeit« von bis zu sechs Monaten vor. Die Pflegezeit ist unbezahlt, Arbeitnehmer genießen während der Freistellung einen umfangreichen Kündigungsschutz. Der Arbeitgeber muss sich grundsätzlich auf den Pflegewunsch einlassen, nur bei »dringenden betrieblichen Gründen« kann er die Pflegezeit ablehnen.

Abgang in Würde

Wenn die Bevölkerung nach ihrer Meinung befragt würde, wäre der Fall klar. Verschiedene Umfragen zeigen, dass fast zwei Drittel der Menschen Schwerkranken das Recht zubilligen würden, selbst über Leben und Tod zu entscheiden, also auch vom Arzt eine Giftspritze verlangen zu dürfen, wenn sie nicht mehr leben wollen.

Aber eine solche aktive Sterbehilfe ist in Deutschland verboten, und nach den aktuellen Vorschlägen von Parlamentariern wird das voraussichtlich auch so bleiben. Bisher tun sich deutsche Ärzte und Gerichte sehr schwer, den freien Vorsorge-Willen von Menschen zu akzeptieren und zu respektieren.

So haben Strafrichter des Bundesgerichtshofs zwar mehrfach entschieden, dass der Patientenwille in einer Verfügung maßgeblich ist, doch Zivilrichter desselben Gerichts schränkten die Verfügungsmacht des Patienten gleich wieder stark ein. So haben lebenserhaltende Maßnahmen nach ihrer Ansicht nur dann zu unterbleiben, wenn die Krankheit bereits einen »irreversiblen, tödlichen Verlauf« genommen hat. Der Patientenwunsch wäre also nur dann verbindlich, wenn ohnehin nichts mehr zu retten ist.

Wenn Sie für Ihren Abgang von dieser Welt mit Verfügungen und Vollmachten vorsorgen wollen, können Ihnen also auch künftig Angehörige, Ärzte und Richter im Wege stehen, die eine neue Prüfung der aktuellen Lebens- und Behandlungssituation verlangen.

Verschiedene Varianten

Es gibt verschiedene Varianten, für den Pflege- oder Sterbefall vorzusorgen:

- ✔ **Patientenverfügung:** In einer *Patientenverfügung* können Sie Vorgaben zu Ihrer medizinischen Versorgung machen und zum Beispiel Formen der Behandlung ausschließen oder bestimmen, dass lebenserhaltende Techniken wie Beatmung, Dialyse oder Magensonde in bestimmten Situationen nicht eingesetzt werden. Sollten Sie so krank sein, dass Sie sich nicht mehr äußern können, hilft eine Patientenverfügung, Ihre Wünsche zur medizinischen Versorgung zu ergründen. Wenn Sie Ihre Wünsche allerdings nur vage beschreiben, kann der Arzt sie nicht genau entschlüsseln und sich dann im Zweifel für den Erhalt des Lebens entscheiden.

- ✔ **Vorsorgevollmacht:** Auf eine Patientenverfügung können Sie verzichten, wenn Sie in einer *Vorsorgevollmacht* einen Menschen bevollmächtigen, für Sie zu bestimmen. Doch einer solchen Verfügung stehen Ärzte und Juristen skeptisch gegenüber. Veranlasst der Bevollmächtigte z.B. den Abbruch lebenserhaltender Maßnahmen und der Arzt bezweifelt, dass das in Ihrem Sinne ist, prüft das Vormundschaftsgericht die Entscheidung. Ohne Vorsorgevollmacht bestimmt das Gericht einen Betreuer, wenn Sie sich nicht äußern können.

- ✔ **Betreuungsverfügung:** Für diesen Fall können Sie in einer *Betreuungsverfügung* Leitlinien setzen und auch bestimmen, wer auf keinen Fall Betreuer werden soll. In einer solchen Verfügung können Sie auch regeln, wo Sie gepflegt werden wollen oder auch, dass Ihr Haus erst nach Ihrem Tod verkauft werden darf. In Bremen, Hessen, Niedersachsen. Saarland, Sachsen, Sachsen-Anhalt und Thüringen können Sie die Betreuungsverfügung beim Vormundschaftsgericht hinterlegen.

✔ **Bestattungsverfügung:** Und in einer *Bestattungsverfügung* können Sie regeln, wie mit Ihrem Leichnam verfahren werden soll, also die Art de Bestattung und den Umfang der Feierlichkeiten.

Alle Verfügungen und Vollmachten zum eigenen Ableben sollten am besten alle zwei Jahre mit neuer Unterschrift und Datumsangabe versehen werden. Neuen Verfügungen folgen die Ärzte eher als älteren.

Schöner Sarg

Nach der Streichung des Sterbegeldes durch die Krankenkassen zum 1. Januar 2004 haben sich vor allem ältere Bundesbürger intensiv mit der Frage beschäftigt, wer die Kosten für ihre Bestattung tragen soll. Und die Versicherungsgesellschaften können sich über eine neues Dienstleistungsfeld freuen, das sich durch stark überdurchschnittliche Wachstumsraten auszeichnet.

Die Sterbegeldversicherungen der unterschiedlichen Versicherungen funktionieren alle nach demselben Prinzip. Die Versicherungsnehmer zahlen monatlich oder einmalig ihre Beiträge ein. Schon zu Lebzeiten können sie für die eigene Bestattung detailliert die Bedingungen festlegen. Zahlreiche Versicherer bieten dafür verschiedene Varianten, beispielsweise von der Standard- über die Classic- bis zur Exklusiv-Variante. Dafür wird dann eine »exklusive Bestattung mit gehobener Trauerfeier« versprochen, mit exklusivem Eichen- oder Mahagonisarg, Aufbahrung zum Abschiednehmen im Kreis der Familie, Blumendekoration in der Aussegnungshalle und großem Blumenschmuck des Sarges sowie Trauerkarten, Anzeige in der Tageszeitung und Danksagungen.

Nach einer Emnid-Umfrage aus dem Jahr 2007 will ein Drittel der Befragten auf jeden Fall genug Geld zur Finanzierung des letzten Weges hinterlassen und den Angehörigen auf keinen Fall zur Last fallen. Allerdings haben sich 25 Prozent der Befragten noch nie mit dem Thema beschäftigt.

Heftige Kritik haben sich alle Anbieter von Sterbegeldversicherungen indessen bereits von Verbraucherschützern wie beispielsweise dem Bund der Versicherten (BdV) eingehandelt. Nach deren Auffassung sind derartige Versicherungen »nicht empfehlenswert und erbringen in der Regel eine noch mäßigere Rendite als die normale Kapital-Lebensversicherung«. Zu besonderer Vorsicht raten die Verbraucherschützer bei Sterbegeldversicherungen über Verbände: »Meistens handelt es sich um Verträge von Gesellschaften mit schlechter Rendite. Zudem kassieren die Verbände Provisionen und oft auch noch die Überschussbeteiligung.«

Nach BdV-Meinung sollten Verbraucher einen Betrag für notwendige Beerdigungskosten lieber selbst ansparen und den Erben dieses Geld zur Verfügung stellen. Als weitere Alternative nennt der BdV eine Risikolebensversicherung in der gewünschten Höhe.

Vorsorge für die Zeit danach

Eigentlich gelten wir Deutsche ja als besonders gründlich und vorsichtig, gerade wenn es um Fragen der persönlichen Vorsorge geht. Umso erstaunlicher, dass nach Schätzungen des Deutschen Forums für Erbrecht gerade mal ein Viertel der Bundesbürger ein Testament gemacht hat. Und von diesen Schriftstücken seien zudem mehr als 90 Prozent unklar, widersprüchlich oder sogar unwirksam. Dabei sollte sich jeder Mensch überlegen, seinen Nachlass zu Lebzeiten zu regeln.

Denn wenn kein Testament vorliegt, gilt automatisch die gesetzliche Erbfolge. Und ob die jeweils gewollt wird, ist unklar. So beerben sich zum Beispiel kinderlose Ehepaare nicht, wie man denken könnte, allein gegenseitig, sondern der überlebende Ehepartner erbt zusammen mit den Eltern des Verstorbenen.

Dabei ist das Verfassen des eigenen letzten Willens gar nicht so schwer, zumindest gesetzlich gesehen. Verfasser müssen mindestens 16 Jahre alt sein und können sich überlegen, ob sie ein notarielles oder privatwirtschaftliches Testament anfertigen. Der kostspielige Gang zum Notar bietet sich vor allem für Menschen an, die im Todesfall ein größeres Vermögen hinterlassen werden. Ansonsten reicht in der Regel ein handschriftliches Testament, in dem klare Aussagen zu Ihrer Hinterlassenschaft, zu Vermächtnissen und Auflagen oder zur Zuordnung von Erbstücken stehen sollen.

 Der letzte Wille muss komplett handschriftlich verfasst, unterschrieben und mit Ort und Datum versehen sen.

Das beste Testament nutzt natürlich nichts, wenn es nach Ihrem Tod nicht gefunden wird. Gegen geringe Gebühren kann es beim Nachlassgericht hinterlegt werden. Dort wird es dann im Todesfall von Amts wegen geöffnet, und die Erben werden hiervon benachrichtigt.

Wer seinen letzten Willen noch einmal ändern möchte, kann das selbstverständlich tun. Nachträgliche Änderungen müssen dabei mit Datum und der vollen Unterschrift versehen sein. Am sichersten ist es allerdings, das alte Dokument zu vernichten und ein neues Testament aufzusetzen.

Stiften gehen – und selber profitieren

Seit einigen Jahren erlebt Deutschland einen regelrechten Gründungsboom bei selbstständigen Stiftungen. Neben den rund 15.000 rechtsfähigen Stiftungen gibt es eine große Zahl von Treuhandstiftungen, und die Zahl der Zustiftungen steigt.

Nicht nur für Millionäre

Stiften und spenden gehörte bisher im internationalen Vergleich nicht unbedingt zu den deutschen Stärken, doch die Großzügigkeit nimmt auch in Deutschland zu. Noch nie waren die Bundesbürger so vermögend wie heute, auch in den kommenden Jahren werden Milliardenwerte durch Erbschaften den Besitzer wechseln. Und da die künftigen Empfänger der riesigen Vermögen oft selbst schon finanziell gut versorgt sind und kein weiteres Geld benötigen, kommen mehr und mehr wohlhabende Bürger auf den Gedanken, ihr Vermögen sinnvoll einzusetzen. »Gerade dann, wenn keine eigenen Erben oder Kinder vorhanden sind, bietet sich die Stiftung an, um sie testamentarisch als Erbin einzusetzen«, meint Jörg Martin von der Deutschen Stiftungsagentur in Neuss.

Nach einer Studie der Bertelsmann-Stiftung haben zwei Drittel der Geldgeber den Wunsch, etwas zu bewegen. Fast die Hälfte will ein konkretes Problem bekämpfen, rund ein Drittel das Andenken an eine nahe stehende Person wahren. »Mit einer eigenen Stiftung kann man sein gemeinnütziges Engagement über den Tod hinaus sicherstellen, denn was gefördert werden soll, legt der Stifter selbst fest«, sagt Hans Fleisch, Generalsekretär des Bundesverbandes Deutscher Stiftungen.

Für folgende Zwecke und Ziele stellen Stifter in Deutschland nach Angaben des Bundesverbands Deutscher Stiftungen ihr Geld zur Verfügung (Stiftungshauptgruppen, Anteil in Prozent):

✔ soziale Zwecke (32,7)

✔ Bildung und Erziehung (14,9)

✔ Kunst und Kultur (14,4)

✔ Wissenschaft und Forschung (13,3)

✔ Umweltschutz (3,3)

✔ privatnützige Zwecke (5,7)

✔ andere gemeinnützige Zwecke (15,7)

Immer beliebter: Zustiftungen

Zustiftungen sind freiwillige Zuwendungen an eine Stiftung, die das Grundstockvermögen erhöhen und somit helfen, das Stiftungsvermögen auszubauen. Je mehr Kapital eine Stiftung hat, umso erfolgreicher kann sie arbeiten. Mit wachsendem Kapital erhöhen sich die erzielbaren Erträge und damit die Reichweite nachhaltiger Hilfe. Voraussetzung für das Wachstum ist eine Zuwendungsart, die unmittelbar dem Kapitalstock zugeführt wird. Hier liegt der elementare Unterschied zwischen einer Zustiftung und einer Spende. Spenden fließen in voller Höhe und zeitnah in Projekte. Dort helfen sie einmalig und unmittelbar. Zustiftungen hingegen vergrößern den Kapitalstock und sichern Hilfe durch dauerhafte Erträge.

Zustiftungen sind vor allem dann sinnvoll, wenn sich jemand für einen bestimmten Zweck engagieren möchte, ihm aber der Gründungsaufwand einer eigenen Stiftung zu hoch ist. Durch eine Zustiftung erlangt der Geldgeber allerdings in der Regel keinerlei (Mitsprache-) Rechte – es sei denn, in der Satzung der Stiftung ist anderes vermerkt. Steht er aber voll und ganz hinter der Arbeit und den Projekten der von ihm ausgewählten Stiftung, kann er mit wenig eigenem Aufwand gezielt und wirkungsvoll fördern.

Vater Staat unterstützt beim Stiften

Ein formloser Antrag beim Finanzamt auf Anerkennung der Gemeinnützigkeit ist der erste Schritt, um die Steuerbefreiung für eine neu gegründete Stiftung zu erlangen. Zustiftungen können bei der Einkommenssteuer wie Spenden geltend gemacht werden. Bis zu 5 Prozent der Gesamteinkünfte des Förderers lassen sich vom zu versteuernden Einkommen abziehen, wenn die Förderung mildtätigen, religiösen, wissenschaftlichen oder als besonders förderungswürdig anerkannten gemeinnützigen Zwecken dient.

Bei der Vermögensübertragung, auch bei Zustiftungen, fällt darüber hinaus keine Erbschaft- oder Schenkungsteuer an. Stifter können bei der Gründung der Stiftung bis zu 307.000 Euro als Sonderausgaben in der Einkommensteuererklärung ansetzen. Dieser Betrag kann sofort als Ganzes oder über einen Zeitraum von bis zu zehn Jahren steuerlich geltend gemacht werden. Hinzu kommt jährlich ein absetzbarer Betrag von 20.450 Euro, der als Spende oder Zustiftung steuermindernd berücksichtigt wird.

Selbst die Erben können sich überlegen, ob sie das Erbschaftsvermögen steuerfrei in eine Stiftung einbringen möchten. Voraussetzung ist jedoch, dass die Übertragung innerhalb von 24 Monaten nach dem Erbfall stattfindet. Geldgeber können auch in ihrem Testament festlegen, dass ihr Vermögen in eine Stiftung eingebracht wird. Ein entsprechender Hinweis im eigenhändigen und handschriftlichen Testament, im notariellen Testament oder in einem Erbvertrag reicht dazu aus.

Stiftungsmodelle im Überblick

Zwar gibt es keine gesetzlichen Vorgaben, wie hoch das Startkapital einer *selbstständigen Stiftung* sein sollte, aber als Orientierungsgröße gelten 50.000 Euro, denn nur die Erträge aus diesem Kapitalstock stehen für die gemeinnützigen Zwecke zur Verfügung. Die erwirtschafteten Einnahmen aus der Anlage des Stiftungsvermögens wie zum Beispiel Zinsen oder Mieteinnahmen unterliegen keiner laufenden Besteuerung und bleiben damit brutto erhalten. Zur eigenen Altersvorsorge und zur Absicherung der Familie des Stifters darf ein Drittel der jährlichen Erträge der Stiftung für die Versorgung des Stifters, einschließlich der späteren Grabpflege, und zur Versorgung der nächsten Angehörigen des Stifters verwendet werden.

Wird ein Teil der Einnahmen an den Stifter oder seine Angehörigen ausgezahlt, müssen hierfür Steuern bezahlt werden.

Die selbstständige Stiftung hat, ähnlich wie eine GmbH, eine eigene Rechtspersönlichkeit und muss durch die Aufsichtsbehörde formell anerkannt werden.

Für *unselbstständige (treuhänderische) Stiftungen* reichen Summen weit unter 50.000 Euro zur Gründung aus. Das gestiftete Kapital wird von einem Treuhänder verwaltet, in der Regel Kirchen, Kommunen, Vereine und Körperschaften. Im Gegensatz zur selbstständigen Stiftung unterliegt sie nicht der staatlichen Aufsicht, ein behördliches Anerkennungsverfahren findet nicht statt. Dennoch genießen Stifter alle rechtlichen und steuerlichen Vorteile einer eigenen Stiftung, sind aber von der Verwaltung und dem operativen Geschäft entlastet.

Einen Überblick über kommerzielle, gemeinnützige, kirchliche und kommunale Dienstleister bietet die Treuhänder-Broschüre, die im Internet unter www.stiftungszentrum.info herunter geladen werden kann.

Wer über eine Zustiftung nachdenkt, kann sich an den Bundesverband Deutscher Stiftungen wenden. Der Verband berät potenzielle Geldgeber bei der Wahl eines geeigneten Adressaten für den jeweiligen Zweck. (Bundesverband Deutscher Stiftungen, Tel. 030/8979470, www.stiftungen.org)

Teil V
Der Top-Ten-Teil

»Ich habe in den letzten beiden Jahren 80 Stunden pro Woche gearbeitet, um genug für die Altersvorsorge zurücklegen zu können. Gestört hat es weder mich noch meine Frau – wie hieß sie noch gleich?«

In diesem Teil ...

finden Sie all das, was Sie in einem Buch aus der Reihe ... *für Dummies* selbstverständlich immer finden wollen, die übersichtlichen Zehner-Listen, die Ihnen noch einmal in Kürze zusätzliche Tipps und Ratschläge für Ihre persönliche Vorsorge-Strategie geben können.

Da wir nicht wissen konnten, wie viel Risikofreude und Wagemut Sie mitbringen, haben wir uns an der Liste der mehr oder minder todsicheren, aber dafür auch langweiligen Vorsorgetipps ebenso versucht wie an der Aufstellung der Vorschläge für Anleger mit hoher Risikobereitschaft.

Und da nach unseren Erfahrungen selbst Profis nicht sicher sein können, in die eine oder andere Psycho-Falle zu tappen, stehen die gefährlichsten Hürden und Fallgruben auch in der Liste. Wäre schön, wenn Sie bei Ihrer eigenen Vorsorge diese Hindernisse in Ihrer eigenen Psyche erkennen und sich mit eiserner Disziplin daran vorbeimogeln könnten.

Die zehn besten Vorsorgetipps – (fast) ohne Risiko

In diesem Kapitel

▶ Wie Sie Ihre mühsam verdienten Euro sicher anlegen
▶ Wie Sie dabei Ihr Leben besser genießen können
▶ Wie Sie mit den Restrisiken umgehen sollten

Das Leben ist mit Risiken behaftet, und alle möglichen Gefahren werden Sie nicht aus der Welt schaffen können. Wenn Sie sich allerdings schon die Mühe machen wollen, gegen unbequeme, unliebsame Situationen Vorsorge zu treffen, dann sollten Sie sich auf Maßnahmen konzentrieren, die nicht zusätzliche Wagnisse mit sich bringen.

Krankenkasse

Zwar werden die Menschen immer älter, aber ohne Krankheiten und ohne ärztliche Behandlung schaffen es nur die wenigsten durchs Leben. Auch wenn Sie sich zurzeit fit und munter fühlen, müssen Sie auch als Optimist in den kommenden Jahren mit der einen oder anderen Erkrankung rechnen. Und beim Gang zum Arzt oder zur Apotheke werden Sie ohne finanzielle Absicherung nicht auskommen – ganz zu schweigen von notwendigen Operationen in einer Klinik

Noch immer gibt es in Deutschland mehr als 100.000 Menschen, die nicht krankenversichert sind, aber ohne die Mitgliedschaft in einer gesetzlichen oder privaten Kasse stehen Sie bei Erkrankungen, Unfällen oder anderen körperlichen und seelischen Leiden auf verlorenem Posten.

Zahlreiche Zusatzversicherungen können Sie finanziell entlasten, wenn Sie weiter gehende Leistungen von Ihrem Arzt erwarten oder wenn die Krankenkasse anfallende Kosten nicht vollständig übernimmt.

Versicherungen

Viele der in Deutschland angebotenen Versicherungen sind entbehrlich, aber auf einige Policen können Sie bei Ihrer Vorsorgeplanung nicht verzichten. Dabei handelt es sich in der Regel um Versicherungen, die Sie im Schadensfall vor dem finanziellen Ruin oder der totalen Armut retten können.

Dazu gehört beispielsweise die *private Haftpflichtversicherung*, die für Schäden aufkommt, die von Ihnen zu verantworten sind. Wenn größere Vermögensschäden entstehen oder nach einem Unfall eine lebenslange Rente an einen anderen zu zahlen ist, droht Ihnen sonst der persönliche Bankrott.

Auch zur eigenen Sicherheit sollte eine Versicherung abgeschlossen werden, die dann einspringt, wenn niemand anders zahlt. Dazu gehört gerade für jüngere Menschen die *Berufsunfähigkeitsversicherung*, die ein Leben lang für Sie aufkommt, wenn Sie nach einem Unfall oder einer Erkrankung nicht mehr arbeiten können.

Eine weitere Versicherung, die Sie vor finanziellen Schäden schützt, ist sogar gesetzlich vorgeschrieben. Ohne *Kfz-Haftpflicht* dürfen Sie in Deutschland kein Auto anmelden – und mögliche Opfer eines Unfalls, der auf Ihr Verschulden zurückgeht, sind abgesichert.

Gesetzliche Rente

Wer als Arbeiter oder Angestellter in Deutschland arbeiten und sein Geld verdienen will, kommt an der gesetzlichen Rentenversicherung nicht vorbei. Dabei wird nicht nur zwangsweise Altersvorsorge in Form der gesetzlichen Rente betrieben, sondern es werden auch weitere Risiken wie Arbeitsunfälle und Berufskrankheiten gleich mit abgedeckt.

Geld von der Rentenversicherung bekommen Sie auch, wenn Sie länger als sechs Wochen krank sind und Ihr Arbeitgeber nicht mehr zahlt. Und im Fall Ihres Todes zahlt die Versicherung eine Rente an Ihre Hinterbliebenen, also beispielsweise Ihre Ehefrau/Ihren Ehemann und an die Kinder.

Daneben erwerben Sie mit den Rentenbeiträgen das Anrecht auf eine eigene, wenn auch bescheidene Altersversorgung. Da die gesetzliche Rente künftig wohl nicht ausreichen wird, um Ihren gewohnten Lebensstandard im Ruhestand zu erhalten, bleibt Ihnen allerdings nichts anderes übrig als sich zusätzlich selbst um die finanzielle Vorsorge für das Schlussdrittel Ihres Lebens zu kümmern.

Betriebliche Altersvorsorge (bAV)

Als sinnvolle Ergänzung der gesetzlichen Rente gilt die betriebliche Altersvorsorge, für die Sie selbst etwas tun müssen. Aber auch Ihr Arbeitgeber und der Staat beteiligen sich daran. Welche Art der betrieblichen Altersvorsorge Sie wählen, bleibt dabei Ihnen und Ihrem Arbeitgeber überlassen.

Dabei gibt es fünf Wege zur Betriebsrente:

✔ Direktzusage

✔ Pensionskasse

✔ Direktversicherung

✔ Unterstützungskasse

✔ Pensionsfonds

Wenn Sie den Job wechseln, können Sie bei vielen Arbeitgebern Ihr angespartes Vorsorgekapital mitnehmen. Und über eine mögliche Pleite Ihres Arbeitgebers müssen Sie sich auch keine Gedanken machen, wenn dafür ein entsprechendes Sicherungssystem gewählt wurde.

Riester-Rente

Um noch mehr Menschen zu einer verstärkten privaten Vorsorge fürs Alter zu animieren, wurde die so genannte Riester-Rente ins Leben gerufen. Mit satten staatlichen Zulagen werden die privaten Vorsorgezahlungen von Arbeitnehmern belohnt, und gleichzeitig wurden alle Anbieter wie Versicherungen, Banken und Fondsgesellschaften verpflichtet, für das Laufzeitende zumindest den Erhalt des eingezahlten Kapitals plus staatlicher Zulagen zu garantieren.

Zwölf Millionen Deutsche haben inzwischen eine Riester-Rente abgeschlossen und lassen ihre eigenen Vorsorgeleistungen durch die staatlichen Zulagen aufstocken. So muss ein alleinstehender Arbeitnehmer, der 35.000 Euro im Jahr verdient, vier Prozent (1.400 Euro) davon ansparen, um die volle Förderung von 154 Euro zu bekommen. Ein Familienvater mit demselben Einkommen und zwei Kindern muss nur 876 Euro selbst bezahlen und erhält sogar 524 Euro vom Staat.

Da die Versicherungsgesellschaften für die Riester-Rentenversicherungen dicke Prämie vom Versicherten kassieren, haben bereits rund eine Million Riester-Versicherungssparer ihre Verträge gekündigt und einen anderen Anbieter gewählt. Verbraucherschützer raten allerdings dringend davon ab, einen bestehenden Riester-Vertrag zu kündigen, da dann in der Regel die hohen Abschluss- und Verwaltungskosten verloren gehen.

Während zahlreiche Riester-Sparer große Teile ihres Vorsorge-Kapitals den Versicherungen als Gebühren in den Rachen werfen, verzichtet ein anderer Teil ohne Not auf die staatlichen Fördermittel. Nach Angaben der Zentralen Zulagenstelle für Altersvorsorge rufen etwas mehr als zwei Millionen Riester-Sparer die Fördermittel einfach nicht ab. Verbraucherschützer führen das teilweise auf Unwissenheit und teilweise auf Bequemlichkeit zurück.

Für die persönliche Vorsorge ist ein Riester-Vertrag ein absolutes Muss, schon wegen der staatlichen Fördermittel und der Kapitalgarantie. Allerdings sollten Sie beim Abschluss eines entsprechenden Vertrags die Vertragsbedingungen, insbesondere die Kosten, sehr genau prüfen und auf die Beantragung der Fördermittel in keinem Fall verzichten.

Familie

»Blut ist dicker als Wasser« sagt ein altes Sprichwort, und enge, familiäre Kontakte zwischen Jung und Alt gehören in Deutschland noch immer zu den gern gepflegten und beschworenen Legenden. Dabei werden in deutschen Familien nach Einschätzung von Experten gemeinsame Aktivitäten zusehends vernachlässigt. Während sich traditionelle generationenübergreifende Großfamilien nur noch selten finden, werden mit Wohnformen wie den Mehrgenerationenhäusern gleichzeitig neue Modellversuche gestartet.

Für die eigene Vorsorgeplanung stellt der familiäre Kontakt eine wichtige Zusatzkomponente dar. Nach Beobachtungen des Wissenschaftszentrums Berlin (WZB) sind die Generationenbande in Deutschland »sehr eng geknüpft«. Viele Eltern unterstützen ihre Kinder und Enkel finanziell, doch die privaten Transfers sind sehr ungleich verteilt. Nur ein Drittel der

Älteren kann nach WZB-Angaben dem Nachwuchs mehr als 250 Euro im Jahr geben. Weitaus bedeutender sind Erbschaften, jeder sechste Erwachsene erwartet aber nach WZB-Angaben inzwischen, dass er seinen Kindern nicht hinterlassen wird.

 Selbstverständlich kommt der familiären Hilfe und Unterstützung in wirtschaftlichen Notlagen weiterhin Bedeutung zu. Im Rahmen der eigenen finanziellen Vorsorge können Sie allerdings nicht unbedingt davon ausgehen, dass sich jede Anstrengung und Investition in die Zukunft Ihrer Kinder oder Enkel als wirksamer Teil Ihrer eigenen Vorsorge auswirkt.

Eigene Immobilie

Vor allem als Folge der internationalen Finanzmarktkrise registrieren Banken wie Bauträger, Makler wie Verbraucherschützer ein deutlich gestiegenes Interesse an der eigenen Immobilie als Objekt der eigenen Vorsorge.

Rund die Hälfte der Bundesbürger wohnt zurzeit in den eigenen vier Wänden, und ein Großteil der Mieter träumt davon, in die eigene Wohnung oder das eigene Haus umziehen zu können. Als Gründe werden bei diversen Umfragen vor allem »Unabhängigkeit vom Vermieter«, »in die eigene Tasche zahlen«, »bleibender Wert, der vererbt werden kann« sowie »gute Altersvorsorge« genannt.

Während Mieter zeit ihres Lebens mit steigenden Mietkosten rechnen müssen und Monat für Monat von ihren Altersbezügen große Teile als Miete zahlen müssen, können Eigentümer von selbst genutzten Immobilien für das mietfreie Leben im Alter regelmäßig eine »Sonderrente« einstreichen. Nach Angaben des Statistischen Bundesamtes beträgt die monatliche Entlastung durch mietfreies Wohnen im Ruhestand bei einem Einpersonen-Haushalt zurzeit durchschnittlich 519 Euro, bei Ehepaaren erreicht die »Immobilien-Rente« 613 Euro.

Zusätzlich kann die entschuldete und im Wert gestiegene Immobilie im Alter verkauft oder durch eine Leibrente zu einem Zusatzeinkommen umgewandelt werden.

Landwirtschaft

Sie müssen ja nicht gleich Bauer werden und auf Hunderten von Hektar die eigenen Lebensmittel ernten. Auch ein eigener Hühnerstall, eine ganze Schaf- oder Rinderherde muss zur privaten Vorsorge nicht angeschafft werden. Aber im Rahmen ihrer Möglichkeiten finden immer mehr Menschen Gefallen daran, sich auf dem eigenen Grundstück, im Schrebergarten oder auf einem angemieteten Ackerstück selbst um den Anbau und die Ernte von Obst und Gemüse zu kümmern.

Das bringt für den einzelnen Kleinbauern nicht nur körperliche Bewegung und Ertüchtigung mit sich, sondern steigert auch die Qualität des selbst verzehrten Essens erheblich. Nicht mehr Fast Food oder der Griff zum Convenience Food in der Tiefkühltruhe stehen vor dem genüsslichen Essen auf der Tagesordnung, sondern die eigene Ernte und die gekonnte Zubereitung.

14 ➤ Die zehn besten Vorsorgetipps – (fast) ohne Risiko

Wenn es ums tägliche Brot geht, schauen fast zwei Drittel der Konsumenten zuerst aufs Preisschild: Die Hälfte der deutschen Verbraucher kauft fast ausschließlich beim Discounter. Ob sie sich gesund ernähren oder nicht, spielt bei den Konsumenten nur eine untergeordnete Rolle. Fast ein Viertel der Befragten bei einer GfK-Untersuchung zu Ernährungsgewohnheiten gaben freimütig zu, dass ihnen das Thema Gesundheit nicht so wichtig sei oder sie überhaupt nicht interessiere. Und zwei Drittel retteten sich in die Aussage, sie würden im Großen und Ganzen schon darauf achten, dass sie sich gesund ernähren. Nur allzu viel Zeit und Stress darf das nicht mit sich bringen. Auf der Suche nach mehr Bequemlichkeit beim Konsum soll jede Belastung reduziert werden: kurze Wege und längere Öffnungszeiten, leichtere Getränkeverpackungen und vorbereitete Gerichte – das ist die Welt, von der Deutschlands Verbraucher träumen.

Mit Ihrem eigenen, »kleinen« Einstieg in die Landwirtschaft können Sie sich selbst, Ihrer Gesundheit und Ihrem Wohlbefinden einen großen Gefallen tun und damit die persönliche Vorsorge erheblich verbessern.

Bei weiter kräftig steigenden Lebensmittelpreisen sorgen Sie gleichzeitig für eine Entlastung Ihres persönlichen Haushalts und mehr Geld für Ihre finanzielle Vorsorge.

Wertpapiere des Bundes

Dass Sie keine Lust haben, Ihr sauer verdientes Geld für Gebühren von Banken, Sparkassen, Versicherungen, Fondsgesellschaften, Finanzvermittlern u.a. zu verwenden, versteht jeder. Und dass Sie andererseits auch nicht gewillt sind, Ihr Geld irgendwelchen ausländischen Investmentbankern anzuvertrauen, ist nach den jüngsten Ereignissen auf den internationalen Finanzmärkten nachvollziehbar. Wenn Sie dann darüber hinaus auch keine Lust auf die schwankenden Kurse an den Börsen mitbringen, bleiben für die Geldanlage zur finanziellen Vorsorge kaum noch Möglichkeiten.

Wenn Kopfkissen und Sparstrumpf (hoffentlich) ebenfalls ausscheiden, weil sie nicht zuschauen wollen, wie Ihr Geld beständig an Wert verliert, bleibt Ihnen eigentlich nur noch die Kreditvergabe an Schuldner, denen Sie hundertprozentig vertrauen können. Mit großer Wahrscheinlichkeit gehören die Einrichtungen des Staates, des Bundeslandes, der Stadt oder Region, in der Sie selbst wohnen dazu.

Und da diese Einrichtungen eigentlich immer fremdes Geld brauchen, um ihren vielfältigen Aufgaben nachzukommen, sind Kreditgeber stets gefragt. Zwar sind die Zinssätze bei den Wertpapieren des Bundes nicht hoch, aber nahezu hundertprozentige Sicherheit und ein kleiner Zins-Obolus sind immer drin. Da die entsprechenden Konten und Depots bei der Finanzagentur des Bundes auch noch kostenfrei geführt werden, bleibt der Ertrag in voller Höhe auf Ihrem Konto (bis das Finanzamt wieder zuschlägt und Ihnen die entsprechenden Ertragssteuern abzieht).

Gold

Einen geringen Teil ihres Vorsorge-Kapitals können sicherheitsorientierte Anleger natürlich in einem edlen Metall anlegen, das schon seit Jahrhunderten die Menschen aller Völker beglückt und sichert. Von Gold ist die Rede, das nicht nur für Schmuck und Zahnersatz gebraucht wird, sondern in Form von Barren und Münzen auch in den Tresoren aller Staatsbanken zu finden ist.

Zinsen werden auf Gold allerdings nichts gezahlt, und wann der Marktwert sich wie entwickelt, weiß auch keiner. So hat es in jüngster Vergangenheit Anleger gegeben, die mehr als 25 Jahre darauf warten mussten, dass das Gold wieder zu Preisen gehandelt wurde, die sie einst bezahlt haben.

Aber dass Gold einen unverwüstlichen Wert repräsentiert und zu jeder Zeit in Geld umgetauscht werden kann, ist unbestritten. Bei Finanzplanern und Vermögensberatern steht das edle Metall daher immer mit einem Anteil von 5, 10 oder mehr Prozent am Gesamtportfolio auf der Vorsorge-Liste.

Die Aussage »Nur Bares ist Wahres« gilt in abgewandelter Form selbstverständlich auch für Gold. Nur das als Barren oder Münze verarbeitete Gold zählt. Was nutzen Gold-Indexpapiere oder -Zertifikate, wenn die ausgebende Bank nicht mehr existiert? Und was bringen die Aktien von Goldminen oder Verarbeitungsbetrieben, wenn diese geschlossen werden?

Die zehn besten Vorsorgetipps – mit vollem Risiko

In diesem Kapitel

▸ Wie Sie mit Ihrer finanziellen Vorsorge unendlich reich werden können
▸ Wie Sie mit Ihrer finanziellen Vorsorge bettelarm werden können
▸ Woran Sie wann den Unterschied erkennen können

Großer Mut gehört schon dazu, wenn Sie bei der Vorsorge auf hohes Risiko setzen und Ihrem Glück vertrauen wollen. »Sekt oder Selters« heißt die einfache Formel, und wenn Sie keine Lust auf Mineralwasser verspüren und statt Sekt eigentlich sogar Schampus bevorzugen, dann sind unsere etwas verwegenen Vorsorgetipps vielleicht bei Ihnen richtig aufgehoben.

Etwaige Beschwerden und Klagen von Ihnen nehmen wir im Übrigen nicht entgegen, die Warnhinweise sollten deutlich genug sein. Wenn Sie uns im Glücksfall allerdings an Ihren wunderbaren Gewinnen beteiligen oder zumindest dafür danken wollten, haben wir natürlich nichts dagegen.

Aktien

Selbstverständlich können Sie mit der Aufteilung Ihres Vorsorgekapitals auf ein gut zusammengesetztes Aktiendepot oder die Auswahl eines breit anlegenden Investmentfonds der Aufforderung, nachkommen, nicht alle Eier in einen Korb zu packen. Aber was nutzt es Ihnen dann, wenn eine der zehn oder 15 Aktien einen kräftigen Kursgewinn verzeichnet, aber damit nur die Kursverluste der anderen Wertpapiere wieder ausgleicht?

Setzen Sie also auf knallharte Entscheidungen und verschmähen Sie die butterweichen Kompromisse. Suchen Sie am besten weltweit unterbewertete Aktien von Unternehmen, die dank neuer Erfindungen und Entwicklungen vor dem Durchbruch stehen. Am besten in Märkten und Regionen, die international unter Druck stehen und von denen sich professionelle Anleger nichts mehr erwarten.

Wenn Sie dann noch einen neuen »shooting star« unter den börsennotierten Firmen entdecken, steht einer Investition in das neue Hoffnungspapier eigentlich nichts mehr im Wege. Danach brauchen Sie dann eigentlich nur noch Geduld – und die nötigen Nerven, um bei ersten heftigen Kursschwankungen nicht sofort mit Verlust oder wahrscheinlich viel zu geringem Gewinn wieder auszusteigen.

 Wie das Reichwerden mit Aktien eines Unternehmens funktionieren kann, demonstrierten 2008 Mitarbeiterinnen und Mitarbeiter der Volkswagen AG. Die Aktien ihres Arbeitgebers hatten sie gar nicht im Depot, aber Optionen für den günstigen Erwerb waren ihnen ganz automatisch zugeordnet worden. Als der Aktienkurs dann im Zuge der strategischen Auseinadersetzungen zwischen VW und dem neuen Mehrheitsaktionär Porsche durch die Decke schoss, mussten sie nur noch rechtzeitig zugreifen und verkaufen. In den folgenden Tagen konnten sie ihre Arbeit am Band als frischgebackene Millionäre antreten – und den Vorstand fragen, wohin sie ihre Dankesbriefe eigentlich senden sollten.

Briefmarken

Ein Kunde eines Schweizer Auktionshauses brachte im Dezember 2008 die Sache mit den Briefmarken als Vermögensanlage auf den Punkt: »Ich hätte das Geld auch in Aktien anlegen können, aber dann wäre es jetzt nur noch halb so viel wert, und ich hätte überhaupt keinen Spaß gehabt«, sagte der Sammler, der nach eigenen Angaben über eine Million Franken in klassische Schweizer Marken investiert hat.

Trotz der Finanzkrise stieg die Nachfrage nach alten Briefmarken aller Länder stark an, der Philateliemarkt stemmte sich erfolgreich gegen den Trend fallender Preise bei anderen Auktionen, z.B. bei Kunstwerken. Vor allem seltene Briefmarken und Komplettsammlungen finden bei begeisterten Sammlern in aller Welt immer wieder Interessenten.

Zwar sind die Chancen für kurzfristige exorbitante Wertsteigerungen minimal, aber das jahrzehntelange akribische Sammeln von Marken könnte Ihnen, rein theoretisch, natürlich Spaß bereiten. Aussichtsreicher ist in jedem Fall die Suche nach besonders seltenen, ausgefallenen Stücken, also Fehldrucken. In einigen Fällen wird auch das Stöbern auf dem Dachboden in den alten Unterlagen verstorbener Vorfahren zum Erfolg führen.

Die Chancen dafür steigen enorm, wenn Sie zufällig einer entsprechenden Familie angehören, die selbst Briefmarken auf den Markt gebracht hat. So präsentierte Gloria von Thurn und Taxis kurz vor Weihnachten 2008 der staunenden und zahlungsbereiten Sammlerschar Originalmarken der Thurn-und-Taxisschen Post aus den Jahren 1859 und 1866 »in postfrischer Luxus-Erhaltung«. Die Marken hatten sich im Zentralarchiv des fürstlichen Hauses angefunden.

Diamanten

Sie haben einen hohen Wert, sie sind leicht zu transportieren und eigentlich problemlos zu veräußern, sie rosten und zerfallen nicht, sie können leicht verschenkt oder vererbt werden: Diamanten werden, insbesondere in wirtschaftlichen Krisenzeiten, stets als sichere Geldanlage gepriesen.

Auf regelmäßige Erträge können die Käufer von Diamanten nicht setzen, aber auf eine kräftige Wertsteigerung. Dummerweise ist wie bei allen Sammlerstücken der Wiederverkaufspreis kaum zu kalkulieren. Ein Preis, der einem Händler plausibel erscheint, ist möglicherweise dem nächsten schon zu hoch. Bei der Bewertung von Reinheit und Farbe spielen subjektive Meinungen und Einschätzungen eine große Rolle.

Zudem gilt die Preisbildung als undurchsichtig. Der südafrikanische Diamanten-Konzern De Beers kontrolliert den Preis, hält Ware zurück, wenn die Nachfrage knapp ist, und liefert mehr Steine, wenn der Markt aufnahmebereit erscheint und die Preise hoch sind. Beim Wiederverkauf wertvoller Diamanten müssen Anleger ohnehin berücksichtigen, dass durch Mehrwertsteuer und Handelsspanne des beauftragten Händlers leicht 50 Prozent des Preises verloren gehen.

Von einer sicheren Wertsteigerung können Anleger beim Investment in Diamanten nicht ausgehen. Bei Männern allerdings (dieser geschlechtsspezifische Hinweis sei an dieser Stelle ausnahmsweise gestattet) kann der Kauf eines Diamanten und der Einsatz als Geschenk für die auserkorene Dame seines Herzens durchaus als gezielte Vorsorgeplanung angesehen werden. Hohe Erfolgsquoten sind, vor allem beim Fehlen anderer wichtiger Komponenten wie Liebe, allerdings nicht automatisch zu erwarten.

Gelddruckmaschinen

Noch vor seiner Einführung als neue europäische Einheitswährung galt der Euro auf Grund zahlreicher Sicherungsmechanismen als nahezu fälschungssicher, doch nach einigen Jahren ist diese vollmundige Ankündigung der beteiligten Notenbanker und der beauftragten Hersteller der Realität gewichen. Jahr für Jahr werden gefälschte Banknoten sichergestellt und aus dem Verkehr gezogen.

Leicht nachzumachen sind die Euro-Scheine allerdings nicht, denn die Fachleute haben sich eine ganze Reihe von Sicherheitsmerkmalen aus gedacht. Dazu gehören beispielsweise:

✔ das Papier aus reiner, stärkefreier Baumwolle

✔ Wasserzeichen

✔ Sicherheitsfaden

✔ Infrarot- und Schwarzlicht-Eigenschaften

✔ verschiedene Folien- und Farbglanzstreifen.

Obwohl es bisher keinem Fälscher gelungen ist, beispielsweise den Farbwechsel der Wertzahl bei großen Euro-Scheinen vollständig nachzuahmen, soll die zweite Serie der Euro-Banknoten, die ab dem Jahr 2010 teilweise die bisherigen Scheine ablösen soll, mit neuen und weiter verbesserten Sicherheitsmerkmalen ausgestattet sein.

Diese Variante der persönlichen Vorsorge ist also als ausgesprochen risikoreich und wenig erfolgsträchtig anzusehen. Da Polizei und Notenbanken vor allem auf größere Falschgeldsummen allergisch reagieren, dürfte sich die zurückhaltende Herstellung kleinerer Mengen, zudem mit niedrigen Einzelwerten, also zum Beispiel 20-Euro-Scheinen, eher empfehlen als die Produktion von 500-Euro-Banknoten.

Inselkauf

Hektik, Stress und dauerhafte Belastungen hält das Arbeitsleben zur Genüge bereit. Und spätestens beim Start in den verdienten Jahresurlaub, der auch dem persönlichen Wohlbefinden dienen soll, fühlen sich viele Berufstätige »reif für die Insel«. Doch statt Ruhe und Entspannung warten auf den meisten Ferieninseln zwischen Malediven, Bermudas und Kanaren doch wieder nur zusätzliche Belastungen und Stressfaktoren.

Wirklich abgeschieden, ungestört und allein können Menschen eigentlich nur noch auf der eigenen Insel sein. »Da gibt es keine störenden Nachbarn, man hat seine Ruhe in einer neutralen Umwelt, bei der es noch Spaß macht, sie zu erleben. Also kein schmutziges Wasser oder überfüllte Strände. Dort spürt man eine ganz andere Energie – ich sage immer: Eine Insel ist die Apotheke für die Seele«, sagt Deutschlands größter Inselhändler Farhad Vladi. Sein Unternehmen Vladi Private Islands GmbH in Hamburg hat in den vergangenen 30 Jahren mehr als 1.800 Inseln verkauft, inzwischen gibt es auch Niederlassungen in Kanada und Neuseeland.

Rund um den Globus sind die verschiedenen Inseln zu finden, die sich in Vladis Verkaufskatalog finden. Ganz billig ist so ein Exklusiv-Idyll natürlich nicht, aber dafür sind die privaten Inseln etwas Besonderes. Inseln gibt es übrigens nicht nur im Meer oder in Seen, sondern auch in Flüssen.

In Frankreich hat auch Vladi-Kunde Dieter Hallervorden, renommierter Slapstick-Künstler und Kabarettist, seine Insel gefunden. Seit 1988 lebt Hallervorden, ein Bewunderer Balzacs und Maupassants, die meiste Zeit des Jahres mit seiner Familie auf einer 17.000 Quadratmeter großen Insel in der Bretagne.

Aber es sind längst nicht mehr nur bekannte Größen aus Finanz- und Showbusiness, die sich mit einer eigenen Insel ihren Traum von ungestörter Unabhängigkeit erfüllen.

»90 Prozent der Inselkäufer sind ganz normale Menschen mit mittleren Einkommen, die nicht bekannt sind«, sagt Vladi. In aller Welt können Möchtegern-Insulaner mit ausreichendem Kapital Inseln oder Halbinseln kaufen. Viele von ihnen sind allerdings abgelegen und daher nur mit hohem Anreiseaufwand zu erreichen, auch wenn sich nach Vladis Einschätzung die Infrastruktur generell verbessert hat. Vor allem in Schwellenländern, zum Beispiel Südamerikas, werden Käufer fündig, denn dort hat der Staat in turbulenten Entwicklungsphasen freigiebig Land an wohlhabende Privatleute verkauft.

Seit den 1970er Jahren haben sich nach Schätzungen von Immobilienexperten die Preise für Inseln verdreifacht und in einigen Fällen vervierfacht. Das hat nach ihrer Meinung auch ganz praktische Gründe. Die Nutzung erneuerbarer Energien ist in den vergangenen Jahren einfacher geworden: so können die Insulaner unabhängig Strom und Wärme gewinnen. Billigflieger machen die Anreise in viele Regionen günstiger, und moderne Kommunikationstechniken ermöglichen Kontakte zum Rest der Welt, sogar von sehr einsamen Fleckchen Erde aus.

Kunstwerke

Picasso, van Gogh oder Klimt – die Preise für Kunstwerke, die von Sammlern in allen Teilen der Welt gezahlt werden, sind in den vergangenen Jahren deutlich gestiegen. Allerdings sind die Chancen, rein zufällig einen alten Meister auf dem eigenen Dachboden zu finden, als sehr gering einzuschätzen.

Größere Chancen, mit Bildern, Statuen oder Video-Installationen einmal richtig reich zu werden, haben in der Regel nur fachkundige Sammler, die bereits früh entdecken, dass die Werke von Nachwuchsstars einmal viel Geld bringen werden.

Bei der private finanziellen Vorsorge schneidet Kunst als Investitionsgut relativ schwach ab. Zwar war die Rentabilität in den letzten Jahren durchaus hoch, aber andere Faktoren beeinträchtigen das Ergebnis. Im Einzelnen:

✔ **Rentabilität**: Experten des Kunstmarkts sind schon seit Jahren damit beschäftigt, funktionsfähige Mechanismen und Gradmesser des Markts zu entwickeln. So führten Marktkenner einen so genannten Kunstkompass ein, in dem für jede Ausstellung eines Künstlers in größeren Museen sowie für jeden Fachartikel in bekannten Kunstzeitschriften Punkte vergeben werden. Punktestand und -entwicklung sollen Hinweise zur Preisentwicklung auf dem Markt geben. Für die Renditeberechnung werden Kauf- und Verkaufspreise herangezogen und auf die Laufzeit des jeweiligen Kunstinvestments berechnet. Bei langfristigen Investitionen über mehrere Jahrzehnte konnten die Werke von bekannten Künstlern zum Teil stark überdurchschnittliche Preisentwicklungen erzielen. So wurde in einer wissenschaftlichen Studie nachgewiesen, dass in bestimmten Zeiträumen mit Kunstwerken mehr Geld zu verdienen war als mit Aktieninvestments.

✔ **Sicherheit**: Seinen Wert wird ein Kunstwerk nie völlig verlieren, die Preise können allerdings erheblich schwanken und damit Ihre persönliche Vorsorge beeinflussen. Die Gefahr, beim Kauf eine Fälschung zu erwerben, kann durch Sachverständige minimiert werden. Allerdings bleiben noch die Risiken des Diebstahls und der Zerstörung.

✔ **Liquidität**: Damit sieht es schlecht aus, denn nicht immer finden Kunstsammler für ihre hochwertigen Objekte einen Abnehmer, der bereit ist, einen angemessenen Preis zu zahlen. Kunstanlagen sind von Natur aus Langzeitanlagen. Anders als Aktienmärkte bewegt sich der Kunstmarkt nur in Zeitlupe, die nötige Geduld und Ruhe müssen Sie als Anleger mitbringen.

✔ **Steuern sparen**: Gewinne aus An- und Verkauf von Kunst müssen in der Regel nicht versteuert werden. Der Kauf von Kunst für das eigene Büro lässt sich dagegen sogar von der Steuer absetzen. Als Investment zur Steuerhinterziehung ist Kunst bestens geeignet, die Werke werden im Gegensatz zu Immobilien bestimmt nicht im Grundbuch eingetragen. Zudem besitzt das Finanzamt meistens nicht die Möglichkeit, den wahren Umfang und Wert einer Kunstsammlung zu ermitteln. Experten gehen davon aus, dass 50 bis 70 Prozent des im Kunstmarkt kursierenden Geldes nicht verbuchtes Schwarzgeld sind.

Private Kredite an Freunde

Auch wenn das Geld fehlt, sind vor allem Jugendliche nur ungern bereit, ihre Konsumwünsche einzuschränken. Stattdessen bevorzugen sie Konsum auf Kredit. Sparen oder gar Verzicht ist nicht sehr gefragt. Zwar wollen die meisten Jugendlichen geliehenes Geld zurückzahlen, aber wann und in welchen Beträgen – das sehen sie nicht so streng. Zu diesem Ergebnis kam der Haushalts- und Ernährungswissenschaftler Prof. Dr. Armin Lewald von der Universität Oldenburg in einer Studie bereits vor Jahren. »Du möchtest etwas haben, das du im Augenblick von deinem Taschengeld nicht bezahlen kannst. Was machst du in solchen Fällen?« lautete eine der Fragen. Zwischen 55 und 65 Prozent der Schüler erklärten, dass sie sich dann Geld leihen würden. Nur eine Minderheit entschied sich für den Konsumverzicht.

Natürlich können auch Sie an Verwandte, Freunde und Bekannte Geld verleihen und die erwartet e Rückzahlung als Ihre Art der finanziellen Vorsorge betrachten. Ein schriftlicher Darlehensvertrag sollte, so raten auch Verbraucherschützer, folgende Angaben enthalten:

✔ Namen und Anschrift von Darlehensgeber und Darlehensnehmer

✔ Höhe des Darlehens und Zeitpunkt der Rückzahlung

✔ bei Ratenzahlung: Höhe der Raten und Zeitpunkt der Zahlungen

✔ bei Zinsvereinbarungen: Höhe der Zinsen und Endsumme, also verzinstes Darlehen,

✔ Ort und Datum

✔ Unterschriften von Darlehensgeber und Darlehensnehmer.

Wenn ein privater Darlehensvertrag weitere Regelungen enthalten soll, wird es kompliziert. Dazu gehören beispielsweise mögliche Bürgschaften von weiteren Personen oder andere Abmachungen wie beispielsweise die Sicherungsübereignung des mit dem Darlehen angeschafften Autos oder die Übertragung von eigenen Ansprüchen, z.B. an künftig fälligen Sparverträgen. Zur Aufsetzung solcher Verträge sollten Sie auf die fachkundige Unterstützung eines Rechtsanwaltes zurückgreifen.

Wenn der Schuldner das geliehene Geld nicht innerhalb der im Darlehensvertrag vereinbarten Frist zurückzahlt, können Sie Ihr Geld vor Gericht einfordern. Zuerst müssen Sie den »Schuldner in Verzug setzen« und ihm zum Beispiel eine Mahnung schicken. Diese Mahnung muss eine klare Zahlungsaufforderung enthalten. Wenn der Schuldner nicht reagiert, kann bei Gericht ein Mahn- oder Vollstreckungsbescheid erwirkt werden. Zahlt der Schuldner dann immer noch nicht, muss ein Gericht entscheiden, ob der Anspruch zu Recht besteht. Wenn das Gericht in Ihrem Sinne entschieden hat, treibt ein Gerichtsvollzieher anschließend das Geld ein.

Auch steuerlich hat ein privater Darlehensvertrag Folgen. So kann der Schuldner etwaige Schuldzinsen u. U. steuerlich absetzen, Sie müssen die Guthabenzinsen als Zinseinnahmen angeben und belasten damit eventuell Ihren Sparerpauschbetrag. Auf jeden Fall verlangt das Finanzamt zur Anerkennung einen schriftlichen Darlehensvertrag.

Privater Geldverleih

Eigentlich klingt die Idee für die private Kreditvermittlung und damit die bessere Alternative zum Kleinkredit von Bank oder Sparkasse ganz einfach und einleuchtend. Da sucht ein Mensch einen Kredit für eine Anschaffung oder kleine Investition – und findet via Internet Menschen, die genügend Geld haben und dieses sinnvoll, aber auch gewinnbringend anlegen wollen. In den USA, Großbritannien, in den Niederlanden, Dänemark und einigen anderen Ländern funktioniert die private Kreditvermittlung bereits gut. Und Finanzmarkt-Experten geben den elektronischen Kreditmarktplätzen wie prosper in den USA, zopa in England oder eben smava in Deutschland gute Wachstumschancen.

Einige Studien prophezeien elektronischen Kreditmarktplätzen bis zum Jahr 2010 einen Marktanteil von zehn Prozent des weltweiten Marktes für Konsumentenkredite. Online-Marktplätze wie prosper, zopa oder Fairrates in Dänemark gelten bereits als heißer Trend im Internet-Business.

Bei der Untersuchung von mehr als 14.000 Kredittransaktionen des weltweit größten Anbieters prosper kamen Wissenschaftler des E-Finance Lab (EFL), einem interdisziplinären Forschungsinstitut der Universitäten Frankfurt und Darmstadt, im Jahr 2008 zu dem Ergebnis, dass der anonyme Kredithandel im Internet hinreichend gut funktionieren kann. Als unverzichtbare Bedingung nennt das EFL-Forscherteam die »Grundversorgung mit Informationen über die Marktteilnehmer.« Um die Bonität eines Kreditnehmers überprüfen zu können, greifen die Vermittler – ganz wie traditionelle Banken – auf Informationen von Auskunfteien wie der Schufa (in den USA Experian) zurück. Völlig risikofrei ist das private Leihgeschäft dennoch nicht.

Verbraucherschützer halten private Internet-Kredite vor allem aufgrund des frei verhandelbaren Zinssatzes durchaus für eine gangbare, interessante Alternative bei der Kreditaufnahme. Im Idealfall zahlen die Kreditnehmer weniger Zinsen als bei der Bank, und Sie erhalten eine höhere Verzinsung, als wenn Sie Ihr Geld auf einem Festgeldkonto anlegten..

Spielkasino

Vielen Menschen macht das Spielen einfach nur Spaß. Und se sind gar nicht traurig, wenn beim Roulette oder Black Jack auch einmal größere Summen verloren gehen. Andererseits sind die Chancen, bei den großen Spielen im Kasino viel Geld zu gewinnen, nach den mathematischen Gesetzen der Wahrscheinlichkeitsrechnung natürlich minimal.

Seriöse Kasinos und angeschlossene Spielhallen gibt es in vielen Teilen Deutschlands. Die verlierenden Spieler machen dabei zum Teil sogar den Finanzministern der jeweiligen Bundesländer eine große Freude, denn die üppigen Erträge fließen in die Staatskasse.

Wenn Sie Ihre Spiellust nicht in den Griff bekommen und der Traum von der persönlichen Vorsorge via Roulette immer wieder platzt, können Sie sich selbst für den weiteren Spielbetrieb sperren lassen. Dann wird Ihnen bei weiteren Anläufen, endlich Ihr persönliches Glück zu finden, der Riegel vorgeschoben – und Sie werden nicht mehr eingelassen. Allerdings haben Spielwütige dann immer noch die Chance, ins benachbarte Ausland auszuweichen.

Wein

Stellen Sie sich dieses Investment für die private Vorsorge nicht zu einfach vor! Mit Wein kennen sich nur die wenigsten Verbraucher richtig aus, und selbst Fachleute können nicht voraussagen, wie sich welcher Wein welcher Region im Wert entwickelt. Selbst in den besten Lagen der renommieren Güter gibt es nach Meinung von Experten in einem Jahrzehnt vielleicht einen Jahrgang, der überdurchschnittliche Renditen verspricht.

Und so rät Deutschlands bekannteste Sommelière Paula Bosch aus München privaten Anlegern von der Kapitalanlage in Wein eindeutig ab. Nach ihrer Meinung kommen Privatpersonen gar nicht an die nötigen Mengen heran, die das Geschäft lohnenswert machen. Dabei sind deutliche Wertzuwächse bei Wein nichts Ungewöhnliches.

Das Augenmerk der Investoren gilt beim Wein vor allem der Anbauregion Bordeaux. Diese Spitzengewächse bestimmen auch maßgeblich die Entwicklung des Index Liv-ex 100 der Londoner Internet-Weinbörse (www.liv-ex.com). Das Marktbarometer erfasst die Preisentwicklung von 100 Spitzengewächsen. Als Schwergewichte im Index sind Weine der Chateaus Lafite Rothschild oder Latour anzusehen, die von Weinkennern als außergewöhnliche Erzeugnisse bewertet werden.

Interessenten, die sich schon früh die Lieferung eines bestimmten Weines sicher wollen, kaufen ihn direkt beim Winzer, wenn der Wein noch im Fass liegt. Dann wird ein Subskriptionspreis fällig, die Lieferung erfolgt erst eineinhalb Jahre später. So lang der Wein noch nicht auf Flaschen gezogen wurde, sind allerdings noch viele Manipulationen und Veränderungen möglich. So können die verschiedenen Holzfässer dem Wein einen anderen Geschmack geben. Manchmal sind es nur winzige geschmackliche Nuancen, aber wenn Sie nicht gerade Weinexperte sind, werden Sie es kaum bemerken.

Für vorsichtige Investoren bietet sich die Möglichkeit, nicht in einzelne Weine, sondern per Weinfonds in sorgsam zusammengestellte Mischungen zu investieren. Mit Spitzenrenditen ist dort allerdings nicht unbedingt zu rechnen. Wer sein Geld in Wein anlegt, kann allerdings mit einem »charmanten Nebeneffekt« (so Paula Bosch) rechnen: Bei einer unbefriedigenden Preisentwicklung bleibt ihm immerhin das eine oder andere Fläschchen zum Eigenverzehr.

Zehn Psychofallen bei der finanziellen Vorsorge

In diesem Kapitel

- Wie Sie von Ihrer eigenen Psyche bei der finanziellen Vorsorge ausgetrickst werden
- Welche fatalen Irrtümer Sie bei Ihren Planungen berücksichtigen sollten
- Welche Auswirkungen Psycho-Aussetzer auf Ihre Vorsorge haben

Finanzielle Vorsorge? Private Altersvorsorge? Klar, werden Sie sagen, muss sein, denn die gesetzliche Rente reicht bestimmt nicht. Aber es gibt ein Problem: Nur rund ein Drittel der Deutschen haben damit begonnen, ihr Wissen umzusetzen und mit der finanziellen Vorsorge loszulegen. Wenn Sie auch zu den Zauderern gehören, die das noch nicht getan haben, hier einige Hinweise und Tipps, die Ihnen im Kampf gegen Ihren inneren Schweinehund helfen können.

Aufgrund unserer eigenen Erfahrungen bei der Vorsorge- und Finanzplanung können wir an dieser Stelle gern zugeben, dass längst nicht alle Tricks in jeder Situation helfen. Und wir müssen auch eingestehen, dass es wahrhaftig nicht immer einfach ist, eigene Psychofallen zu überwinden. Aber trotzdem: Jeder Versuch lohnt sich!

Schock gegen die Zuversicht

Viele von Ihnen werden denken: »Wird schon gut gehen und nicht so schlimm werden«. Und Tag für Tag sehen Sie viele konsumfreudige Menschen, darunter viele Ältere, denen es wirklich gut geht. Schön, aber leider falsch und irreführend. Um einen realistischen Eindruck davon zu bekommen, wie es Menschen in Altersarmut ergehen kann, sollten Sie bei Ihren nächsten Reisen einen Blick auf Rentner in anderen Ländern werfen. Manch einer wird sich danach zum Thema finanzielle Vorsorge nicht nur Gedanken machen, sondern wirklich endlich damit beginnen.

Urmenschliche Trägheit

Schon im Alten Testament gehörte die eigene Trägheit zu den sieben Todsünden. Da gibt es für die eigene finanzielle Vorsorge, auch fürs Alter, zwar inzwischen Hunderte von verschiedenen Angeboten, aber sicherlich finden Sie immer wieder Angenehmeres, womit Sie Ihre Zeit verbringen können. Doch die gut vorbereitete Entscheidung, seine eigene Finanzplanung für die Altersvorsorge festzulegen, kann durchaus beruhigend und befriedigend wirken.

Mangelnder Weitblick

Wer kann sich schon vorstellen, wie sein Leben in zehn, zwanzig oder noch mehr Jahren aussehen wird? Wohl niemand von Ihnen ist in der Lage dazu, sich das im Detail auszumalen. Aber bei der finanziellen Vorsorge für spätere Lebensphasen kommen Sie nicht umhin, sich darüber Gedanken zu machen. Dass es dann letztlich doch ganz anders kommen kann, als Sie gedacht haben, können Sie nicht verhindern. Aber im besten Fall haben Sie in Ihrer Vorsorgeplanung die erforderliche Flexibilität eingebaut.

Unbändige Kauflust

Werbung auf allen Kanälen und in allen Medien, Konsumfreude rund um die Uhr und schon beim Nachwuchs – ist ja so einfach, sich immer mehr zu leisten. Notfalls eben auf Kredit. Wenn Sie mal wieder eine größere Ausgabe für sich und Ihre Familie geplant haben, machen Sie sich die Mühe und rechnen Sie aus, was der Betrag, den Sie ausgeben wollen, zusätzlich für Ihre eigene Vorsorge bringen könnte. Und überlegen Sie noch einmal in Ruhe, ob Sie die Anschaffung wirklich brauchen.

Märchen von starken Männern

Natürlich gibt es einige Lebensbereiche, in denen Männer aus traditionellen Gründen besondere Stärken entwickeln können. Männer sind stärker und leistungsfähiger (deshalb leben Frauen auch länger), Männer leisten im Job mehr (deshalb sorgen sie auch gern dafür, dass Frauen nicht zu weit nach oben kommen und weniger verdienen), Männer können besser Auto fahren (deshalb sammeln sie auch mehr Punkte in der Flensburger Verkehrssünderkartei und suchen stets große, aufwändige Autos für ihre Familie aus), Männer können nen besser mit Geld umgehen (deshalb kümmern sie sich in der Partnerschaft in der Regel um Geld- und Finanzfragen).

Eigenartig ist nur, dass vor allem bei der finanziellen Vorsorge Frauen in Dutzenden von Untersuchungen, Tests und wissenschaftlichen Studien inzwischen ihre Überlegenheit bewiesen haben. Deshalb sollten Sie bei wichtigen, finanziell weit reichenden Entscheidungen alte Vorurteile über Bord werfen und der »Dame des Hauses« wenn schon nicht die absolute Entscheidungsgewalt, so doch auf jeden Fall ein gleichberechtigtes Mitspracherecht einräumen.

Keine glatten Lebensläufe mehr

Nach der Schulzeit ab in die Ausbildung, beruflicher Aufstieg in der Firma, in der Sie auch gelernt haben, immer neue Firmenjubiläen zum 25. und 40. Jahrestag der Betriebszugehörigkeit, anschließend Verrentung mit einer kräftigen gesetzlichen und betrieblichen Altersversorgung. Im Privatleben frühe Heirat, eigenes Haus, zwei Kinder mit guter schulischer Ausbildung, Hochschulstudium, erfolgreich im Job. Immer weniger Menschen können heutzutage derartige Lebensläufe vorweisen. Auch die Erwerbsbiografien werden durch zahlreiche Stellenwechsel, Ausfallzeiten wegen Arbeitslosigkeit und andere Faktoren bestimmt.

Diese Änderungen bleiben nicht ohne Auswirkungen auf die finanzielle Vorsorge in Ihrem Leben. Langfristige Vertragsbindungen sind nur selten möglich und sinnvoll, stattdessen ist ein Höchstmaß an Flexibilität gefordert. Verträge für Ihre finanzielle Vorsorge sind nur dann sinnvoll, wenn sie die kostenlose oder -günstige Möglichkeit bieten, während ihrer Laufzeit an die jeweiligen Lebenssituationen angepasst zu werden.

Schlappes Durchhaltevermögen

Angenommen, Sie haben sich trotz aller inneren Widerstände für ein persönliches Vorsorgemodell entschieden: Leider ist es damit nicht getan. Denn ganz von allein läuft kein Vertrag. Jahr für Jahr müssen Sie erneut entscheiden, ob Sie am Ball bleiben wollen, ob Ihre Entscheidungen von gestern heute noch gut und tragfähig sind, ob Ihre Planungen für die Zukunft noch Ihren Ansprüchen genügen. Das bedeutet, dass Sie Ihren inneren Schweinehund nicht nur einmal, sondern regelmäßig an der Leine führen müssen – ganz schön anstrengend.

Vater Staat und seine Launen

Bei all Ihren Entscheidungen zur finanziellen Vorsorge spielt der Gesetzgeber eine wichtige Rolle, vor allem bei Plänen, die auf staatlichen Vorgaben, verlockenden Zuschüssen und Steuererleichterungen beruhen. Doch nicht alle Gesetze und Verordnungen sind tragfähig für Jahrzehnte, nicht alle finanziellen Vorteile und Zuwendungen werden auch noch im Jahre 2030 oder 2050 gewährt.

Natürlich ist es für die eigene Bequemlichkeit bei der Planung und Abwicklung Ihrer finanziellen Vorsorge verführerisch, sich auf die Rahmenbedingungen von heute einzulassen und auf einen lebenslangen Bestandschutz zu bauen, doch diese Psychofalle sollten Sie tunlichst umgehen. Um ein »worse« oder besser noch ein »worst case«-Szenario kommen Sie nicht herum, wenn Sie besser gegen finanzielle Einbußen und Abstriche gewappnet sein wollen.

Unberechenbarer Markt

Finanzielle Vorsorge findet nicht im eigenen Sparstrumpf oder unter dem Kopfkissen statt. Ihr Geld kann sich nur vermehren, wenn Sie es aus der Hand geben und vertrauenswürdigen Menschen und Unternehmen anvertrauen. Mit tollen Versprechungen und Ankündigungen sind Berater, Verkäufer und Vermittler leicht zur Stelle, vor allem, wenn sie an den abgeschlossenen Geschäften bestens verdienen. Aber da Sie die endgültige Entscheidung in der Regel selbst treffen und dafür gerade stehen müssen, sollten Sie auf vollmundige Versprechen nicht ohne Weiteres vertrauen.

In weiten Teilen werden die Finanzmärkte vor allem langfristig weiterhin unberechenbar bleiben. Grenzenloses Vertrauen ist daher ebenso wenig angebracht wie übertriebene Angst. Bei Ihren Planungen sollten Sie aber auf alle Eventualitäten vorbereitet sein.

Galoppierende Zeit

Schöne, unbeschwerte Momente im Leben möchten Sie wahrscheinlich gern festhalten. Und sich während dieser Zeit darauf verlassen wollen, dass die Maßnahmen für Ihre finanzielle Vorsorge problemlos funktionieren. Zinsen und Dividenden sollen sprudeln, zurückgelegte Gelder sich ungestört und sicher vermehren, um Ihnen bei Bedarf zur Verfügung zu stehen. Und um die finanziellen Angelegenheiten, um die Sie sich noch nicht gekümmert haben, werden Sie sich eben im nächsten Monat oder im neuen Jahr kümmern.

Doch während die anhaltende Inflation für eine langsame, aber stetige Verringerung Ihrer Rücklagen sorgt, können andere Modelle für den langsamen, stetigen Aufbau von notwendigen Rücklagen nur funktionieren, wenn dafür genügend Zeit zur Verfügung steht. Warten Sie also nicht. Die Uhr tickt...

Stichwortverzeichnis

A

Abnahme 194
Aktien 171
Aktivismus 171
Altersarmut 94, 96
Altersgrenze 132
 flexible 106
Alterskasse
 landwirtschaftliche 109
Alterssicherung 94
Altersteilzeit 93
Altersversicherungsgesetz 101
Altersvorsorge
 betriebliche 113, 222
Altersvorsorgeaufwendungen 156
Altersvorsorgezulage 136
Anlage AV 138
Anlagepsychologie 170
Anlagestrategien 166
Anschlussfinanzierung 198
Anwartschaftsdeckung
 modifizierte 131
Arbeitgeberwechsel 121
Arbeitslosengeld II 126
Arbeitsplatzwechsel 121
Armut- und Reichtumsbericht 127
Armutsrisiko 127
Auseinandersetzungsvertrag 197
Ausgabeaufschlag 175, 180

B

BaFIN *Siehe* Bundesanstalt für
 Finanzdienstleistungsaufsicht
Banksparplan 150, 186
Basisrentenvertrag 156
Basiszinssatz 186
Bauförderprogramm
 der Bundesländer 203
Bauförderung
 staatliche 202
Baugenehmigungen 195
Bauleistungen 194

Baumängel 193, 195
Baustufen 194
Bauvertrag 194
Bauzeitplan 194
bAV *Siehe* Betriebliche Altersvorsorge
Behavioral Finance 171
Beitragsbemessungsgrenze 128
Beitragsrendite 108
Beitragszeiten 87
Bemessungsgrundlage 105
Berufseinsteiger-Bonus 137
Berufsunfähigkeitsrente 132
Berufsunfähigkeitsversicherung 222
Bestattungsverfügung 214
Besteuerung
 nachgelagerte 154
Beteiligung
 direkte 124
Betreuungsverfügung 213
Betriebsrente 114
Betriebsrentengesetz 114
Bonitätsrisiko 175
Bonuszertifikate 183
Briefmarken 228
Bundesanstalt für
 Finanzdienstleistungsaufsicht 138
Bundesobligationen 174
Bundesschatzbrief 174
BVV 116

D

Depotvollmacht 185
Deutschen Rentenversicherung Knappschaft-
 Bahn-See 109
Diamanten 228
Direktbanken 182
Direktversicherung 115, 118
Direktzusage 115
Discountzertifikate 183
Dispositionseffekt 171
Dissonanz
 kognitive 171
dividend yield 173
Dividendenrendite 173

Dividendenzahlung 172
Drei-Säulen-Prinzip 109
Durchhaltevermögen 237

E

Eigenbedarf 196
Eigenheimförderung
    mit Rieser-Zulage 153
Eigenheimzulage 202
Eigenleistung 192
Elementarschadenversicherung 199
Erbengemeinschaft 197
Erbschaft
    eines Hauses 195
Erbschaftsteuererklärung 197
Erbschein 196
Erfolgsbeteiligung 124
Erwerbsminderungsrente 93
ETF *Siehe* Exchange Traded Funds
Exchange Traded Funds 180
Existenzgründerzuschuss 132

F

Ferienimmobilie 201
Finanzierungsschätze 174
Flexibilität 139
Flexi-Gesetz 123
Fondshandel
    börslicher 181
Fonds-Kosten 180
Fondsplattformen 182
Fondspolicen 189
Fondssparplan 148
    mit Rabatt 149
Forwarddarlehen 198
Freistellungsaufträge 185
Fremdrenten- und Auslandsrentengesetz 103

G

Garantiefonds 178
Gebührenabrechnung 181
Gehaltsumwandlung 128
Gelddruckmaschinen 229
Geldverleih
    privater 233
Gemeinnützigkeit 217
Generationenvertrag 103
Gesellenbruderschaften 99

Gesetz zur Neuordnung der
    Hinterbliebenenrenten 107
Gewährleistungsrechte 194
Gewässerschaden-Haftpflichtversicherung 199
Gold 184, 226
Grundsicherung 95, 126
Grundstockvermögen 216
Grundzulage 137

H

Haftpflichtversicherung
    private 221
Hans im Glück 113
Hartz IV 126
Haus- und Grundbesitzer-Haftpflicht 199
Haushaltshilfen 211
Haustausch 205
Heimatfokus 171
Hinterbliebenenrente 93
Hinzuverdienstgrenze 97
Home bias 171
Hypothekendarlehen 198

I

Immobilien 224
    als Kapitalanlage 203
    Kauf einer 194
    Vorteile von 191
Indexfonds 180
Indexzertifikate 183
Inflationsrate 139
Informationspflicht 140
Inselkauf 230
Insolvenzschutz 120
Invalidenrente 101
Investmentfonds 177
Jumbo-Pfandbriefe 175

K

Kapitalerträge 109
Kapitallebensversicherungen 187
Kauflust 236
KfW 202
Kfz-Haftpflicht 222
Kindererziehungszeiten 131
Kinderförderung 126
Kinderfreibetrag 126

Stichwortverzeichnis

Kinderzulage 137
Kinderzuschlag 126
Knappschaft 99
Krankenkasse 221
Kredit
   privat vergebener 176, 232
KSK *Siehe* Künstlersozialkasse
Künstlersozialkasse 107, 132
Kunstwerke 231
Kursrisiko 175
Kursschwankungen 173
Kurzarbeitergeld 126

L

Landwirtschaft 224
Lebensversicherungen
   kapitalbildende 186
Leibrente 204
Liquidität 169

M

Märkte
   unberechenbare 237
Metallrente-Unterstützungskasse 117
Mindesteinkommen 106
Mindestsicherungssysteme 126
Mitarbeiterbeteiligung 124

N

Nachentrichtungsmöglichkeit 106
Nachhaltigkeitsfaktor 90
Nebenverdienst 97
Normalverteilung 27, 61, 73, 87, 99,
   113, 125, 135, 155, 165, 191, 207, 221,
   227, 235

O

Ökofonds 179

P

Patientenverfügung 213
Pensionsfonds 115, 120
Pensionskasse 115, 118
Pfandbriefe 175

Pflegebedürftigkeit 207
   Anerkennung der 210
   Kriterien für 209
Pflegegeld 210
Pflegekassen 209
Pflegekostentarif 212
Pflegekräfte
   ausländische 211
Pflegenotstand 211
Pflegesachleistung 210
Pflegestufen 209
Pflegetagegeldtarif 212
Pflegeversicherung
   staatliche 208
Pflegezeitgesetz 212
PflegeZG *Siehe* Pflegezeitgesetz
Pflegezusatzversicherung
   private 211
Pflichtversicherung 101
PK *Siehe* Pensionskasse

R

Ratensparvertrag 186
Regelarbeitszeit 92
Rehabilitation 105
Rendite 169
Rente
   aufgeschobene 189
   dynamische 190
   gesetzliche 222
   konstante 190
Rentenanpassungen 90
Rentenarten 89, 92
Rentenartfaktor 88, 89
Rentenberechnung 87
Renteneintrittsalter 92
Rentenformel 88, 105
   lohnbezogene 103
Rentenniveau
   sinkendes 91
Rentenreform 104
Rentenreformgesetz 106
Rentenrendite 91
Rentensplitting 87
Rentenversicherung
   knappschaftliche 109
Rentenwert
   aktueller 90
Riester-Faktor 90
Riester-Förderung 136

Riester-Rente 145, 223
　Auszahlung der 141
　ethisch-ökologische 146
　Kündigung der 144
　Vererben der 142
Risikolebensversicherung 214
Rürup-Fondsparplan 158
Rürup-Förderung 156
Rürup-Rente 132, 155
　Besteuerung der 158

S

Schwankungsreserve 107
Seekasse 109
Sicherheit 169
Sicherungsziele 88
Skontroführer 181
Sofortrente 189
Sonderausgabenabzug 138
Sonderkündigungsrecht 196
Sozialgeld 126
Sozialleistungen 126
Sozialversicherung
　staatliche 99
Sparpläne 186
Sparquote 166
Spielkasino 233
Statistisches Bundesamt 104, 126, 207
Sterbegeldversicherung 214
Sterbehilfe
　aktive 213
Steuerentlastungen 127
Steuervergünstigungen
　für Rürup-Renten 156
Stiftung
　selbstständige 217
　treuhänderische 217
　unselbstständige 217
Stiftungen 215
Stiftungsvermögen 216
Stop-loss-Order 185

T

Tarifbindung 129
Tarifregelungen 130
Tarifvorbehalt 129
Teilrente 98
Testament 215
Trägheit 235
Treuhandstiftungen 215

U

Ufba 116
U-Kassen *Siehe* Unterstützungskassen
Umlagesystem 108
Umlageverfahren 103
Unfallversicherungsgesetz 100
Unterstützungskasse 115, 116

V

Vermögensübertragung 217
Verschuldung 98
Versicherung 89, 221
Versorgungsausgleich 87
Versorgungswerke
　berufsständische 130
Versorgungszusage
　dynamische 116
　statische 115
Verteilung
　Normalverteilung 27, 61, 73, 87, 99, 113, 125, 135, 155, 165, 191, 207, 221, 227, 235
VGU 117
Volatilität 173
Vorfälligkeitsentschädigung 198
Vorratsdarlehen 198
Vorsorgevollmacht 213

W

Währungsrisiko 175
Wandel
　demografischer 104
Wein 234
Weitblick
　mangelnder 236
Weltwirtschaftskrise 102
Wertkonten 123
　kurzzeitige 123
　langzeitige 123
Wertmitteilung 140
Wertpapiere
　des Bundes 225
　festverzinsliche 175
Wohneigentumsprogramm 203
Wohnen
　auf dem Land 200
　im Alter 199
　in der Stadt 200
Wohnförderkonto 154

Stichwortverzeichnis

Wohngebäudeversicherung 196, 199
Wohngeld 126
Wohnortwechsel 98
Wohnraumförderung
  soziale 203
Wohn-Riester 202
Wohnsitz im Ausland 143

Z

Zeiten
  beitragsfreie 87
  beitragsgeminderte 87

Zertifikate 182
Zillmerung 141
Zinsbindungsfrist 198
Zinssätze
  variable 186
Zugangsfaktor 88
Zusatzjob 98
Zuschuss zum Schulbedarf 126
Zustiftungen 215, 216
Zuversicht 235
Zweitmarkt für Lebensversicherungen 188

JETZT GIBT'S ETWAS FÜR DIE OHREN! HÖRBÜCHER FÜR PROFIS

Erfolgreiche Verkaufsabschlüsse
für Dummies
ISBN 978-3-527-70433-0

Führen mit Zielen für Dummies
ISBN 978-3-527-70355-5

Grundlagen der Börse
für Dummies
ISBN 978-3-527-70495-8

Grundlagen des Projektmanagements für Dummies
ISBN 978-3-527-70494-1

Neu in der Führungsrolle
für Dummies
ISBN 978-3-527-70357-9

Stressmanagement-Grundlagen
für Dummies
ISBN 978-3-527-70403-3

Verhandlungstaktiken
für Dummies
ISBN 978-3-527-70434-7

Zeitmanagement für Dummies
ISBN 978-3-527-70356-2

AUF DEN SPUREN DER GESCHICHTE

Britische Geschichte für Dummies
ISBN 978-3-527-70507-8

Das Alte Ägypten für Dummies
ISBN 978-3-527-70421-7

Das Mittelalter für Dummies
ISBN 978-3-527-70446-0

Deutsche Geschichte für Dummies
ISBN 978-3-527-70322-7

Die Römer für Dummies
ISBN 978-3-527-70383-8

Freimaurer für Dummies
ISBN 978-3-527-70268-8

Irische Geschichte für Dummies
ISBN 978-3-527-70506-1

Schweizer Geschichte für Dummies
ISBN 978-3-527-70440-8

Tempelritter für Dummies
ISBN 978-3-527-70353-1

Rätseln auf der Spur

ISBN 978-3-527-70469-9

Verbrecherjagd mal anders: Was einst die Pistole, ist heute eine Pipette, und die Uniform ist ein weißer Kittel. Wer wissen will, wo welche Körnchen Wahrheit in Serien wie »CSI«, »Crossing Jordan« und Co. stecken, sollte dieses Buch lesen.

ISBN 978-3-527-70480-4

Alle, die sich für das Universum, das Leben und den ganzen Rest interessieren, sind hier genau richtig. Naturwissenschaften und Philosophie treffen bei den wohl wahrhaft elementaren Fragen nach dem Ursprung allen Seins aufeinander. Dieses Buch hilft, schnell und verständlich Antworten zu finden.

Die eigenen Finanzen auf die Überholspur bringen

ISBN 978-3-527-70367-8

Wie funktioniert eigentlich eine Börse und vor allem: Wie kann ich sie als Otto Normalverbraucher nutzen, um mein Erspartes zu vermehren? Dieses Buch verrät Grundlegendes zu Angebot und Nachfrage an der Börse und stellt die unterschiedlichen Anlageformen vor, damit jeder eine kluge Anlagestrategie entwickeln kann.

ISBN 978-3-527-70490-3

Barbara Rockefeller stellt die Werkzeuge der Chartanalyse vor und zeigt, wie man mithilfe dieser Werkzeuge die richtigen Schlüsse ziehen kann. Sie verrät, wie sich das Marktverhalten am Wertpapiermarkt anhand der Balken und ihrer Positionen auf dem Chart einschätzen lässt.